梁二平 著

風帆五千年

歷史圖像中的世界帆船史

責任編輯　王婉珠
書籍設計　道　轍

書　　名	**風帆五千年**	
	——歷史圖像中的世界帆船史	
著　　者	梁二平	
出　　版	三聯書店（香港）有限公司	
	香港北角英皇道 499 號北角工業大廈 20 樓	
	Joint Publishing (H.K.) Co., Ltd.	
	20/F., North Point Industrial Building,	
	499 King's Road, North Point, Hong Kong	
香港發行	香港聯合書刊物流有限公司	
	香港新界荃灣德士古道 220-248 號 16 樓	
印　　刷	香港聯合書刊物流有限公司	
	香港新界荃灣德士古道 220-248 號 16 樓	
版　　次	2021 年 12 月香港第一版第一次印刷	
規　　格	16 開（170 × 240 mm）376 面	
國際書號	ISBN 978-962-04-4909-3	

圖像的證詞，可視的歷史

本書所要講述是帆船與大海的故事。

從目前的考古發現看，世界上最早的風帆誕生於可以很好地利用季風的尼羅河，恰是這誕生於河上的風帆，為人類提供了"發現"海洋的可能，而海洋的發現繼而成為人類認識地球和歷史發展的重要部分。從這個意義上講，我們甚至找不出任何一個比帆船更偉大的工具。

現在我們一起來尋找，記錄帆船在海上成長壯大的歷史印記。

在人類歷史信息的比拼中，語言和音樂一路領先，再後是繪畫與文字，風光無限……從遠古時代至中世紀之前，從古埃及到古希臘再到古羅馬，可以說，視覺文化引領大眾傳播，即便1450年代金屬活字印刷在德意志橫空出世，寫作文化成為信息傳播的主流，但其後很長一段時間，最受歡迎的傳遞信息方式仍是圖像藝術。

荷蘭歷史學家古斯塔夫·雷尼埃（Gustaaf Renier，1892—1962）曾指出："歷史學家傳統上把檔案視為'史料'（sources）。我們應當用留存至今的過去的'遺跡'（traces），取代舊的'史料'觀念。'遺跡'不僅指手稿、印本書籍、建築物、傢具、（因人類的利用而發生變化的）地貌，也指各種不同類型的圖像，包括繪畫、雕塑、版畫、攝影照片。"

本書所要用到的重要且可信的敘述與論證材料，即是歷史圖像；可以說，這是筆者的又一次"以圖證史"的歷險，前一次是撰寫《世界名畫中的大航海》。

本書選用的帆船歷史圖像，主要有四大來源：一是帝王陵墓中的功績壁畫，二是神殿中的表現宗教故事的浮雕，三是官方或民間的敘事繪畫，四是製造業的工學圖像。這些歷史圖像藉助古陶、石雕、淺浮雕、馬賽克、壁畫和繪畫等多種材料與藝術形式，生動地記錄了先民的造船與航行經驗。這裏説明一下，本書不講江河帆船，只講海上帆船及其活動。

在幾千年的航海活動中，在漫長的沒有攝影術的時代，能在古代歷史影像中，留下身影的帆船是多麼幸運，而能藉助這些碩果僅存的帆船歷史圖像，一點一點走進或復原那個波詭雲譎的風帆時代，則是後人的幸運。

由此我們得以見到：公元前 3500 年繪在陶罐上的古埃及帆船、公元前 1600 年錫拉島壁畫上的阿克羅蒂里港船隊、公元 800 年雕在婆羅浮屠上的南亞帆船……這些歷史圖像真切記錄了至今人們還難以完全再現的古典風帆時代。

本書以時間為軸，藉助歷史圖像這一綫索，致力於講述一個連貫而又完整的帆船故事，同時儘可能地橫向展開各大海區分頭發展的重要帆船類型，以及它們在不同時空中扮演的不同角色。比如：地中海三千多年歷久不衰的加萊船，至今仍航行於太平洋的邊架艇獨木舟，為地理發現立了頭功的卡拉維拉船和克拉克船，大航海時代跨大洋運送珍寶的蓋倫船，以及中國明代之後常說的沙、浙、福、廣"四大海船"……在縱橫交錯的帆船發展歷史進程中，帆船不僅突破了大海的屏障，也突破了國

家的壁壘，在看似關聯不大的海洋事件中，慢慢演繹出某種歷史發展的規律與秩序。

本書選擇較多的是文藝復興前後的歷史圖像。這一時期的帆船歷史圖像的功能與意義，甚至可以延伸至全社會。它不僅是船舶生產與航行的記錄，還傳達著教會與政府的教化救贖，更是帶著強烈的情感刻寫時代進步與更迭。如，《卡布拉爾艦隊》、《美杜莎之筏》、《奮進號解體》、《飛剪船瞪羚號和塔平號競速》……其中，最多也最為精彩的帆船歷史圖像是風帆戰船繪畫，為人們提供了近乎後世錄像一般多姿多彩的海上爭霸場面。

本書在介紹帆船發展歷史時，也融入了一些人物與事件的介紹，試圖使這些歷史圖像生動起來。比如，費迪南德·波爾筆下的德·魯伊特肖像與七省號；再如，透納筆下的特拉法爾加戰役中的納爾遜與勝利號等等。

風帆時代的船都是木質的，經不起歷史的風吹雨打，沒有幾條帆船能保留到今天，而保留到今天的，必是歷史文化遺產，必是博物館裏的"鎮館之寶"，那是真真切切的歷史形象。本書特別選取了一些文物級古船實物圖像，有些還是筆者實地考察拍攝的。這些圖像的解說，因而多了一些現場觀察與"穿越"般的時空感受，比如維京古

船、瓦薩沉船等等。

　　本書還特別關注了東亞帆船在世界航海史與海上貿易史中的地位，關注中國帆船的歷史圖像。由於圖像載體脆弱和社會動盪諸因素，中國僅在敦煌壁畫中留有一幅唐代的海上救難經變畫像。中國海上帆船的歷史圖像較多地出現在明清時期，本書選取了明代繪製的媽祖保祐鄭和下西洋船隊插畫、清代繪製的媽祖保祐陸允迪東航高麗等著名中國船畫，同時還選取了日本寺院"繪馬"中留下的極為珍貴的朱印船圖像。

　　風帆時代，風沒有變，但人類認識風、利用風去揚帆遠航，卻是一個亦喜亦悲的複雜過程。赤道兩側的無風帶和信風帶，一直是南島語族的邊架艇要面對的航行課題；亞洲船隊很早就得益於大陸海洋間的季風，進行跨洋遠航；而在南緯 40 度至 60 度之間的"咆哮西風帶"，則是樂極生悲，迪亞士發現南非海角時，將這裏命名為"風暴角"，後來葡萄牙國王為討吉利，改其為"好望角"，但風不會因為名字而改變，後來，迪亞士和許多航海家，還是喪命於此⋯⋯帆船的歷史是一部與風纏鬥的技術進步史：帆船從獨桅起步，後來發展到三桅，甚至更多桅，最高桅杆可達 68 米；快速帆船的風帆面積，也越來越大，甚至達到了 6800 平方米；在桅與帆等技術不斷升級中，帆船航速越來越快，1860 年英國快船從廣州到倫敦，僅用 99 天時間。

　　在漫長的海上交往中，帆船還發展出了獨特的"表情"符號，藉以傳達特殊的情感。比如，古典繪畫中常常看到水手們一排排地站到高高的帆桁上，那就是著名的"站桅禮"，以示水手都不在戰鬥位置，表達和平友好之意，是一種艦船致敬的獨特方式；再如，表達悲傷的特殊方式，法國巴雅號離開台灣澎湖媽宮港時，這艘戰艦上的帆桁全部擺成交叉狀，這是在報喪，也表示哀悼，當時船上載著法軍遠征軍總司令孤拔的遺體。

　　這些例子印證了歷史圖像的真實性與形象感，較之純粹的文字記錄，確實是一種可信賴的風景。

　　如果有足夠的耐心把這本配有 170 餘幅古帆船歷史圖像的書看完，至少心中會有一部極簡世界帆船史。如果足夠細心的話，再把各個國家做個比較，就會發現這個世界的秘密：海洋意識與帆船技術進步快的國家，海上發展與擴張也快；海洋意識與帆船技術落後的國家，海上發展也會落後，甚至會退守大陸⋯⋯

　　如此，也就會明白：美國歷史學家馬漢"海權論"所表達的思想，並非首創，而是源遠流長。

　　在《伯羅奔尼撒戰爭史》第一卷

裏，修昔底德講到提米斯托克利與雅典城防時說："他是第一位敢於對雅典人說他們必須統治海洋的人，他還不失時機地開始建立帝國的基礎。"他接著評價說："我認為他知道，波斯帝國的軍隊從海上到達雅典比從陸上要容易得多些……事實上，他總是勸告雅典人，如果有朝一日他們在陸地上受到了嚴重窘迫時，就應當走向比雷埃夫斯，登上艦船，獨步世界。"

在《伯羅奔尼撒戰爭史》第二卷裏，修昔底德還記錄了伯里克利在論及"雅典要不要參加對伯羅奔尼撒的戰爭"時，對雅典居民說："目前整個世界可分為兩個部分：陸地和海洋。其中完整的一部分幾乎完全處於你們的控制之下，它不僅包括你們現在所利用的海域，還包括更大範圍的海域。如果，你

們有意擴展，那最終的結果就是你們的船艦在海上隨意馳騁，波斯王國和其他任何王國的海軍都無法阻止你們……你們的這種海上勢力與從土地和房屋所得到的利益是大不相同的……那些東西不過是裝點大宗財富的花園和其他裝飾物而已。"

在古羅馬政治家西塞羅致友人阿提庫斯的一封信中，談及龐培對西班牙的經營，西塞羅指出：龐培的全部計劃是"提米斯托克利主義"。他甚至認為"誰控制了海洋，誰就必將成為主宰"。

古希臘和古羅馬的戰略家，早在兩千多年前，就已表達了清晰的"海權"思想 —— 控制了海洋，進而控制世界 —— 可以說，那是風帆時代的智者共識。

是為序。

梁二平

2021 年 5 月 14 日

目錄

戰 列 艦 爭 鋒

鐵 甲 艦 競 賽

奢 華 的 沉 沒 與 重 生

海 上 競 速 **10**

冰 海 航 船 **11**

朱 印 渡 海 **12**

西 船 東 侵 18

中 國 四 大 海 船 14

槳帆初渡

01

東地中海是人類文明的搖籃，它輕輕一搖就搖出了一個帆船的"搖籃期"。

揚帆出海，埃及佔有領先地位，接著是米諾斯人和腓尼基人，他們的船槳帆並用，從運送貨物的商船到護航與攻擊的初代戰船，應有盡有。

羅馬帆船史並不是最長的，羅馬人卻是地中海最早的海上贏家；而此時，東方的帆似乎還沒升起，至少人們還不能確定中國的帆誕生於何時，它是自發產生，還是從西方引進？

紅海大帆船

古埃及首位女法老的紅海行動

帆改變了船的動力，使船成為更有力、更快捷的交通工具，也深深地影響了人類生活。在依賴帆船的時代，風帆甚至還影響了人們的表達方式，英語中有許多詞就來自海洋航行，比如，人們對超高樓的稱謂"摩天樓"，這個"Skyscraper"最初指的就是小型三角船帆，因為它比方形帆高出許多，看上去好像接觸到了天。那麼，人類最初的風帆是從哪裏升起的？世界上許多文明源頭，追來索去都會來到古埃及，帆船文明也不例外。

在說古埃及"始祖級"帆船之前，先要說清楚埃及颳的是什麼風，為什麼會在這裏吹起人類最早的風帆呢？

埃及的母親河尼羅河是南北流向，受印度洋季節風影響，夏吹西南風，冬吹東北風。尼羅河源頭在埃及南部，上游船向北航行時，藉助落差與水流，直接漂流而下。船逆流向南航行時，要克服落差與逆流，聰明的古埃及人就在船上立根桅杆，扯上一塊方帆，藉助冬季的東北季風吹動帆，使船逆流而上。這種天賜的季節風條件，只有南北流向的尼羅河才可以享用。於是，世界最早的帆船，就在這裏誕生了。

事實上，古埃及文字中"航行"一詞的含義，就是"逆流而上"，或"順流而下"。順便說一句，古埃及開國國王美尼斯統一上下埃及，建立第一王朝（公元前3100年），與保證尼羅河流灌溉工程和上下游連續航行有著密切關係。

原本以為，繪有已知最早帆船圖案的"格爾塞陶罐"一定在開羅博物館，筆者在開羅博物館轉了幾個小時，也

古埃及的"格爾塞陶罐",高 18 英寸,約製作於公元前 3500 年,上面繪有一些河流紋飾和一艘清晰的單桅方帆船,船尾還有作用尚説不清楚的類似船艙構件。

沒找到。後來聽説,它在大英博物館。近年來,兩次到大英博物館參觀,也沒找到這個著名陶罐。最後是朋友幫助在大英博物館官網上找到了它。它出土於距開羅 80 公里的尼羅河西岸,當年的下埃及都城格爾塞地區的墓葬區,因此被稱為"格爾塞陶罐"。

埃及史前文化時期共分為兩個時期,其中涅伽達文化 I 期又稱為阿姆拉特時期(公元前 4000 年—前 3500 年);涅伽達文化 II 期又稱為格爾塞時期(公元前 3500 年—前 3100 年),其文化憑藉紅色圖案的淺黃色陶器、管形工具加工石刻、梨形權杖、波紋形薄片石刀、冶金技術以及象形文字而聞名於世。大英博物館收藏的這件錐型陶罐,正是格爾塞時期的產物,大約製作於公元前 3500 年。此陶罐高 18 英寸,上繪有一些河流紋飾和一艘清晰的單桅方帆船。專家推測船上的帆是由棕桐樹葉編織而成,桅杆也許是一株棕桐樹幹。這個帆船的船尾還有類似船艙的構件,其作用尚說不清楚。僅從圖像上看，考古專家也無法確定它是木船還是紙莎草造的草船。但從船上安裝的單杆桅來分析，它有可能是一艘木帆船，因為草紮的船很難立木桅杆。

尼羅河先民最初是用紙莎草造草船。船的首尾都向上彎成月牙形，兩舷用獸皮包紮，船身繫著縱橫交錯的繩索，船體縫隙用較短的板牙、紙莎草和麻絮填補，防止進水，也令船體更加堅固。格爾塞陶罐上描繪的單桅帆船，其造型採用了紙莎草船的船型。

必須指出的是：尼羅河先民不僅扯起了世界最早的風帆，還是最早利用季風航海的先行者，既然季風能為尼羅河裏的帆船提供動力，為什麼不讓帆船到海上試試呢？

歷史上第一次有文獻記錄人類遠航事件，發生在埃及第四王朝時期，公元前 2600 年左右法老斯尼夫魯的書記官記錄了這樣的片段：一支 40 艘船組成的艦隊抵達尼羅河三角洲，船上裝載的松木來自位於利比亞以北的布魯斯。

海上的帆船是不是古埃及人發明的，目前還找不到有力的證據，但尼羅河確實被稱為“航海的搖籃”。從古代遺存的海船圖像看，首先在海上使用帆船的，應當是包含古埃及的東地中海諸國家，至少在公元前 1500 年之前，帆船跨海進行貿易已是這一地區的貿易常態。

古埃及至少開發了一南一北兩條海上貿易通道，北邊是尼羅河口至克里特島，南邊是紅海至印度洋。現在，讓我們走入尼羅河西岸盧克索的帝王谷，看看北方海道的歷史實證。

這裏是古埃及新王朝的第十八至二十王朝（公元前 1539 年—前 1075 年）時期法老與貴族的陵墓區。其中有一座祭祀古埃及唯一女法老，第十八王朝女王哈特謝普蘇特（Hatshepsut）專屬神廟——達爾巴赫里（Al-deir Al-bahari）神廟。經過 3500 年的歲月洗禮與人為破壞，神廟仍殘存著許多珍貴壁畫和雕像，為人們形象地講述哈特謝普蘇特女法老的故事……這位女法老的故事有很多，但最吸引航海史研究者的是一組繪在牆上的有平底大帆船的彩色壁畫，時間大約是公元前 1479 年。

這幅彩色壁畫，按時間順序要由下往上，分三部分來解說：

壁畫下部為啟航，描繪了 5 艘正在裝貨準備出發的大帆船。畫中港口被推測為紅海邊的加瓦西斯（Gawasis）港，考古人員在這裏發現了古埃及造船用的雪松殘料，埃及不產雪松，木材可能來自今天的黎巴嫩海拔 1500 米以上的高山。據記載，當時船隊帶走的埃及貨物有啤酒、葡萄酒、沒藥、玻璃珠、首飾、小刀等等。

大約製作於公元前 1500 年的埃及達爾巴赫里神廟壁畫中的船畫（墨綫圖），
是目前所知世界航海史上最早的航海貿易記載。

　　壁畫中部為歸航，描繪了滿載而歸的 5 艘大帆船。據記載，埃及人換取了當地出產的香料、烏木、象牙、黃金、銻、猴子、長頸鹿，還有 31 株活乳香樹。畫中可以看到樹被小心存放於籃子裏運回，這是移植外國樹的首次記載。從帶回來的貨物看，這場交易不是"等價交易"，對方似乎屈服於強大的埃及，以半交易半進貢方式提供了以上貨物。

　　壁畫上部為獻祭，描繪的是遠航成功後的獻祭活動。畫中最突出的祭祀品是遠航帶回的象牙和兩人抬著的乳香樹苗，還有祭祀不可缺少的牛、

羊、酒……根據壁畫殘留的象形文字記載，此船隊主要貿易貨物是乳香樹苗，女法老哈特謝普蘇特要把它祭獻給太陽神阿蒙；船隊是到一個叫"蓬特"（Punt）的地方進行貿易。但這個"蓬特"在哪裏？歷史上沒有相關記載。有專家推測，它在今天的也門，或是索馬里北部的蓬特蘭德地區。從貿易貨物看，這些物產接近南部非洲。如此説來，女法老的帆船隊駛出了紅海，進入了印度洋。

　　紅海偶爾會季節性地出現大片紅色藻類，這是其名稱的一個來源；也有學者認為，古代許多民族都有以顏色指代

方向的傳統，紅色指代南方或者西方；所以，希臘人和阿拉伯都稱其為紅海，它是印度洋的陸間海，是個幾乎封閉的、沒有什麼洋流影響的內海，同時也是一個可以很好利用季風的海。這個長約 2100 公里的大海西岸就是埃及，某種意義上講，它是半個埃及海。如何開發和利用這個海是古埃及人的一個課題，女法老哈特謝普蘇特就是一位了不起的破題之人。

壁畫上沒有記錄女法老為何要發起走出紅海的遠航行動，後世分析說，一是她要搞一個前無古人的大動作，證明她和男法老一樣有作為（她的許多壁畫雕像是著男裝、戴假鬍鬚、束胸、執權杖）；二是她用海外運回的寶物進行大規模祭獻活動，以求得神權方面對她的支持。據史料記載，哈特謝普蘇特在位的 20 年間（公元前 1479 年—前 1458 年），埃及社會穩定，經濟發達，是古埃及歷史上最好的年景之一，她也因此被後世稱為"和平的女王"。

古埃及的海船不是紙莎草船，而是木船。前些年，埃及考古工作者和歐洲古船專家根據此壁畫和出土船木、繩索等綫索，復原了一艘與壁畫一樣的紅海古帆船。英國 BBC 電視台還為此拍了一部紀錄片。

仿造古船的研究人員，以畫中船員平均身高 1.65 米來推算：這種帆船大約 22 米長，5 米寬。船尾四分之一處有大槳，西方人稱其為"四分之一舵"，或"側舵"。這種舵對方向的控制力不是很強，更多是靠寬 15 米的大方帆調整方向。巨大的方形風帆安裝在船中央桅杆上，帆桁比桅長兩倍還多，有利於調控方向（今天的紅海三角帆船斜帆，仍是這樣）。畫中還繪有船一邊的 15 名划槳手，風力條件不利時，由船兩邊的 30 支槳提供動力。畫中大帆船的尾部雕刻有蓮花，而非攻城槌，表明這些船是商船，而非軍艦。這些船隻吃水淺，使他們能夠在雜草叢生的紅海沿岸航行。仿造的古船完全按照壁畫上提供的綫索原大、原樣複製，經過幾年的努力最終複製了女法老 3500 年前的壯舉。在這部電視專題片裏，可以看到它在紅海破浪前行……

達爾巴赫里神廟的這組壁畫，有著非凡的意義。它是目前所知世界航海史上最早的航海貿易記載。有人說，畫中的 5 條船是以女王哈特謝普蘇特的名字命名，如果這個說法成立，那麼給船起名號的傳統就是由古埃及開啟的。還有，古埃及大帆船到達的"蓬特"若是今天的也門，埃及文明的"海洋性"則由地中海擴大到了紅海之外的印度洋，它是那個時代名副其實的海上強國。

拉美西斯三世艦隊

尼羅河口最古老的海上肉搏戰

　　世界"三大博物館"排名，"四大博物館"排名，都沒有埃及的開羅國家博物館的名字。頗為諷刺的是，大英博物館、美國國會博物館、法國盧浮宮都有東方廳或埃及廳；也就是說，這些世界著名博物館搶掠別國寶貝，特別是埃及寶物，充了自家門面。開羅國家博物館剛好相反，30萬件文物全都是自家文物，更有一系列自家祖宗的真身——法老木乃伊。

　　開羅國家博物館的木乃伊專題館在二樓（2021年4月，這些木乃伊全部遷移至新建的埃及文明博物館），另外收費。筆者正是在這裏分別"拜見"了古埃及幾位著名

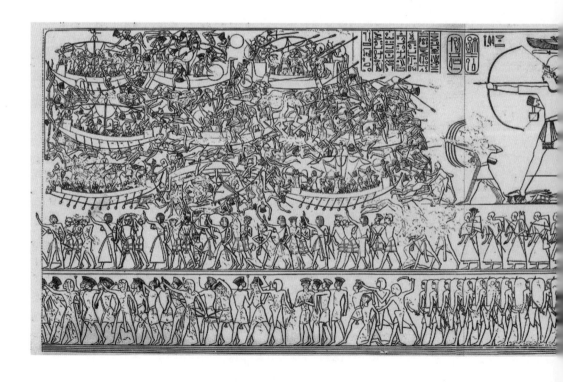

法老。這裏要講的是最後一位驍勇善戰的法老拉美西斯三世。原本拉美西斯三世安睡在帝王谷的石棺裏，雕刻著許多文字與繪畫的大石棺和棺蓋，分別被掠到法國盧浮宮和英國劍橋費茲威廉博物館，但拉美西斯三世木乃伊沒被掠走，後來移入了開羅國家博物館。

拉美西斯三世是古埃及第二十王朝的法老，此時埃及的國際影響力已經下降。據莎草紙文獻記載，由於外國勢力陰謀瓜分埃及土地，很多埃及人流離失所，或揭竿而起，來自東地中海的"海人"（有專家認為是克里特諸島聯盟），藉機侵擾埃及。

拉美西斯三世為了抵制這種威脅，在南部巴勒斯坦建立了防禦綫，又從塞浦路斯王國進口了許多船隻，來保護尼羅河入海口。埃及的戰略物資礦石和雪松全都依靠海上貿易，如失去了港口，則國家難保。"海人"的目標，自然也是通過打擊埃及海軍，佔領尼羅河入海口，進而攻入埃及。尼羅河入海口的海戰，就是在這樣的背景下開打。拉美西斯三世親自組織兩支海陸部隊，將"海人"引入尼羅河口內，一面利用岸上弓箭手放箭，一面採用接舷作戰，將入侵的海上民族擊敗。這是古代海戰史上成功的防守戰例。

在埃及哈布城拉美西斯三世神殿（Medinet Habu Temple of Ramesses III），至今保存著反映拉美西斯三世與海上民族的尼羅河口戰役的浮雕。1828年，"埃及學之父"、盧浮宮埃及文物館館長商博良帶領法國、意大利聯合考古隊來到帝王谷，臨摹了拉美西斯三世的陵墓的所有壁畫，其中一幅被後來考古工作者根據畫上題記和畫上的內容命名為《拉美西斯三世與海上民族的尼羅河口戰役》。這是世界古代海戰史上存留下來的最古老的海戰紀實畫，甚至都不能說是之一。

大約製作於公元前 1170 年的浮雕，反映了拉美西斯三世的海軍打敗海人。

這幅巨大的石灰石浮雕縱 5.6 米，橫 15 米，大約製作於公元前 1170 年，距今已 3100 多年。此畫分為三層，研究者多用商博良團隊當年臨摹的墨綫圖來分析浮雕上的內容。

畫的上層為畫的主體，最重要的人物是戴著高帽子（古埃及人有夾長頭的習俗）的拉美西斯三世，他從戰車上下來，身先士卒，正向敵人射箭，侍者舉著法老傘蓋立在身後。法老正前方描繪的是海上激戰，參戰的船隻皆為當時東地中海通用的單層槳座戰船。這是一種槳帆船，有槳有帆，畫面反映的是近距離開戰，所有的帆全捲繫於橫桁上。船上槳手負責行船，弓箭手和長槍手負責與靠近的敵船投射。細看高高的桅杆上，似有桅盤，有身材小巧的戰士在上面觀察戰況。有些戰船裝有獅頭撞角，還撞翻了敵船。

畫的中層是岸上守軍和後備軍，他們手持弓箭、盾牌和長槍，隨時準備投入戰鬥。

畫的下層是表現戰果，有些俘虜正被帶走，有一些俘虜被就地斬首⋯⋯顯然，拉美西斯三世的軍隊取得勝利。

此役過後，除了再次與利比亞人發生過衝突之外，拉美西斯三世的其餘統治時間多是和平，紅海出海口的對外貿易港蓬特也得到恢復。

古埃及在海洋上的領先地位維持了上千年，這之中有它的海上貿易的助力，也有它的戰船優勢，但內部分裂最終使這個國家難以團結一心。公元前 525 年，埃及被波斯征服，此後，埃及自身特色的帆船與海上貿易活動漸漸衰落，愛琴海的海上民族統治了東地中海。

米諾斯槳帆船

錫拉島阿克羅蒂里港口與船隊

古希臘文明的源頭——克里特文明（也因古希臘神話克里特國王米諾斯而稱為米諾斯文明）由於一次超級火山噴發而導致了文明的衰落。米諾斯文明興於公元前2850年左右，超級火山噴發後，公元前1450年克里特島漸漸被希臘半島上的邁錫尼人佔領。

克里特島超級火山噴發的時間，一直沒有定論。2006年4月28日出版的美國《科學》雜誌，發表了丹麥奧胡斯大學（Aarhus Universitet）教授瓦爾特‧弗里德里希的研究成果。他和同事經反覆測試一塊來自愛琴海錫拉島的小小橄欖枝，終於測算出它的確切死亡時間：公元前1627至1600年間，它在熾熱的火山灰覆蓋下，窒息而死。這不僅僅是一棵小橄欖樹的死亡時間，而是那個偉大文明走向衰落的時間。

南愛琴海的錫拉島距米諾斯文明的核心克里特島只有100多公里，那次火山噴發的巨量灰燼覆蓋了這個小島。1207年，為紀念聖‧愛蓮（Saint Irene），這個火山灰覆蓋的荒島改稱聖托里尼。這裏的古文明就這埋在火山灰下面，一直到1860年代開鑿蘇伊士運河時，人們在聖托里尼島南部阿克羅蒂里（Akrotiri）開採石頭、清理火山灰時，才發現被深埋地下的古文明廢墟，人們稱這裏為"希臘的龐貝"。

從1895年至1900年，德國考古學家來到阿克羅蒂里發掘錫拉古城遺址。但它的身份被廣泛確認與發掘已是1967年。在厚厚的火山碎屑下是保存極好的地下文物，它們如同剛剛離去，又像剛剛回來……如今的聖托里尼島已是世界級度假勝地，瀕海壁立的危崖上聚集著標誌性的白房子。在島上的阿克羅蒂里考古遺址，遊客可以看到3600多年前被火山噴發覆蓋的貴族莊園，這裏出土了大量珍貴的壁畫，後來集中移入雅典的國家考古博物館。

米諾斯壁畫與文藝復興時期的濕壁畫，在技術層面有很多相似之處。首先用泥漿和稻草覆蓋牆壁，然後在上面薄薄地塗上石灰膏，最後塗上一層薄薄的灰泥。畫的色調由白色（石灰膏）、紅色（有色稀土和赤鐵礦）、黃色（從黃赭色）、藍色（埃及藍或藍銅礦）和黑色礦物構成。米諾斯藝術家充分利用這些顏色：黃色用於獅子或年輕人皮膚，畫植物用綠色和藍色。深藍色也被用來表示深綠色的常春藤、莎草、百合、蘆葦和棕櫚樹。白色表示女性身材蒼白的皮膚，而紅色則被用於深色、日曬的男性皮膚。這裏的壁畫在藝術風格上受古埃及影響，但表現內容卻和神秘而莊嚴的埃及繪畫不同，米諾斯繪畫主要表現的不是神，而是人，畫面多以表現人們的舒適生活為主。

這幅表現港口和船隊的壁畫出土於阿克羅蒂里“西屋”遺址 5 號房間，原

本沒有名字，人們根據畫中內容稱其為"錫拉島阿克羅蒂里港口與船隊"。錫拉島的阿克羅蒂里港口是塞浦路斯和克里特島之間的戰略港口，也是一個銅貿易中心，持續繁榮了約500年。

這段壁畫保存得相當完整，畫面也磅礴大氣。它表現了米諾斯的海洋文明，特別是佈滿畫面的槳帆船。大約在公元前2000年，南愛琴海的克里特島和錫拉島就用柏樹造出了一種有木槳和風帆的海船。近岸用槳，遠航用帆，提速時，可槳帆並用。

最初的划槳船，希臘人稱之為"gauloi"（意為"桶"），由此派生出"槳帆船"（galley）一詞，通常譯為"加萊船"，或"加利船"，外號"地中海蜈蚣"。事實上，當年的"地中海蜈蚣"也只是在東地中海的小小海區航行，這裏幾乎沒有什麼風浪，島嶼間特別適合槳帆船航行，所以東地中海也發展出了最為豐富的槳帆船。

米諾斯王國時期，米諾斯的槳帆船已進入成熟階段，船首和船尾高翹，船尾有尾樓，左右各有一個水手操舵槳，兩舷有多名槳手。這種平底帆船的中部立有高大桅杆，桅杆可以放倒和卸下。畫中進入港口的槳帆船，已用生牛皮編成的帆索將巨大的風帆捲了起來。船上似乎沒有裝甲板，船上堆有貨物，看上去都是商船。畫中還繪有大陸，有通海的河流、有動植物、有樓房、有集市……表現出3600多年前，愛琴海上繁忙的海上貿易景象。

遺憾的是，畫中描繪的南愛琴海先民的航海夢，後來被錫拉火山的爆發終止了，只在火山灰中為後世留下了珍貴的圖畫。這些壁畫再次證明，米諾斯的海洋文明已經相當成熟，這種經濟與技術的優勢為後來的希臘海上崛起做了很好的鋪墊。

希臘聖托里尼島上的壁畫"錫拉島阿克羅蒂里港口與船隊"（局部），描繪了3600多年前愛琴海上繁忙的海上貿易景象。

奧德修斯帆船

撞角戰船與船眼的最早描繪

　　人們熟知的荷馬史詩描述的故事，並非真正的希臘人的故事，而是邁錫尼人的故事。邁錫尼人於公元前 1450 年入主克里特島後，沿用米諾斯文明綫形文字 A 的音節符號，後來發展成綫形文字 B。1900 年，英國考古學家亞瑟·約翰·伊文思在克里特島的古代宮殿廢墟上，發現了泥板綫形文字。20 世紀 50 年代，有學者破解了公元前 15—前 13 世紀的綫形文字 B，公元前 15 世紀之前的綫形文字 A，至今未能成功釋讀。

　　在對綫形文字 B 的釋讀中，找不到荷馬史詩，但人們找到了後世熟悉的諸神的名字 —— 宙斯（主神）、赫拉（天后）、阿波羅（太陽神）、波塞冬（海神）、狄奧尼索斯（酒神）……這是關於“奧林匹斯十二主神”的最早記載。

　　大約在公元前 1200 年，來自今天希臘北部的多利亞人南下摧毀了邁錫尼王朝。此後 300 年間，希臘半島又退回到無文字的原始狀態，史稱“黑暗時代”。公元前 800 年左右，行走在東地中海的盲人歌手荷馬整合了多個民族的英雄傳說，吟唱出兩部史詩：其一是《伊利亞特》，描繪的是特洛伊戰爭；其二是《奧德賽》，描繪的是特洛伊戰爭後，奧德修斯在海上漂泊的故事；後世將它們合稱為“荷馬史詩”。

　　荷馬史詩反映的是邁錫尼文明 —— 它由伯羅奔尼撒半島的邁錫尼城而得名，時間跨度在公元前 1600 年—前 1200 年。這些伯羅奔尼撒半島上的先民，當時被稱作阿卡亞人（那個時候還沒有“希臘人”這個稱呼），他們在半島的中部和南部建立起第一個奴隸制國家——邁錫尼王國。公元前 12 世紀，邁錫尼王國為了爭奪海上霸權，與小亞細亞西南沿海的國家發生衝突，最著名的就是特洛伊戰爭。

雖然《荷馬史詩》是個神話，但還是可以了解到東地中海水軍建設的基本模樣，在《伊利亞特》第二卷，詩人用了一半的篇幅敘述了從特洛伊出發到希臘的戰船數量，哪個城鎮、哪位將領、所帶哪一種戰船各有多少……這段看上去有些絮絮叨叨的以船的數量來衡量權力大小的"船錄"，被認為是人類歷史上首次表現海上霸權的經典，也可以視作希臘"海權思想"的先聲。

此外，人們還可在《奧德賽》第五卷中了解奧德修斯造船的全過程，這是一大段接近史實的描繪：

海島盡頭聳立著檀樹、楊樹、直指天穹的杉樹，早已風燥枯乾，適可製作輕捷漂浮的筏船……奧德修斯動手伐木……他一共砍倒二十棵大樹，用銅斧剔打乾淨，劈出平面，以嫻熟的工藝，按著溜直的粉線放排……在每根樹料上面，用木釘和栓子把它們連固起來，像一位精熟木工的巧匠，製作底面，寬闊的貨船，奧德修斯手製的航具，大體也有此般敞寬。接著他搬起樹段，鋪出艙板，插入緊密排連的邊柱，不停地工作，用長長的木橡完成船身的製建。然後，他做出桅杆和配套的桁端，以及一根舵槳，操掌行船的航向，沿著整個船面，攔起柳樹的枝條，抵擋海浪的沖襲，鋪開大量的枝幹。其時，卡魯普索，豐美的女神，送來大片的布料，製作船的風帆。奧德修斯動作熟練地整治，安上纜繩、帆索和升降索，在木船的艙面。最後，他在船底墊上滾木，把它拖下閃光的大海……

這是奧德修斯自己造的海船，後來這條船被海神波塞冬製造的風浪摧毀，奧德修斯"幸好抱住了彎翹的海船，它的龍骨，漂游了九天……"來到一個島上，島上的女神送他一條"拼造堅固的木船"。這一次，他的海上航行又被海神波塞冬摧毀了。他又漂流到一個島上，"手握權杖的王者……選出五十二名青壯……在烏黑的船身上豎起桅杆，掛上風帆，將船槳放入皮製的圈環，一切整治得清清楚楚，升起雪白的風帆……"

從詩歌的描述看，海上漂泊 20 年間，奧德修斯換了許多船，這些船是木製船，有龍骨、漆過的烏黑船身，有可裝卸的桅杆，有配套的桁端，有布做的風帆，大船要五十二名青壯操控……這是愛琴海古帆船的詳細"索引"。

希臘南部的錫羅斯島出土的公元前 2800 年的祭祀陶罐（也叫“煎鍋”），上面飾有一條 15 對槳海船，船頭還伸展出一個尖脊，極可能就是“撞角”的雛形。

據專家推測，《荷馬史詩》在公元前 6 世紀已經有了文字版本，但都失傳了，現存最早的是公元 10 世紀的抄本。但《荷馬史詩》的美術樣式，卻藉助陶器得以保存，並留下了大量的古帆船歷史圖像，其中就有撞角船的描繪。

撞角船是古代海戰的重要發明，雅典國家考古博物館收藏一件公元前 2800 年的希臘南部的錫羅斯島出土的祭祀陶罐（也叫“煎鍋”），此陶罐上面畫的或是現存世界上最早描繪航海的圖畫：一條 15 對槳的海船，正在螺旋形海浪中航行。此船有槳無帆，船尾有魚旗做風向標，船頭還伸展出一個尖脊，這條龍骨起著加固船體和破浪的作用，極可能就是“撞角”的雛形。

西部地中海最早的撞角船歷史圖像來自在古代伊特魯里亞（今意大利中部）的考古發掘。這是一尊大約製造於公元前 675 年的彩陶雙耳噴口杯（Krater），它通常用來混合水和葡萄酒。此杯的一面繪有《荷馬史詩》中奧德修斯弄瞎海神之子獨眼巨人波呂斐摩斯的場景。另一面描繪了一場海戰：一艘帶有撞角的船，正在追趕另一艘帆船，兩船的升高甲板上都站著持矛和盾的戰士，另一船的人字桅上，還有一個哨兵。兩戰船中間畫了兩個五角星符號，這是有關自然崇拜的符號，是"大地女神"的象徵。

值得注意的是，它還記錄了地中海戰船特有的"船眼"。有人猜想地中海戰船船眼源自"荷魯斯之眼"（The Eyes of Horus）。荷魯斯是古埃及神話中法老的守護神。他是冥王奧西里斯和伊西斯的兒子，其形象是鷹頭人身。他的眼睛是太陽和月亮，是辨別善惡、捍衛健康與幸福的護身符。埃及第十八王朝的法老圖坦卡蒙（公元前 1341—前 1323 年）的木乃伊上就繪有荷魯斯之眼。但廣泛使用荷魯斯之眼的埃及人，沒有把它繪在船上。地中海進入希臘城邦時期和後來的羅馬帝國時期，希臘和羅馬的船頭上都出現了神一般的"船眼"，甚至成為戰船必備標誌。當然，"船眼"的眼型與獨特造型的荷魯斯之眼，有著很大不同。所以，法國歷史學家費爾南·布羅代爾在他的《地中海考古》書中就認為"船眼"是"海豚眼"。

公元前 6 世紀，腓尼基成為西地中海的強大城邦，並將其勢力擴展到北非。公元前 535 年，腓尼基人與意大利北部的埃楚斯卡人聯合起來，在科西嘉島阿拉利亞海面打敗希臘人的殖民地馬西利亞的一支艦隊，阻止了希臘向西地中海的滲透。

伊特魯里亞的造船者是最早在船上裝配兩根桅杆的人，描繪這種船隻的最早圖像可追溯到公元前 5 世紀 50 年代，發現於一處墓葬的牆壁上，位於第勒尼安海沿岸的奇維塔韋基亞附近的塔爾奎尼亞。

荷馬史詩中說，奧德修斯帆船有可以放倒的桅杆，但沒說那船是幾桅。

公元前 675 年的彩陶雙耳噴口杯（此為一側的展開墨綫圖），不僅是西地中海較早的撞角船的歷史圖像，同時它還記錄了地中海戰船特有的船眼。

大英博物館中約公元前 480 年的
雅典花瓶上，描繪了奧德修斯自
縛的故事。

在大英博物館中有件保存完好的公元前 480 年的希臘陶瓶《奧德修斯自縛》。這個瓶上畫的是一艘單層槳戰船（pentekonter），只有一個桅杆，縛著奧德修斯，一邊船舷上畫了七個槳位，畫了 4 個槳手，船尾兩舷各有一個側舵，有舵手操控。

希臘陶瓶描繪奧德修斯乘的是單桅船，筆者在突尼斯巴爾多國家博物館考察時，看到那幅著名的《奧德修斯自縛》壁畫，卻有所不同。這幅馬賽克壁畫約有 1 米高、3 米寬，該館的館員說，此博物館的古羅馬壁畫有兩個來源，一是古代宮殿遺址，二是貴族家遺址，創作時間是公元 2 世紀至 3 世紀。這幅壁畫比前邊說的那個陶瓶畫晚了幾

百年，但它是目前所能見到最早表現奧德修斯自縛的大型壁畫作品。

這個巨大壁畫的主體是帆船，畫上的奧德修斯帆船是兩桅船，首桅掛著一面小帆，主桅掛一面大帆，與後來的平頭帆不同，這兩個帆的上部是等腰三角形的，看上去很有美感，帆上繫有繚繩。從畫中繪出的船頭觀察窗來看，此船還是艘大船。但船上沒畫詩歌中提到的 50 多人。此船前邊還繪有一條漁船，沒有帆，説明這是近海打漁的小船。

壁畫還詳細表現了史詩描繪的海妖島場景。順便説一下，古典航海時代繞不過去的文化符號 —— 海妖塞壬。

半人半鳥的海妖塞壬的故事，源自

兩河流域的民間傳說。塞壬原本是河神埃克羅厄斯的女兒，是從他的血液中誕生的神鳥。因與繆斯比音樂落敗，被繆斯拔去翅膀，繆斯用塞壬美麗的翅膀為自己編紮了一頂王冠，作為勝利的標誌。失去翅膀後的塞壬，只好在海岸綫附近遊弋，會變幻為鳥或美人魚，用美妙的音樂吸引過往的水手……

在泛希臘時代，海妖形象和海妖故事在東地中海廣泛流傳；到了泛羅馬時代，這個故事流傳到了整個歐洲和北部非洲，成為海洋國家十分熟悉的文化內容。在突尼斯東北部的哈馬馬特（Hammamet）古城堡前，筆者還看到了當代突尼斯人創作的塞壬雕像。這尊仿青銅的雕像，由三個美人魚構成。她們手中都舉著一支突尼斯國花茉莉。這花顯然是現代人的想像和民族化的結果。

現在來看壁畫中的西西里島附近墨

西拿海峽的海妖島：花叢裏，塞壬一邊彈奏豎琴，一邊起勁地唱著誘惑人心的歌。以往，她們都會把過往船隻引向礁石，撞得船毀人亡。但是，從戰場上歸來的奧德修斯，遵循女神喀耳斯的忠告，令人把自己綁在桅杆上，並吩咐水手們用蠟把耳朵塞住。儘管海妖的歌聲不斷飄來，水手們仍駕馭帆船隻一直向前，順利地通過海妖島。

有意思的是，這個嚇唬西方水手的神話，幾百年後，嚇住了中國派往西方的使者。那是漢和帝永元九年（公元 97 年），都護班超遣甘英使大秦，抵條支，臨大海。欲渡而安息西界，舶人謂英曰："海水廣大，往來者逢善風之月乃得渡；若遇遲風，亦有二歲者。故入海人皆帶三歲糧。海中善使人思土戀慕，數有死亡者。"甘英聽到海妖故事，嚇得停下了腳步，訪問大秦的使命就此終結。這是古代中國使節走得最遠

突尼斯巴爾多國家博物館的《奧德修斯自縛》壁畫，創作時間在公元 2 世紀至 3 世紀。

的一次，也是最失敗的一次。

甘英最終於哪個海邊止步不前？這是一直沒說清的懸案。有人說，他到了波斯灣；也有人說，他到了地中海東岸；總之，甘英錯過了進入地中海與歐洲交流的唯一一次機會。

不過，更值得探討的是塞壬捕獲水手的"工具"。詩人荷馬沒有描繪那是什麼歌聲。從畫上看，塞壬用了豎琴，但彈的是什麼曲、唱的是什麼詞，則是千古之謎。只能猜想：海妖塞壬三姐妹唱的一定是比二重唱還好聽的三重唱。塞壬一號，唱美麗；塞壬二號，唱欲望；塞壬三號，唱故鄉；時而對話式，時而襯托式，時而柱式……莫扎特就愛在歌劇作品中運用三重唱，威爾第也愛使用這種招式。

為什麼歌者荷馬要抵抗音樂與美呢？哲學史家把它解釋為希臘理性思維的萌芽。奧德修斯把自己綁在桅杆上，為了忠於他的愛情。但另幾位水手呢，他們是不是被奧德修斯"道德綁架"了呢？如果有那聲音、那音樂，可以妖媚且含有邏輯的、讓你服從她和她帶來的美與情感，那不正是漂泊人生的妙處嗎？隨她遠走又何妨？中國古人說的"花下死"，更像一種反西方神話的"理想死亡"。

事實上，奧德修斯離開特洛伊後，曾漂流到一個海岸，一些船員吃了"忘憂果"之後，便流連忘返，不想再回家了。傳統上，古代職業水手就是"四海為家"，在哪個島都能安家，同時，來了哪班船，又能隨之漂流四海。那一次，奧德修斯為了防止水手逃跑，就是把他們綁在船上繼續航行，路上還刺瞎了波塞冬的兒子，結果被這位海神舉著三齒叉子一路追殺。這是漫長而又受罪的旅程，誰又願意耗在這裏面？

最後，說說突尼斯哈馬馬特古城堡的塞壬手持的茉莉花。其實，哈馬馬特城的別稱叫"葉斯敏·哈馬馬特"，阿拉伯語中"茉莉"的發音是"葉斯敏"，因為這裏風光旖旎，突尼斯人便用茉莉花來稱呼它。當然，塞壬手中的茉莉花也不是突尼斯藝術家簡單加上去的，它也有獨特的含義，至少是對這場誘惑做了一個情感補白。在神話中，塞壬三姐妹中的大姐帕耳塞洛珀深愛著奧德修斯，當奧德修斯的船隻拒絕誘惑走過之後，她二話沒說，轉身自盡。如果真愛得不到呼應，它就不值得存在。

突尼斯為何會保留塞壬的形象與歷史記憶？因為，它離塞壬的故鄉太近了，這個國家的最北端離意大利南部海岸只有 140 公里。傳說中，塞壬就住在意大利那不勒斯至薩萊諾一帶的海岸上。在波西達諾海岸不遠處，可以看見三塊光禿禿的礁石從海面穿出。它既是塞壬的化身，也是愛的溫柔鄉。

腓尼基商船

「上帝之樹」成就了一個造船王國

一直想去腓尼基的老家 —— 大體講是今黎巴嫩、敘利亞沿海一帶，可戰亂不停，只好退而求其次，去考察它最後的滅亡之地 —— 迦太基，這裏尚可見到羅馬人公元前146年，鏟平的始建於公元前8世紀的迦太基城一點點殘垣斷壁。這個突尼斯城郊的古城遺址，現謂之"迦太基城邦遺址"。

迦太基城被羅馬人摧毀後，腓尼基人隨之消失了。腓尼基人曾發明了後來成為希臘字母和拉丁字母基礎的腓尼基文字，但並沒有留下任何文字文獻，後人只能通過繪畫等其他歷史證物，回望腓尼基文明。

腓尼基人自稱閃美特人，也被稱作迦南人。因為這些東地中海沿岸的人，會用海蚌提取顏料染成高貴的紫布販賣。他們被稱為"腓尼基"，意思是"絳紫色的國度"。其實，販賣高貴的紫布，並不是腓尼基人的大宗生意。腓尼基人臨海而居，幾乎沒有任何耕地，但其身後的群山遍佈茂密的森林。當時迅速發展的埃及王國和美索不達米亞等地區，都急需要大量堅實的木材造船，腓尼基人就將這裏的木材發展為大宗出口貿易。

腓尼基的故鄉黎巴嫩與敘利亞地區盛產"黎巴嫩雪松"。這種松樹生長1300米至3000米的高山上，材質堅硬、紋理細密，耐腐抗蟲，還散發清香……《聖經》中把雪松稱為"植物之王"，古代迦南人說雪松是上帝所栽，稱它為"上帝之樹"或"神樹"。今天的黎巴嫩國旗中央就繪有一棵雪松。

腓尼基的天然資源刺激了他們的海上貿易熱情，也促

新亞述國王薩爾貢二世第八宮殿的公元前716—前713年的浮雕船畫，為人們提供了腓尼基人用"馬船"運送黎巴嫩雪松的場景。

進了他們的航海技術。腓尼基人要擴大與埃及的木材貿易，靠原始的木筏運送很受局限，要運輸更多的木材，就要造更大的船隻。據說，當時腓尼基的西頓、推羅和巴勒貝克等港口的造船工人，會運用腓尼基字母表（今天人們熟悉的26個英文字母，源頭是腓尼基人的22個字母，後來被希臘人學去，一路向西傳播），將船體主要構件都標注不同字母，每個組件都要按字母安放在船身的既定位置，通過這種技術快速而有序地組裝船隻。更為重要的是他們對龍骨的發明。龍骨是貫穿船隻首尾的一整塊豎直厚板或一組厚板構成的船隻脊柱。有了這種結實的脊骨（通常用釘子固定，腓尼基人最早將鐵和其他金屬用於造船），船隻就能裝載更大、更重的貨物了。有人稱，龍骨的發明"與陸路運輸的輪子同等重要"。

公元前10世紀至公元前8世紀是腓尼基城邦的繁榮時期。"腓尼基人"幾乎就是"航海家"和"商人"的代名詞，他們駕船踏遍地中海的每一個角落，每個港口都能見到腓尼基商人的蹤影。新亞述國王薩爾貢二世（公元前722—前705年在位）宮殿（伊拉克北部尼尼微省杜爾舍魯金古城）牆上的浮雕，為我們提供了腓尼基人航海活動的"鮮活"實證。

公元前721年，薩爾貢二世消滅了以色列，佔領了敘利亞，所以宮殿浮雕上有了腓尼基人運送造船良材雪松的圖畫（此浮雕現藏巴黎盧浮宮亞述廳）。這種運送雪松原木的船，希臘人稱之為"馬船"，沒有桅杆，沒有帆，從畫上的海龜等海洋生物看，這是一艘近岸航行的小型划槳船，雪松是腓尼基出口的重要物資，盡最大能力多多運載。這些小船除了在船上堆放一些木材外，船後邊還拖帶了一些木材。這幅公元前716—前713年的浮雕船畫，似乎表明亞述通過對腓尼基的控制，斷絕了埃及和敘利亞地區的貿易往來。

腓尼基人對世界航海的貢獻還不止於此，他們還率先研製出以帆為主動力的海上商船。這種有大帆無木槳的遠洋海船，起初是單桅帆船，後來演變成雙桅帆船。帆取代槳成為海船主動力，這是船舶的一大進步。

1914年，西方人在黎巴嫩西頓（Sidon）古港，發掘出腓尼基大理石石棺，在石棺上發現了重要的浮雕船圖（現藏巴黎盧浮宮）。這幅完整的浮雕船圖，提供了公元前6世紀左右腓尼基風帆動力的"希波"（Hippoi）船的基本形象。

此時的希波船已添加了第二根桅杆，在船首正前方添加了一根高聳外伸的斜帆杠，兩根桅杆上各扯了一張風帆，上下兩根橫帆桁都用轉帆索拉緊，使之能順風使帆。值得注意的是，船圖上既無木槳，也無槳手。可見，這種帆船在海上航行時，只用帆，不需要划槳輔助，這是腓尼基航海文明的一大進步。從船圖上看，此時的希波船還是用所謂的"四分之一舵"。

西頓港口曾是腓尼基人在東地中海地區建立的最早的城邦之一，是當時的良港和工商業中心。這裏出土的浮雕船圖，可以說是當時腓尼基航海生活的真實反映。腓尼基人不僅航海技術高超，造船技術也受到海上貿易拉動，躍居世界首位。這種優勢一直保持到公元前6世紀。

黎巴嫩西頓古港發掘出腓尼基大理石石棺，其浮雕上的船圖提供了公元前6世紀左右腓尼基"希波"船的基本形象。

雙層槳座戰船

稱霸地中海的腓尼基艦隊

　　雖然黎巴嫩西頓古港發掘出的大理石石棺的浮雕船圖提供了腓尼基商船的形象，但人們並不知道腓尼基商船的航綫在哪裏。

　　2016 年，一支潛水考古隊在馬耳他西北部海底 110 米深處發現古腓尼基人的商船，該古船可追溯到公元前 7 世紀，是地中海中心海域目前發現的最古老的沉船。可惜的是，此船已腐爛得沒形了，僅剩下當年運載的一批雙耳罐鍋，還沉睡於海底。這一發現，至少證明了馬耳他是腓尼基人貿易路綫經過地。探險者在船上發現的手工藝品有助於揭秘腓尼基商人的海上商路。

　　腓尼基商船度過了幾個世紀的輝煌之後，公元前 8 世紀，希臘城邦的海上強國形象開始顯現。腓尼基人立即意識到，要確保他們在地中海的貿易壟斷地位，必須要有強大的武裝艦隊，以掃清海上的希臘劫掠船。

新亞述尼尼微王宮裏的大約公元前 720 年腓尼基提爾的船隊浮雕畫，描繪了亞述尖頭的樓船式戰船，這是人們能看到最早的兩層槳座戰船形象。

腓尼基艦隊的歷史圖像已很難尋找了，只能藉助其他文明遺跡來復現那段歷史。這就要說一說尼尼微城（在今天的伊拉克北部摩蘇爾，是底格里斯河左岸一個《聖經》上曾記載過的古城），它曾是新亞述帝國（公元前 935 年—前 612 年）的首都，尤其是在辛赫那里布和亞述巴尼拔王統治時期（公元前 7 世紀），王宮內建造了許多記載輝煌過去的浮雕。

公元前 626 年，居住在新巴比倫的迦勒底人和東邊的米底人聯合起來進攻亞述，於公元前 612 年，攻克新巴比倫王城尼尼微。尼尼微被洗劫一空後，又被放了一把大火，一代名城尼尼微和龐大的新亞述帝國一起從地面上消失了。

兩千多年以後，考古學家發現了尼尼微遺址，此地隨後成了文物「富礦帶」。正是在尼尼微的亞述王塞納克瑞布王宮（Nineveh, Palace of Senacherib），人們發現了這塊約作於公元前 720 年的浮雕船圖。

這是一艘腓尼基兩層槳座戰船（bireme），槳手分為上下兩層，上下槳手的位置交錯排列，以降低船的高度。船頭有一個公羊角般的撞角，盾被固定在上層橋樓邊上，就像城牆上的防禦工事一樣。此前的海戰，通常落下風帆是以人力划槳為動力，這樣速度快又靈活。船上多數人在划槳，只有十幾人是作戰兵。作戰兵主要是使用弓箭、標槍和拋射石塊殺傷敵人。腓尼基人運用建造商船積累起來的技藝，借鑒埃及戰船的撞角形制，製作出世界上最早的雙層槳座戰船。這種戰船比商船窄而長，可以容納很多作戰人員。最特別的是，在船首裝備青銅撞角，可以在高速前進中一下撞漏敵船。法國歷史學家布羅代爾認為這件浮雕描繪的是 8 世紀腓尼基提爾王盧里的戰船，在亞述塞那謝里布的軍隊攻擊之前海上潰逃的情景。此浮雕船圖現藏大英博物館。

這種腓尼基戰艦，兩槳兩帆，沒有甲板，從船頭到船尾的中軸線上有一條長長的天橋，它高於槳手的頭頂，是弓箭手或投石車的戰鬥平台，船上還裝備了一個「指揮台」。人們在新亞述王宮裏，還發現了描繪大約公元前 700 年的腓尼基船隊浮雕畫。此畫上，已不是一艘船而是一個完整的船隊，有商船，有護衛的戰船，還有補濟船。

考古學者認為，把這樣一幅腓尼基船隊的浮雕畫裝飾在亞述王宮裏，似乎表明腓尼基人的海上霸業在新亞述人心目中享有較高地位。同樣，在公元前 8 世紀，埃及人也把腓尼基的文化成就看成是一種文明的象徵。後來，希臘人和羅馬人都在自己的船隊中繼承並發展了腓尼基戰船的類似設計。

三層槳座戰船

希臘裝有金屬撞角的戰艦

公元前 800 年，希臘半島誕生一批新的城邦國家，它們共同創造了希臘文明，其突出標誌即用腓尼基字母創造了通用希臘文字，並於公元前 776 年召開了各城邦踴躍參加的第一次奧林匹克運動會 —— 希臘文明有了自己的樣式。有了文化認同，但城邦中誰當老大，仍然是個問題，所以還是要打出個高低上下來。此間最著名的戰爭，莫過於對外的波希戰爭和半島上的伯羅奔尼撒戰爭。

伯羅奔尼撒半島在希臘半島南部，雅典在希臘半島北部，這場戰爭即是北部雅典城邦聯盟與南部斯巴達城邦聯盟進行的戰爭，它更像一場"希臘半島的小南北戰爭"。

希臘歷史圖像多在古陶器上。以前這些古陶器都在衛

比較早的希臘戰船形象，出現在公元前 530 年的陶盤上。這是一艘單層槳戰船，屬撞角戰船。

雅典衛城的伊瑞克提翁神廟出土的浮雕殘片，清楚地表現了有舷外托架的三層槳座戰船的結構。

城博物館，前些年它們多數被搬到雅典歷史博物館裏。還有許多流失在國外，在大英博物館也可看到。希臘陶器以瓶瓶罐罐為主，還有杯、碗、盤等餐具；其裝飾畫由剪影圖案作主導，繪於腹部，或圓或方；技法上，分為黑繪和紅繪。希臘陶器匠人的美術造詣特別高，他們在陶器上描出的圖畫，其文化分量之重，怎麼評價都不為過。它不僅全方位展現了古希臘的繪畫風貌，更是一部古希臘文明的百科全書。

比較早的希臘戰船形象，出現在公元前 530 年的陶盤上，此畫中的戰船指揮官，不是軍人，而米諾斯時期就有的酒神狄俄尼索斯，所以這艘戰船桅杆上畫有纏枝葡萄。這是一艘單層槳戰船，屬撞角戰船。

在波希戰爭期間（公元前 499 年—前 449 年），雅典為應對戰爭趕製大批三層槳座戰船（trireme）。1852 年，雅典衛城的伊瑞克提翁神廟（建於公元前 421—前 405 年，以六尊女像柱聞名於世）出土的浮雕殘片清楚地表現了有三層槳座戰船的結構（此浮雕現藏巴黎盧浮宮）；戰船上，每邊有上中下三層槳，一個人控制一支槳，槳長 4.0—4.2 米。船史家根據歷史文獻推算：三層槳座戰船總長約 37 米，上層槳手每側 31 名槳手，中層和下層槳手每側均為 27 名槳手，全船槳手計 170 人；上、中、下三層槳手交錯排列，最上層的槳手坐在舷外支架上划槳；航速 8 節左右（一節等於每小時 1.85 公里）。船上配 1 名船長，4 個弓箭手，十幾個標槍手，還有若干水手、風帆手、側舵手等。

當年這種戰船都是撞角船，船上無甲板，從船首到船尾有一貫通的天橋相接，除可以保證船的縱向強度外，還可以作為戰鬥平台使用。作戰時收起風帆，靠人力划槳驅進。在伯羅奔尼撒戰爭時，這種船已成為希臘水軍的標配。由此用於製造戰船的船木也成為軍需品，由城邦管控，未經特別批准，禁止出口。

公元前 480 年，波斯人進犯希臘薩拉米斯海峽，但航道狹窄，令波斯艦隊無法展開戰陣，希臘人則以三層槳座戰船高速衝擊敵船，其 3—5 米長的撞角和銅製的撞樁可在水綫下將敵船撞出一個洞，擊沉敵船，或撞斷敵船的划槳，使其失去機動能力。在以色列國家海事博物館中，就收藏有從海裏打撈的公元前 2 世紀的青銅撞角，長 2.25 米。它是目前唯一出土的撞角證物。

最後說一下，伯羅奔尼撒戰爭從公元前 431 年一直打到公元前 404 年，中間打累了，也曾有短暫停戰，最終，南方的伯羅奔尼撒聯盟打敗了北方的雅典聯盟，斯巴達人稱霸希臘半島。但近半個世紀的戰爭也耗盡了南北兩大聯盟的人力和財力，於是，有了漁翁得利 —— 北方夷族馬其頓乘虛而入，滅了這兩股勢力，成為希臘霸主。

從地中海以色列海岸打撈出的公元前 2 世紀的青銅撞角，長 2.25 米，現藏以色列海事博物館，是目前唯一出土的撞角證物。

五槳座戰船

羅馬人將陸戰技術與設備引入海戰

古羅馬和古希臘崛起的時間，差不太多，都在公元前 8 世紀，但羅馬的時空影響力，比之希臘，就長久而廣闊多了：

先是羅馬王國（公元前 753—前 509 年）；

而後是羅馬共和國（公元前 509—前 27 年）；

再後是羅馬帝國（公元前 27—公元 476 年 / 1453 年）。

雖然，在地中海泛希臘時代，擅長陸戰的古羅馬，海戰水平很低，但進入共和國時期，他們充分吸收了迦太基戰船製造技術，又融合了希臘海軍的海戰經驗，公元前 311 年，羅馬人開始組建"青出於藍而勝於藍"的羅馬艦隊，由此打下了千年帝國的牢固根基。

公元前 264—前 146 年，羅馬挑戰迦太基帝國的地中海霸權，與之展開了三次大的戰爭，史稱布匿戰爭。最終，在漢尼拔帶著大象軍團從意大利北部攻擊羅馬時，羅馬海軍跨海進入北非，攻克了迦太基都城（今天的突尼斯城），迦太基帝國滅亡，腓尼基人的千年榮耀也到此結束。

羅馬的瘋狂，不止於此。公元前 214 年—前 146 年，羅馬先後發動 4 次馬其頓戰爭。公元前 4 世紀曾掃平希臘和波斯的馬其頓帝國，最終被羅馬剿滅。羅馬由此建成一個橫跨歐洲、亞洲、非洲的超級帝國。

橫跨幾大洲作戰的羅馬在建立強大陸軍之時，也從對手那裏明白了海軍的重要性。在希臘人的幫助下，羅馬人按照俘獲的迦太基戰船，建造了別具特色的羅馬戰船。羅

公元前 120 年，羅馬水神紀念碑浮雕船圖，描繪了一艘兩層槳座戰船的船頭部分。

馬海軍不僅仿製了希臘和迦太基的兩層槳座戰船、三層槳座戰船，還建造了五槳座戰船。在第一次布匿戰爭之前，羅馬僅有 10 艘三層槳座戰船保護它的海岸；在第二次布匿戰爭期間，羅馬已有 220 艘五槳座戰船。

關於什麼是五槳座戰船（Quinquereme），說法不一。據公元前 2 世紀希臘歷史學家波里比阿的《歷史：羅馬帝國的歷史與興起》記載：一艘五槳座戰船，有 300 名槳手，120 名士兵和 50 名水手。有歷史學家認為，五槳座戰船，並非五層槳座，而是三層槳座；船每側最上一層，由 58 名槳手划動 29 支槳；中間一層，由 58 名槳手划動 29 支槳；最下一層，由 34 名槳手划動 34 支槳；也就是說，上層槳、中層槳是兩人划一槳，下層槳是一人划一槳，即單側豎列，上中下共五名槳手，故有此船名。五槳座戰船，提升了推進速度與運力，可以搭載更多的士兵和武器。

雖然，波里比阿留下了布匿戰爭的歷史著作，但歷史沒留下多少羅馬戰船的圖像文獻。18 世紀時，考古學家在意大利拉齊奧區普拉尼斯特（Praeneste）古城的一座神廟裏，發現了一個浮雕船圖（現藏梵蒂岡博物館的庇奧‧克萊門提諾美術館），它大約製作於公元前120年，時間接近第三次布匿戰爭。

此圖描繪了一艘兩層槳座戰船的船頭部分，彎彎的船首卜是長長的撞角，在撞角上方水綫位置，還雕刻了一個伸出頭的大鱷魚。這種裝飾，後來發展成一種雕有公羊頭的伸出船首的前拴柱，它作為第二層級的衝撞武器，也對船頭起保險杠作用。此船的首桅不高，但也可升帆，帆是拴在帆架上的，在需要揚帆時通過固定在桅杆上的滑輪升起。因為在風向變幻莫測的地中海，要做到隨時可以揚帆，就必須有360度的揚帆角度。船的前半部分，還有一個奇特的船頭堡，這也是羅馬戰船特別的地方。在接舷戰之前，戰士可以通過船頭堡居高觀察敵情，接舷後可居高臨下地用投擲器攻擊敵船。

羅馬人的戰船主要與敵船貼近作戰。除了用撞角攻擊敵船外，他們更樂於發揮陸上攻城的技術與設備。他們除了在船上建立高高的船樓，還在船頭建有接舷吊橋，通常懸掛於首柱，可以旋轉，用帶釘鈎的吊橋搭上敵船後，即可發揮羅馬戰士肉搏的強項，跳幫進入敵船，消滅敵人。儘管羅馬人是海戰新兵，但他們創造的五花八門的海戰戰法，卻最終消滅了迦太基。

這裏還要說一句，羅馬人不僅外戰內行，內戰也很出色。偉大軍事家格涅烏斯‧龐培死後，小兒子塞克斯都‧龐培，人稱"小龐培"，組建海軍，在地中海與安東尼和屋大維的國家海軍對抗。"小龐培"自詡為羅馬海神涅普頓之子，在其發行的銀幣上，一面刻有自己的頭像和波塞冬的三叉戟，一面刻有多槳帆船，船上還有巨大的風帆。但他畢竟面對的是兩大軍事首領，公元前35年，還是被安東尼和屋大維的艦隊消滅。

接下來，就是屋大維與安東尼開戰。公元前37年，安東尼與埃及女王克里奧帕特拉七世（俗稱"埃及艷后"）結婚，公然聲稱將羅馬東方行省部分地區贈予她和她的子嗣。屋大維慫恿元老院和公民大會宣佈安東尼為"祖國之敵"，並向埃及女王宣戰。公元前31年9月2日，在希臘西海岸阿克提姆，羅馬統帥阿格里帕率領260艘戰船，迎戰安東尼和埃及女王克里奧佩特拉率領的220艘戰船。雙方都長於海戰，戰鬥十分激烈。最終，因埃及船隊有人率先逃跑，引起全軍敗退，屋大維的船隊取得勝利，埃及最終淪為羅馬帝國的一個行省。這一歷史性的勝利，在公元2世紀時被羅馬人做成大理石浮雕畫《亞克興海戰》，存留至今。

晚些時候，表現羅馬戰船的圖像文獻就多了。在公元 100 年左右，羅馬城內馬路上就有馬賽克畫表現了羅馬戰船在埃及泥羅河中穿行的場景。羅馬人視征服埃及的這段歷史為一種帝國光榮。迦太基都城被羅馬人鏟平後，在今天的突尼斯城留下了許多羅馬遺跡，其中有大量的馬賽克畫表現羅馬文化，比如這幅公元 200 年左右羅馬帝國時代的馬賽克戰船畫，上面是羅馬人的兩桅帆船，後來的地中海把風帆戰船用得最好的就是羅馬人。

最後要指出的是，不論是腓尼基、希臘還是羅馬，這些地中海作戰用的“長船”都是平底船，只適合近海海戰。

公元 200 年左右，羅馬帝國時代的兩桅帆船馬賽克畫，後來在地中海把風帆用得最好的就是羅馬人。

海盜時代

維京葬船
龍頭戰船
諾曼底艦隊

02

東地中海人把帆船進化成高速前進的槳
帆船時，北歐的野蠻人卻在自顧自地
打造他們的衝鋒舟——單桅的雙頭小
帆船。

這些維京海盜用他們的小帆船和小斧
頭，忽而東奪，忽而西掠，忽而南下，
為自己搶出威名，也在他鄉創建出一個
新世界，他們不僅在法國有地盤，甚至
還是英格蘭和古羅斯的締造者。

維京葬船

職業海盜的衝鋒舟與墳墓

如果説，地中海拉開了世界海盜史的序幕，那麼，波羅的海與北大西洋，則見證了世界海盜史的第一次高潮。

如果説，地中海的海盜都是"散戶"的話，那麼，北歐海盜則是這個行當的第一個"品牌"……

筆者依次考察的北歐洲四國丹麥、挪威、瑞典和芬蘭，在中世紀時都不是民族國家，甚至連個大公國都沒有。那時，斯堪的納維亞半島人被外界稱為"維京人"（Viking）或"諾曼人"（Norsemen）。英語"維京人"，意為"來自海灣的人"，而"諾曼人"指的是"北方人"。

沒文化的維京人和其他北方戰鬥民族一樣，沒有自己的文字，僅有一種咒文，用的是盧恩字母，亦稱如尼字母，武士會把這種字母文在身上。所以，維京人"創業

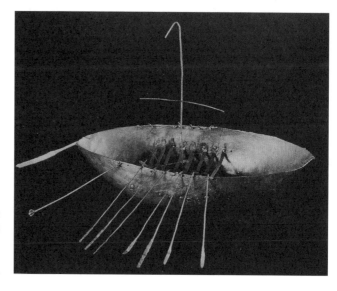

1895 年北愛爾蘭德里郡發現了一艘長 20 厘米的黃金船模，它是公元前 1 世紀獻給海神的祭品，船模上面有槳、槳架、舵槳、桅杆、帆桁，可能代表著一艘長 12—15 米的北海帆船。

期"的歷史以兩種奇特的方式存在：

一是，殘留於英格蘭的史書中。9世紀，統一英格蘭七國的阿爾弗雷德國王組織編撰了英格蘭的第一部史書《盎格魯—撒克遜編年史》，或許是受到丹麥維京人打擊最多，英格蘭人記載最早的海盜襲擊，即是公元 793 年維京人襲擊了英格蘭林第斯法恩島。

二是，出土的北方古船。北歐國家大多都有一個古船博物館。這些國家的歷史似乎不是從青銅時代開始，而是一下就進入了風帆時代。北方先民從森林裏，進化到大海上，其領袖也由酋長變為船長，甚至連國王都是船長或船主，他們接受陸地的恩賜，更樂於海上淘金。

若想形象地記住維京歷史，那就看看"活生生的"北方古船吧。

北海地區古海船的文字和圖像極為稀少，但後世的考古發掘彌補了這一缺

奧斯堡號大約建造於公元 800 年，是最古老的、也是保存最好的海盜船。

憾。1895 年在北愛爾蘭德里郡進行考古的學者，發現了一艘公元前 1 世紀的黃金船模，後以"德里黃金船"命名。這艘金船是獻給海神的祭品，上面有 18 支槳和 1 支轉舵櫓，重要的是它還有桅杆和帆桁，這是大不列顛島上出現帆船的確切證據。這件長 20 厘米的黃金船模，可能代表著一艘長 12—15 米的航行於北海的帆船。但這個船模無法提供當時北海海船的造船技術信息，好在後來人們又在北歐洲發掘出 20 餘件古船實物，填補了這方面的空白。

在北歐眾多的出土古船展覽中，最大的兩艘船都出自丹麥。1962 年從丹麥羅斯基勒灣打撈起的"格蘭德拉夫海洋牧馬"號，船長 30 米，是當時發現的最長的海盜船。這個記錄後來被 1996 年打撈的海盜船所打破，這個僅剩 25% 的船板的古船殘骸，專家推算它完好時的長度大約為 37 米，寬 4 米，是以船殼板疊壓法建造，大約建造於 10 世紀。2013 年這艘迄今發現最大的維京古船在丹麥國家博物館正式對公眾展出。

保存得最為完好的維京古船在挪威奧斯陸維京船博物館，那裏展出的三艘古船不是海底打撈的沉船，而是埋在墓地裏的葬船，人船俱在，像一段看得見、摸得著的維京傳奇，更加引人入勝⋯⋯它們分別以出土地點 Oseberg、Gokstad、Tune 來命名。

奧斯堡號（Oseberg Ship）葬船與別的葬船不同，它不是一艘使用過的海盜船，而是為下葬阿薩女王專門定製的葬船。此船長 22 米，最寬處 5 米，需要 30 位划槳手。船首長頸挺立是典型的維京式造型，優美又霸氣外露，似乎堅定了來世還做海盜的強者姿態。此船大約建造於公元 800 年，是目前能看到的最古老的也是保存最完好的海盜船。

科克斯塔德號（Gokstad Ship）葬船 1880 年在桑德菲尤爾市同名的農場出土，船長 23.3 米，寬 5.2 米，有 15 坐板（每坐板 2 人）。此船大約建造於公元 890 年，據推測是一位男性酋長和船主的葬船。這是一艘曾經使用過的海盜船，儘管裝飾不如阿薩女王葬船華麗，但船身堅固，並且載有兩艘長度 7—10 米的小船，小船主要用來運送船員上岸或捕魚。

杜內號（Tune Ship）葬船 1867 年在東弗爾德郡羅夫瑟地區出土，出土時僅存其船底部分。雖然此船是一些碎片拼起來的，但船的結構基礎依然顯現原有的姿態，船長 15 米，寬 4.35 米，12 槳。

維京船多數沒有甲板，都是露天的，只有少數船上有甲板，或建有簡單的船屋。通常海盜們就坐在出海時隨身帶著的一個小箱子上，那裏面裝著衣物和武器，可以坐在上面划槳；船上的諸藏室存放黃油、奶酪、啤酒、淡水、肉食和蘋果；還有炊具和帳篷——船就是海盜們生前死後的漂泊之家。

參觀維京海盜船博物館的女性觀眾，總是浪漫地以"天鵝頸項一樣挺立"來讚美維京海盜船最為搶眼的船頭。其實，維京人選擇船頭造型時，不是選擇優美，相反是選擇兇與惡。維京船頭雕像不是蛇頭，就是龍頭（西方的龍，是惡魔的化身）。這種船頭像在北歐信仰中都是有殺氣的，它可以轉動，進攻時衝著前方，嚇唬海中怪物和敵人；回家靠岸時要把龍頭轉向後方，以免嚇著自家的神靈和族人。另外，高啟的船頭還是船員登高遠望的好地方，在11世紀描繪維京戰船的古畫中可以看到相關形象。

恩格斯在《海軍》（《馬克思恩格斯全集》第十四卷）一文中，稱讚諾曼

蛇形的維京船船頭雕像。

人的"船是一種穩定的、堅固的海船，龍骨凸起，兩端尖削，他們在這種船上大都只使用帆，並且不怕在波濤洶湧的北海上受到風暴的突然襲擊。……而諾曼人則乘這種船進行了海盜式的探險，……這種敢於橫渡大西洋的船隻的速成，在航海業中引起了全面的革命，因此，還在中世紀結束以前，在歐洲所有沿海地區就都採用新式尖底海船了"。

恩格斯認為，維京船和地中海船完全是兩個造船系統，至少有四個方面維京船引領了海船革命。

一是諾曼人有"穩定的、堅固的海船"。他們細長的戰船主要取自斯堪的納維亞特有的高大筆直的橡樹，細長船身不是為了優雅而是為了加大它的速度感，另外狹長的造型也適合在深窄的峽灣區域活動。

二是諾曼人的海船"大都只使用帆"。他們的海船以單桅大方帆為跨海航行的動力，為抗擊北部海域大風，通常是用皮革或加進了皮革條的布製成風帆，兩側掛上麻繩編製的網，防止帆在強風中被撕裂。同時，還設計有帆腳索，可以牽動帆頂風的那一面，使船在橫風的情況下仍能順風航行。但在維京海盜船博物館參觀時，也會看到船舷最上層的蒙板開鑿了若干小孔，那是固定船槳的裝置，如，科克斯塔德號每側有15個槳洞，至少有30個槳手，揚帆不用槳時，用木栓將槳孔蓋住，防止海水進入，近岸時收帆用槳。

三是諾曼人的海船"龍骨凸起，兩端尖削"。他們的海船船底都有龍骨，肋骨橫接其上時有平斜兩種方式，因此出現了龍骨似乎看不見的平底船和龍骨凸出的尖底船兩種船型。維京船是船尾沒有舵，兩端都尖的"雙船頭"是其特色。在峽灣攻擊中，不用調頭即可自如進退，實在是那個時代的"衝鋒舟"。

四是諾曼人"採用新式尖底海船"。他們的尖底海船，船底瘦削，耐波性好，是主要的渡海船型。後來"歐洲所有沿海地區就都採用新式尖底海船了"。

北歐海盜當年利用他們的跨海"衝鋒舟"搶了多少財富，歷史上沒有明確的記載。2007年7月20日的英國《每日郵報》報道：一對英國父子在農田裏發現1000多年前的海盜寶藏，有金手飾、銀器具、銀塊，還有600多枚各式古錢幣，最具文化價值的是這些寶貝來自斯堪的納維亞、愛爾蘭、法國、俄羅斯、阿富汗……可見當時維京人財寶之豐富，活動半徑之大，影響之深遠。

龍頭戰船

「無骨者」伊瓦爾征服不列顛島

從 8 世紀到 11 世紀，維京人四海征戰，漸漸地也有了自己的國家，於是有了瑞典維京人、挪威維京人和丹麥維京人的名稱（那時，芬蘭是瑞典的一部分，1809 年芬蘭建立大公國，附屬於俄羅斯帝國，至 1917 年才獨立），這幾個靠打劫起家的國家，在征戰中慢慢形成了各自的戰場和殖民地：

波羅的海西邊的丹麥和挪威向西發展 ——

丹麥維京人自從向西航行，在不列顛島搶到第一桶金之後，就在這裏扎下根來。1016 年，丹麥國王克努特大帝攻佔了英格蘭全境，當上了英格蘭國王。1028 年，他又擊敗挪威和瑞典，成為挪威國王，並佔領瑞典南部地區，被尊為“克努特大帝”；並建立了版圖包括挪威、英格蘭、蘇格蘭大部和瑞典南部的“北海大帝國”。

挪威維京人向西北航行，於公元 860 年先“開發”了冰島，公元 920 年後，他們又“開發”更西更北的格陵蘭島。離挪威更近的蘇格蘭，也一直為挪威維京人控制。他們進一步向西部發展，佔領了愛爾蘭，以都柏林作為貿易港灣。1100 年都柏林又被諾曼人接管，這些諾曼人正是丹麥維京人在法蘭西留下的維京後裔。

波羅的海西邊的瑞典維京人主要是朝東發展 ——

瑞典維京人的主要攻擊目標是後來的俄羅斯。他們沿著伏爾加河順流而下，一邊貿易一邊打劫，用奴隸換取蜂蜜和毛皮；再順著伏爾加河進入里海，換乘駱駝，一直來到巴格達。瑞典海盜轉而成為“河盜”兼“河商”。大量湧進的維京移民被當地人稱為“羅斯人”（Rus）。公元

882 年維京人奧列格建立基輔羅斯，自稱"大公"。從這個意義上說，瑞典維京人是俄羅斯的創始人。

在描繪北歐海盜領土擴張的歷史文獻中，有一件古畫最為史家稱道，並被反覆引用，即公元 866 年出版的《盎格魯—撒克遜編年史》中所載的《"無骨者"伊瓦爾攻打英格蘭》插畫（第一版《盎格魯—撒克遜編年史》中不一定就有此畫，但傳世的至少是中世紀版"編年史"的插畫）。

維京人的"西征先驅"是丹麥維京海盜首領朗納爾‧洛德布羅克（Ragnarr Loebrók）。在傳說中，他是個半人半神的傳奇海盜，其勢力範圍包括今日的丹麥和瑞典南部。這位超級海盜後來被不列顛島的諾森伯利亞國王艾利俘虜，丟在"蛇塔"中。傳說在他臨死之時，曾揚言他的兒子們會感知他遇害，一定會來報仇。

《盎格魯—撒克遜編年史》中，丹麥海盜"無骨者"伊瓦爾在英格蘭登陸的插畫。

朗納爾·洛德布羅克有四個兒子："勇士"比約恩、維特瑟克、"蛇眼"西格德和"無骨人"伊瓦爾。此中身體最弱的就是患有"成骨不全症"的伊瓦爾（Ivar the boneless），這個必須由人抬著才能行動的"無骨者"，是個能征善戰的怪胎，正是他發起了替父報仇的西征。

公元 866 年，伊瓦爾從愛爾蘭戰場上抽身，率維京船隊征討英格蘭。在《盎格魯—撒克遜編年史》的插畫中，可以看到伊瓦爾的龐大船隊登陸英格蘭的場面。

畫中的那些兩端尖尖的維京船與挪威和丹麥出土的 9—11 世紀的長頸龍頭船完全相同，只是畫中的船沒有畫帆和桅。這應是畫家的簡約手法，沒有帆的船渡不了海峽。在瑞典果特蘭群島上所留下的一系列 8 世紀的雕刻中，已發現帆不是一小塊布，而是滿面的方帆，帆面還塗有紅藍等條狀色帶，成為一種奪目標識。帆的下底繫得很鬆，沒有置一根橫桁。

畫中武士手持長槍和橢圓盾，在英格蘭東海岸諾森伯利亞人的地盤登陸。伊瓦爾的部隊一路攻至約克城下，諾森伯利亞與鄰近小國聯手對抗維京人，但在乘勝追擊海盜的路上，中了伊瓦爾的埋伏，不僅軍隊被擊敗，諾森伯利亞國王艾利也被殺死，諾森伯利亞王國就此終結。

維京人的復仇行動並沒有就此結束，869 年伊瓦爾的軍隊再次攻擊了東英格蘭，東盎格利亞王國遭到毀滅性打擊，國王愛蒙德被俘。傳說維京人復仇是將仇人砍成老鷹形，即"血鷹"。但在《盎格魯—撒克遜編年史》的古老插畫中，愛蒙德國王是被維京武士亂箭射死。征服了東盎格魯後，伊瓦爾又回過頭去繼續愛爾蘭劫掠，一直打到都柏林城下，但伊瓦爾最終在 871 年的阿什當戰役中死去。

《盎格魯—撒克遜編年史》充滿哀傷地寫道：維京人用火與劍毀滅了各處的教堂和修道院，破壞程度如此之大，使今天很難發現它們往昔繁榮的任何跡象，一個王朝覆沒了，它的宗教幾乎奄奄一息，它的文化又回到了愚昧階段——然而，比這些血淚記載更可悲的是，丹麥維京人在西征之時，一部分人開始南下，攻入了法國南部，以諾曼人的名義住了下來。正是這部分維京人，兩百年後再度西征——諾曼人統治了英格蘭。

諾曼底艦隊

「征服者威廉」的英格蘭「登陸」

　　前邊說過，維京擴張可簡單地分為三個方向：挪威人西進，瑞典人東征，丹麥人南下。來到南方的這部分維京人，後來成為今天法國南部的諾曼人（Norsemen，也稱諾曼底人）。這些人，其實就是日德蘭半島（今丹麥）和斯堪的納維亞半島遠征到西歐的"北方人"。

　　現代人都知道第二次世界大戰中有個諾曼底登陸，很少有人知道，也是這個諾曼底，一千年前，諾曼人則有一次英格蘭登陸，那場戰事也改寫了歷史，至今仍是教科書的重要一章。

　　公元9世紀中葉，丹麥維京人不斷向南擴張，四次圍攻巴黎，公元911年，法國查理國王與諾曼人首領羅倫簽訂條約，將法國西北部沿海地區封予維京人，羅倫在此建立諾曼底公國。諾曼底人接受了法語、基督教和法國政治制度，過上了文明生活。但是，一場政治事變改變了諾曼底，也改變了英格蘭。

　　這是一場翻雲覆雨的恩怨。當年英格蘭內亂之時，法國諾曼底大公威廉（吉約姆二世）曾經收留並善待流亡至此的英格蘭國王懺悔者愛德華。愛德華為感謝威廉，許諾自己去世後將英格蘭王位的繼承權轉讓給威廉。1066年1月，懺悔者愛德華臨終之前，卻違背了他的諾言，向英格蘭"賢人會議"薦舉他的顧問哈羅德為國王人選。哈羅德在威斯敏斯特大教堂隆重地加冕為王。諾曼底大公威廉的英格蘭國王夢落空。這一背叛之舉令維京人跨海西征的血液再度沸騰，這一次不是劫掠財寶，而是奪取王位。當年威廉即發動了攻佔英格蘭的戰爭。

非常幸運的是這場改變歷史的戰爭被一幅超級掛毯從頭到尾以繪畫形式記錄下來，它就是至今尚存的《巴約掛毯》。

《巴約掛毯》的作者有兩個說法。一說是，威廉征服英格蘭後，參加遠征的異父弟厄德被封為肯特伯爵，同時還擔任法國巴約大主教，成為英格蘭的諾曼朝廷中權勢最大的貴族和最富有的人。1066 年厄德在法國諾曼底修建了巴約（也譯"貝葉"）城主教座堂，為紀念那場攻戰英格蘭的戰爭，他指揮織女們在八塊亞麻布上織出戰爭畫卷，最後拼接成一幅巨大的史詩掛毯掛在教堂內，所以它被稱作《巴約掛毯》（也譯《貝葉掛毯》）。不過，也有人說是威廉妻子馬蒂爾達王后組織人編織了此掛毯，因而也有人叫它馬蒂爾達掛毯。事實上，不論是異父弟厄德，還是馬蒂爾達王后，他們製作這個巨幅掛毯都得益於 11 世紀巴約城的繁榮，那時這裏正是盛產掛毯、瓷器，是一個商貿重鎮。

《巴約掛毯》原長 70 米，寬 0.5 米，現殘存 62 米，收藏於法國諾曼底小鎮巴約貝葉掛毯博物館。圖中共有 623 個人物，202 隻戰馬，41 艘船，其中還包括 1066 年 4 月出現在天空中的哈雷彗星。圖上約有 2000 個拉丁文字。《巴約掛毯》之所以成為史家津津樂道的史詩巨作，不僅是它沿續了西方美術的寫實主義傳統，更重要的是它的製作人威廉公爵的兄弟巴約的厄德直接參加了那場戰爭，令這一宏大敘事更接近歷史真實。

1066 年 9 月 29 日，諾曼底公爵威廉率領諾曼軍團，並聯合布列塔尼軍團和法國與佛蘭德軍團，組成萬人聯軍，跨海西征。掛毯的畫面中，諾曼底軍團用的依然是維京式獸頭船，船上不僅載有持橢圓盾的武士，還有戰馬。這一點與相關史書完全相符，也就是說諾曼底

巴約掛毯（局部）描述了1066年諾曼底公爵，即"征服者"威廉離開諾曼底的巴約，去攻打英格蘭。

人的運兵船很大很多，連人帶馬一並運往對岸，而英格蘭部隊只有步兵沒有騎兵，機動力量顯然不如諾曼底軍團。

威廉的龐大軍團在英格蘭南岸順利登陸，此後派先頭部隊向肯特和薩塞克斯地區進行掃蕩，以此引誘哈羅德國王出擊。果然，哈羅德國王僅率領一小部分兵力向南馳援。威廉將哈羅德軍隊引到黑斯廷斯，才開始與哈羅德交戰。掛毯圖畫展示了威廉軍隊三綫配置：弩手、步兵和騎兵。弩手首先投入戰鬥，然後，步兵和騎兵展開進攻。英格蘭軍隊以戰術盾牆抵抗，其後是正規軍，最後是農民兵。對抗之中，威廉命令部分兵力假裝戰敗而逃，引得敵人尾隨追擊，從而干擾了英格蘭的戰鬥隊形，隨後分而制之，各個擊破。威廉的弓箭手下雨一樣地放箭，哈羅德中箭陣亡。在掛毯畫面上有位中箭的軍官，據說是哈羅德國王。

隨後，威廉的聯軍來到倫敦城下，倫敦貴族見大勢已去，只好表示服從威廉的統治，這位法國來的威廉，在倫敦加冕為英格蘭國王。諾曼人侵佔了英格蘭，這是英格蘭的恥辱，但它卻被英格蘭人看作是另類的"榮光"，因為黑斯廷斯戰役是外國人對英格蘭最後一次成功入侵，此後，再也沒有人能成功征服英格蘭。

諾曼底的大公成了英格蘭的國王，結束了英格蘭幾百年的列國征戰，國家由此走向統一。"征服者威廉"一直被看作是英國的第一位國王，這位國王也給英國埋下日後稱霸世界的征服海洋的基因。

正因為威廉國王同時擁有法國貴族的身份，使得英格蘭國王也有權力爭取法國王位，並在法國佔有廣闊領地的權利。法英這種複雜關係，最終又引來了爭奪法國王位的百年戰爭，那又是另外的故事了。

東方傳奇

03

這是一個與事實比較接近的傳說時代。藉助對神和英雄的描繪，那個時代的風帆漸漸清晰起來。古典意義上的"東方"有多少海上傳奇，辛伯達一共出了幾次海，顯然説不清了，但有些傳説，還是有據可查。在辛伯達時代，阿拉伯的船隊曾不止一次東航中國，邊架艇穿行於南太平諸島之間……在世界的東方，三角帆與方帆齊舞，成就了最繁榮的世界級大商圈，不經意間，又雜交出新的船舶體系。

邊架艇

穿行於兩大洋之間的南島飛舟

在夏威夷、菲律賓、香料群島等南太平諸島旅行時，筆者常常見到一種在船舷一邊或兩邊加掛一個或兩個浮架的奇特帆船，南島語系稱其為"邦嘎"（Bangka，即"船"的意思）。它的學名叫邊架艇獨木舟（Outrigger canoe），亦稱雙體獨木舟（Double canoe），分為單邊架艇獨木舟和雙邊架艇獨木舟。它幾乎是帆船史上最長命的一種帆船，至少 2000 多歲了，是南島語族代表性帆船。

南島語族主要分佈於南太平洋群島，包括馬來群島、菲律賓、新西蘭、越南南部，甚至遠及馬達加斯加島和復活節島。這個獨特的海上民族從幾千年前就使用一種穿行於大海之上的獨木舟。正是它將南島語族的各部落先民散播在南太平洋和南印度洋的島嶼間。

以帆船而論，在那個久遠的年代，還沒有任何一種帆船能像這種簡單得不能再簡單的小帆船，在半個地球的洋面間，在複雜的洋流與季風中，來去自由地進行移民活動。這種了不起的海上獨木舟沒留下更早的歷史影像，一直到大航海時代，才被環球航海的西方人發現並記錄下來。

那是 1521 年 3 月 6 日，麥哲倫船隊從美洲南部的海峽艱難地進入太平洋，又在太平洋上漂蕩 96 天之後，終於遇上了一個島嶼——菲律賓東面的關島。這是他們進入太平洋後停靠的第一站。此時，麥哲倫的五艘探險船隻剩下三艘了。麥哲倫船隊在這裏得到了淡水和其他補給，由於船上的東西不斷被島民偷走，麥哲倫的船員們把這裏命名為"盜賊群島"。他們在這個島上休養生息了幾個月。

當初作為"船長的雜勤人員"而登上麥哲倫旗艦特立尼達號的威尼斯青年作家安東尼奧·皮加費塔（Antonio Pigafetta），在船隊出發後，就一直寫探險隊的航行日記，從進入美洲南部的海峽（即後來的麥哲倫海峽）起，他開始繪製海峽圖與太平洋海島圖（因為進入這個海峽之前的大西洋航行圖，早已有人畫過，所以皮加費塔沒有畫）。有的地圖上，他除了畫有村莊、小船、人物外，還標注了重大事件，例如，在麥克坦島（Mactan Island，亦譯馬克坦島。今菲律賓宿霧島東岸）上標注了"船長（麥哲倫）在此去世"。這樣的航海圖

皮加費塔 1526 年繪製的《關島地圖》中的單邊架艇獨木舟。這是西方人對這種太平洋古帆船的最早描述。

皮加費塔一共畫了23幅，其中就有這幅珍貴的"盜賊群島"——關島圖。這幅圖畫式的地圖，不僅描繪和標注了關島，還仔細描繪了一條南島語族特有的邊架艇獨木舟，這是西方世界首次描繪這種帆船。

這是只有一邊浮架的單邊架艇獨木舟，浮架克服了單體獨木舟在風浪中容易橫向搖曳的不穩定性，獨木舟上設置了單桅倒三角帆，亦稱單面叉形帆，這種帆通常採用樹葉等植物纖維編製，有的帆面兩側會捆紮兩根大致等長的竹、木支架。庫克船長太平洋探險時，隨船畫家記錄了波利尼西亞的這類帆船。

這種獨木舟不設舵，畫中船的首尾兩名水手，各操一槳，來調整方向。穿著包頭衣服的手水應是土著查莫羅人（Chamorro），屬南島語族的一支。別看這小小的獨木舟，人們猜測南印度洋馬達加斯加島的先民就是乘這種船從南太平洋遷徙過去的。有民族學家觀察到土著波利尼西亞人乘這類帆舟，一天可在海上航行145英里，說明它確實是太平洋上一種穩定的遠洋帆船。

離開關島後，麥哲倫船隊來到了今天的菲律賓宿霧島，由於介入了土著人之間的衝突，麥哲倫被殺死在麥克坦島海灘上。舵手胡安·塞巴斯蒂安·德·埃爾卡諾（Juan Sebastin delCano）繼任船長，帶領維多利亞號向南行駛，不久就到了摩鹿加（馬魯古）群島。皮加費塔畫下了馬魯古航海圖，並在圖中央畫上了"芳香的丁香樹"。這是麥哲倫朝思暮想的目的地，但他就差那麼一點點，沒能等到這一天。

1522年，經過3年的環球航行，從西班牙啟航的5艘船，出發時的240多人，僅剩下一艘維多利亞號和18個生還的船員，以及船上裝載的利潤極高的香料。他們繞地球一周，終於返回了西班牙。皮加費塔把他在船上記錄的筆記和繪製的原始草圖作為一份鄭重的禮物，獻給了他所屬的意大利羅德會。

再補充一句，整個探險船隊有幾個人寫下了航海日記，比如接替麥哲倫成為船長的埃爾卡諾，後來口述了一份名為《埃爾卡諾第一位環球航行者》的航海日誌；還有一個維多利亞號的領航員留下了一部《阿爾波航海日誌》，但只記錄了從西班牙到巴西的一段航海日誌。所以在現有文獻中關於麥哲倫環球航行最權威、最詳盡的記敘，還是皮加費塔1525年在巴黎出版的《西班牙人馬魯古群島航海記》，即後來的《首次環球航行記》。1555年這本書的英語簡寫本在倫敦出版，據說對海外故事頗感興趣的莎士比亞曾讀過這個簡寫本。

螃蟹船

婆羅浮屠帆船的前世今生

公元8世紀左右的東南亞海船留下的唯一歷史圖像，在印尼的日惹。

古代日惹存在過兩個王國，一個是混合了印度教和佛教信仰的夏連特拉（Shailendra）王國，另一個是信奉伊斯蘭教的馬塔蘭（Mataram）王國。

公元750年至850年間，深受印度佛教影響的爪哇人，在日惹的馬格朗（Magelang）用安山岩和玄武岩，建造了一座巨大的婆羅浮屠（意思就是"山頂的佛寺"）。佛塔下面六層是正方形，上面三層是圓形，是一座立體的曼荼羅。佛塔四周砌有大約2670塊浮雕，塔基描繪的是地獄的景象，是石砌的大乘佛學教科書；第二層至

印尼日惹的婆羅浮屠帆船浮雕，公元700—800年之間完成。

第六層的浮雕，表現人間的各種生活場景，其中即有著名的婆羅浮屠帆船（Borobudur ship）。

後來，夏連特拉王朝被馬塔蘭王國等其他王國攻破，王朝最後一位王子被迫逃往蘇門達臘島的室利佛逝王國，在那裏入贅做了國王。再後來，日惹附近的火山爆發，婆羅浮屠被埋在厚厚的火山灰下，隱沒於熱帶叢林中。英荷爪哇戰爭之後，英國於 1811 至 1816 年統治爪哇。上尉托馬斯·斯坦福·萊佛士被任命為爪哇最高長官。1815 年，萊佛士根據民間關於山中有婆羅浮屠的傳說，派人進入山中重新發現了婆羅浮屠。多年以後，它被人們稱為亞洲四大文明奇跡之一（另三個是柬埔寨的吳哥窟、印度的泰姬陵、中國的長城）。

既然這些帆船浮雕出現在婆羅浮屠之中，我們就不能忽視它的宗教功能。顯然，浮雕船畫創作本意並非為了表現航海，而是演繹佛經，類似於敦煌的"經變畫"，所以在諸多研究分析中，我更願意引述與布勞代爾、湯恩比齊名的歷史學家菲立普·費南德茲——阿梅斯托（FelipeFernÃ¡ndez-Armesto）的解讀。阿梅斯托認為，這十餘件婆羅浮屠浮雕船畫表現的是佛祖在世事續《本生經》的內容。

《本生經》集納了五百多個佛教寓言，是重要的小乘"南傳佛典"，其中有很多公元前 3 世紀至公元 3 世紀左右的印度洋航海與海上貿易的故事，直

接或間接記載了印度洋與太平洋之間的
"海妖誘惑"、"星相引航"（歷史上的
婆羅浮屠寺院，也是一個重要的占星術
學習和活動中心）等被歸納為"海商本
生"的故事。

　　婆羅浮屠中的 7 幅帆船浮雕，其
中有 5 艘帶有舷外浮架，另外兩艘小
一些的船則沒有浮架。5 艘帶有舷外浮
架的船都是雙浮架帆船，有兩個"人字
桅"，亦稱"雙腳桅"為主桅，掛方形
帆，船艏有一根斜首桅掛方形帆。值得
注意的是，在主桅與後桅上還配有一種
特別的方形斜帆，亦稱斜桁四角帆。船
有多層舯板，主甲板上部建築為斜頂，

這種東南亞帆船被後世稱為"螃蟹船"。

　　婆羅浮屠中的一幅"海商本生"故
事表現的是，希魯在沙暴到來之前得
到警示，乘船來到有孔雀徜徉的幸福海
岸，他搭乘的船安有舷外雙浮架；另一
幅"海商本生"故事表現的是邁特拉坎
雅卡追尋父親海上經商腳步的故事，雕
刻展示的是一場船難，畫中的大船正在
收帆，水手們已轉移到小船上，一側
浮架上有水手似在掌握船的平衡……
這些婆羅浮屠帆船浮雕，雖然雕刻的是
"海商本生"故事，卻精細地表現了公
元 8 世紀的爪哇帆船，它是這個時期唯
一幸存的東亞海上帆船歷史圖像。

荷蘭考古學家康拉多·斯利曼斯 1873 年繪製的婆羅浮屠船浮雕線描圖。

1873 年，荷蘭考古學家康拉多·斯利曼斯（Conradus Leemans）複製了 7 幅婆羅浮屠帆船浮雕的綫描圖，為更好研究婆羅浮屠帆船浮雕提供了清晰而精確的圖像。值得注意的是這些很好地解決了平衡問題的"螃蟹船"，都沒有中國帆船早就使用的船尾舵，其船舷後部兩側設有櫓，以調整方向。

1982 年從英國皇家海軍退役的菲利普·比勒（Philip Beale）到婆羅浮屠旅行，一下子被浮雕帆船所吸引，由此"扎根"日惹，進行專題研究。據比勒推測，這些婆羅浮屠帆船取材於歷史上著名的"肉桂航綫"的貿易船。更瘋狂的是，為印證一千多年以前太平洋與印度洋之間存在這條"肉桂航綫"，比勒禮聘印尼傳統帆船匠師阿薩德·阿卜杜拉·馬達尼（Assad Abdullah al-Madani）和他的助手，根據浮雕中的綫索，復建了一艘船體總長約 19 米的婆羅浮屠帆船。此船為拼接式木船，人字桅，雙桅，舷外雙浮架，船以柚木製成。

2003 年 8 月 15 日，他帶領 27 個船員駕駛複製的婆羅浮屠木帆船，從雅加達出發，先到達了東非海岸，到了馬達加斯加，最終於 2004 年 2 月 23 日到達了非洲西海岸的加納，勝利完成了航行。雖然還不能靠著比勒的航行試驗，就確認古代印尼人能繞行非洲大陸，但婆羅浮屠木帆船可以做跨洋航行，這一點應沒有疑問。

印尼群島處於東西方海上交通的十字路口。自 7 世紀起，很多海洋勢力王國在蘇門答臘和爪哇崛起，先後建立了室利佛逝、夏連特拉、諫義利、新柯沙里、麻喏巴歇、淡目、亞齊、萬丹和馬塔蘭等王國。這些王國繁榮一時，他們擁有強大船隊，掌握著東西方海上貿易的控制權。這一海域的海上貿易商使用獨特的雙邊架艇，不僅自由穿梭於東南亞海域，同時也可會遠航至印度，甚至到達東非海岸。

日惹為研究婆羅浮屠帆船，特意在婆羅浮屠旁邊建立了一座小型的航海博物館 —— 薩馬杜拉拉卡薩（Samudraraksa）博物館。館中最主要的展品，就是比勒等人復建的那艘雙邊架的婆羅浮屠帆船。此外，這個航海博物館還展示十幾塊帆船浮雕拼接成的壁畫長卷，並通過幾幅圖版，介紹了以印度尼西亞群島為主的東南亞海洋貿易體系。

如今這種舷外掛雙浮架的帆船，在印尼已很少見到了，但在菲律賓還有不少這類"螃蟹船"，遠去的歷史似乎離我們並不遠，這是南島文化最為獨特的地方。

婆羅門舶

「四不像」的三桅大海船

印度洋帆船的跨洋航行能力，早在中國三國時期即有記載，康泰在《扶南記》中說，印度河三角洲有大船「張七帆，時風一月餘日，乃入秦，大秦國也」。唐代鑒真東渡時，漂流至廣州，看到「江中有婆羅門、波斯、崑崙等舶，不知其數，並載香藥珍寶，積聚如山，舶深六七丈」。但是，在歷史文獻中很少看到婆羅門（印度）和波斯帆船的歷史圖像，這一點與地中海帆船歷史圖像遺存大不相同。

現在能看到的古印度帆船圖像，僅有印度南方的百乘

印度南方的百乘王朝（公元 1 世紀至 2 世紀）一錢幣上的雙桅船圖案，此船桅杆以「人」字杆支撐，船尾有一支側舵。

王朝（公元 1 世紀至 2 世紀）一錢幣上的雙桅船圖案，此船桅杆以"人"字杆支撐，船尾有一支側舵。除了這一歷史圖像，印度古船，在公元 7 世紀，還留下了唯一的一件婆羅門舶歷史圖像，那是佛教造像在中印度結下的善果。

1819 年一隊英國士兵進入印度深山獵虎時，意外闖入湮沒已久的石窟群。當時，一位軍官在一個支提窟（"支提"意為"塔"）的石柱上，刻下一行字："約翰·史密斯，第二十八騎兵隊，1819 年 4 月 28 日。"這個約翰·史密斯的偶然發現，改寫了印度乃至全世界古代藝術史。這個石窟就是後來被列入世界文化遺產名錄的阿旃陀（梵語意為"無想"）石窟。如果以中國藝術寶庫類比，它就是"印度的敦煌"，但比敦煌更古老。

公元前 3 世紀，孔雀帝國的阿育王開創了鑿山造窟的先例。公元前 2 世紀，中印度人在今天的馬哈拉施特拉邦北部的文達雅山上開鑿阿旃陀石窟，這個工程持續到公元 2 世紀下半葉，由於中印度佛教發展陷入低潮而停止。公元 460 年，虔敬的佛教徒呵梨西那（Harisena）成為伐卡陀迦（Vakataka）王朝的統治者後，空寂已久的山谷中又響起斧鑿之聲，石窟開鑿持續到 7 世紀。

阿旃陀石窟現有 30 座石窟，從東到西綿延 550 米，石窟集印度古代建築、雕刻和繪畫之大成，尤以壁畫藝術著稱於世。由於洞窟開鑿年代分屬幾個不同時期，壁畫內容也有所不同。有的內容為小乘佛教，有的內容為大乘佛教，而晚期的第 1、2 窟，世俗性題材增多。

阿旃陀石窟最出名的壁畫在是第 1 窟的《波斯使節來朝圖》，一些學者曾推斷此畫表現的是波斯國王喀斯盧第二世（公元 591—628 年）所派的使節，來訪問摩呵剌佗國王補羅稽舍第二世。同樣，有學者依此推斷第 2 窟第 2 廊第 1 室的一幅海船壁畫，表現的也是波斯使節乘船來朝，但從此室整體壁畫來看，它反映的仍是佛經故事，而其中一部分是"賢者本生"，船畫應是"海商本生"。

這幅"海商本生"講的是海商普魯納的故事。普魯納駕船出海做生意，因經常在航行中誦讀佛經，在海上遇到海怪時，得到神的救助，得以脫險；七次海外航行後，他回到故里，皈依了佛門，並把販運香料和香木賺的錢，捐給寺院，用於修繕僧舍……所以，稱此畫為"婆羅門舶渡海圖"也許還貼切一點，當然，此船型也並非真正的"婆羅門舶"，它更似於一艘"四不像"大海船。

這幅壁畫大約創作於 7 世紀左右，有些殘損，但仍可見畫中是一艘大海船，船員正在誦經，迎戰海怪，破浪而行。這艘大海船幾乎每個地方都非常獨特，其船首有船頭雕像，還繪有船眼，船首桅裝有一前桅圓帆，三根主桅裝有寬大的方帆，船尾也裝有一面帆；船體圓滾滾的，近於僧伽羅（即錫蘭）風格；船尾的兩支可以聯動的長槳，固定於船尾"四分之一"舵的位置，同時又與一個中央機構相連，近於古埃及槳帆船的樣式；船的首、尾兩端有遊廊，很像中國唐代海船的風格；船尾樓不高，有頂蓋，呈半敞開狀，裏面放滿了陶罐，可能是用來壓艙和販運的"蘇合香樹"榨取香樹脂"蘇合油"（這種香樹

主要產於非洲、土耳其、伊朗、印度等國）或者是爪哇的香料。從這一點看，更證明它是一艘商船；最令人不解的是，此船有 3 個高高的桅杆，懸掛著中國式的方帆，而不是印度洋通常使用的斜桁三角帆。

這艘"四不像"的"婆羅門舶"是一艘融合了地中海、印度洋和太平洋帆船多種元素的混合帆船，較之其他海船，有更強的遠航能力，能戰風鬥浪，甚至不畏海怪。公元 7 世紀左右的印度海船，幾乎沒有留下可靠的歷史圖像，這個佛教壁畫中的大海船，雖然"四不像"但仍是極珍貴的印度洋海船史料。

公元 7 世紀，印度阿旃陀石窟壁畫中，融合了東西帆船多種元素的"婆羅門舶"。

阿曼商船

前邊說過，公元 9 世紀阿拉伯商人寫的《中國印度見聞錄》（亦稱《蘇來曼東遊記》）中，曾記錄大唐商船到過阿曼，經過那裏的暗礁群時，大唐商船因船體太大，無法通過，改由小船才能入港。那麼，問題來了。阿曼有沒有商船漂洋過海到中國來呢？至少《一千零一夜》說：有。

1978 年 12 月，北京召開了十一屆三中全會，中國由此拉開改革開放的大幕。很少有人注意到，就在這一年的 5 月，中國與阿曼蘇丹國建交。即使是今天，說起阿曼也不會有多少國人能一下子想到這個小國在地球上的具體位置。不過，一千多年前，阿曼與中國相互並不陌生，兩國間商船往來如走親戚一樣。所以，當全體中國人還在研究土地承包制的時候，一條阿拉伯仿帆船迫不及待地向中國駛來……沒錯，阿曼同中國建交之後，蘇丹卡布斯陛下就命令工匠造一艘仿古的兩桅木帆船，進行一次辛伯達式的遠洋航行，目的地：中國廣州。

據阿拉伯史料記載，1200 多年前，阿曼航海家阿布‧奧貝德率領船員，駕駛雙桅木帆船，從阿曼北部的蘇哈爾港起航，歷盡艱險，為時兩年，抵達中國廣州，帶來亞麻、棉花、乳香和沒藥。返回時，則裝上中國的絲綢、陶瓷、樟腦以及麝香等物品。阿布‧奧貝德是有籍可查的第一個到中國的阿拉伯人。阿曼人這種聯通東西的商道探索，帶來了商業互通，還激發了阿拉伯的文學創作。《一千零一夜》中那篇膾炙人口的《辛伯達航海旅行記》的故事，據說取材於他的這段經歷。

阿曼的蘇哈爾港是阿曼傳統的造船基地，此次仿造的公元 8 世紀古帆船就是在這裏按照傳統造船方法建造，並命名為"蘇哈爾"號。這艘仿古船長 22 米、高 3 米，共用了 140 噸柚木、4 噸重的椰子纖維和 7.5 萬隻椰子殼。全船沒有使用一根鐵釘，船板用椰棕搓成的繩子連接起來，縫隙間塗以樹膠以防滲透。船身包含雙層船體板。當年波斯灣和印度的海船都採用這種縫合帆船辦法，可以使得船體靈活，對於海浪的撞擊有令人驚奇的柔性。

這種縫製船最早的圖形文獻保存在 1237 年的葉哈雅 · 本 · 馬哈茂德 · 瓦西提（Yaḥyá ibn Maḥmúd al-Wásṭí）《瑪卡梅故事集》抄本中。"瑪卡梅"（Maqamat）的原意為"集會"，後來成為一種說唱文學題材。這個說唱故事集在阿拉伯的文化地位不亞於《一千零一夜》。最初是由哈馬扎尼在公元 10 世紀首創，以 12 世紀巴士拉的作家艾勒 · 哈里里（al-Hariri，1054—1122 年）重新編輯的《瑪卡梅故事集》影響最大。現在存世的最早版本即是瓦西提謄抄與繪製插圖的這個抄本，它是巴格達畫派細密畫中最精美的作品，其中就有一幅表現阿拉伯帆船的細密畫。現收藏於法國國家圖書館（Arabe5847 號）。

畫上許多細節都是船史研究者極感興趣的：船頭懸著一個錨，不是通常的兩爪錨，而是阿拉伯商船特有的多爪錨；船側有四分之一舵，這是兩千多年

的傳統，但在船尾部還有一個巨大的軸心舵。它表明至少 12 世紀的阿拉伯船已有了兩種方向控制系統，這種船尾軸舵使用很可能來自中國，並通過阿拉伯人後來傳給了北歐的柯克船。不過，畫中的船帆畫得不切實際，阿拉伯海船從未有過這種圓形帆。

這是能見到的最早阿拉伯海船畫了。

為什麼找不到更早的阿拉伯海船畫呢？因為受宗教方面影響，阿拉伯人很長時間沒有繪畫，後來才有了一些植物畫。現存最早有插圖的阿拉伯書籍，是

瓦西提 1237 年製作的《瑪卡梅故事集》抄本中，一幅波斯灣帆船插畫。

11 世紀早期阿拉伯天文學抄本。到了 12 世紀，阿拉伯動物寓言集《卡里萊和笛木乃》和哈里里的《瑪卡梅故事集》才有了受波斯人影響的細密畫插畫，這才有了對人和動物等形象的表現。所以，《瑪卡梅故事集》抄本中的帆船應是阿拉伯帆船，或"辛伯達探險船"的最早圖像。

1980 年 11 月 23 日，沒有安裝任何現代航海設備的仿古木帆船"蘇哈爾"號，從阿曼出發，僅靠風帆動力，沿海上絲綢之路船綫，航行 6000 餘海里（9500 公里），歷經 8 個月（216 天），於 1981 年 7 月 1 日抵達廣州。需要指出的是，那時聯合國還沒有展開"絲綢之路 —— 交流之路綜合研究"（1987 年）大型國際考察項目，中國的"絲綢之路熱"也沒興起。可以說，阿曼"蘇哈爾"號的廣州之行，是海上絲綢之路的首個考察實踐活動。或許過於先覺了，當時的團隊並沒有打造一個紀念物。又過了許多年，2001 年 10 月 1 日，阿曼卡布斯蘇丹才向中國贈送了國禮蘇哈爾號木船模型，此時"絲綢之路"已成顯學。

古代中國與阿曼的交往在雙方的歷史文獻中都有記載。公元 10 世紀，阿拉伯著名歷史學家馬蘇第（Al-Masudi）在所著《編年史》曾記載，公元 8 世紀以前，阿曼蘇哈爾就有商船經常前來

廣州貿易。唐朝宰相賈耽著《皇華四達記》中"廣州通海夷道"（歐陽修等撰《新唐書》予以轉載）說：由廣州東南海行，經過印度半島南部，便可來到阿拉伯半島東南的薩伊瞿和渴國（今阿曼卡拉特）和沒巽國（今阿曼蘇哈爾）。

但唐代沒有留下任何阿拉伯船的繪畫作品，所以阿曼所贈仿古船蘇哈爾號船模，顯得十分珍貴。但作為國禮的蘇哈爾號船模，普通大眾是見不到的。又過了許多年，筆者才在廣州博物館見到了和國禮一樣的蘇哈爾號船模，兩桅斜桁大三角帆船。老館長黃慶昌自豪地說：1995 年，廣州博物館為籌展海上絲綢之路專題展，曾向阿曼求了一件不足一米長的蘇哈爾號船模。後來，阿曼朋友來看到這個船模，覺得太小，回去後又發來了一件兩米長的蘇哈爾號船模。於是，這個館就有了兩件珍貴的蘇哈爾號船模。

幾年前，筆者在迪拜的一個古船模展上見到許多當代製作的公元 7 世紀至 19 世紀的阿拉伯船模，了解到阿拉伯人造船本沒有什麼天然條件，阿拉伯有長長的海岸綫，但巨大的半島上卻缺少樹木，幾乎無木材可以造船。阿拉伯造船的木材全靠從印度運來木材，地處阿拉伯半島南端的阿曼是當年阿拉伯帝國的重要造船基地，也可以說阿曼的木船就是阿拉伯船的代表。"蘇哈爾"號船

仿公元 8 世紀阿拉伯古船，阿曼贈送給廣州博物館的雙桅木帆船蘇哈爾號船模。

模十分貼近古阿拉伯船的原始模樣，為人們研究唐代來中國的阿拉伯船提供了很好的樣本。

阿曼是古代的"乳香之國"，當年向中國出口了大量的乳香。乳香乃樹脂，阿曼人浪漫地將其稱為"樹之淚"。宋朝稱阿曼為勿巡國，趙汝適《諸蕃志》稱作甕蠻國。據周去非《嶺外代答》記載：廣州入冬後，乘北風揚帆，前往麻離拔國（即阿曼米爾巴特）購買乳香、龍涎香、珍珠、琉璃、犀角、象牙、珊瑚、木香、血竭、阿魏、蘇合油等。不過，現在中國熏香人多用沉香，很少進口乳香了。筆者在迪拜買了一些，半公斤約合 7 美元。

元朝時，據陳大震《南海志》記載，廣州和甕蠻（即阿曼）連續保持貿易往來。到了明朝，在今阿曼西部的祖法兒港（又譯為佐法爾）興起。鄭和艦隊七下西洋，多次訪問祖法兒。明朝中期以後，由於西方殖民者的侵擾和後來的明清海禁，廣州和阿曼極少往來。

雖然往事如煙，但中阿兩國都很珍視這傳承千年的友誼。1995 年，阿曼蘇丹國民族遺產文化部在中國文化部協助下，在唐代阿曼航運船舶在廣州登陸的洲頭咀，豎立一座"阿曼蘇哈爾號木帆船馬斯喀特—廣州航行"紀念碑，再現了"蘇哈爾"號雙桅木帆船的航行圖，永誌兩國友好。2008 年 4 月，北京奧運聖火海外傳遞第九站，也是唯一的阿拉伯國家站，就選在了阿曼蘇丹首都馬斯喀特一個人工環島上，當年蘇哈爾號仿古木船從廣州回來後，即被安放在這裏作為阿曼航海史上的"紀念碑"和中阿友誼的象徵。所以，北京奧運聖火在蘇哈爾號前點燃，辛伯達的故事又添新內容。

黑石號

滿載大唐瓷器沉睡海底的大食商船

　　既然《一千零一夜》描述過阿拉伯人到中國做買賣，那麼總該有些實證留在海上絲綢之路上，船史專家一直期盼著某一天，水下考古有某種奇跡出現。

　　1998 年，專門從事海底尋寶的德國某打撈公司，在印尼西部、馬六甲海峽南邊的勿里洞島外海海底發現了一艘沉船。人們無法考證它原來的名字，只好根據沉沒地勿里洞島有個黑礁石，稱它為"黑石號沉船"（bangkai kapal Batu Hitam），也有人根據它出現在勿里洞島外海海域，稱其為"勿里洞沉船"（bangkai kapal Belitung）。這一沉船的打撈被考古學家稱為 20 世紀末最重要、年代最久遠的深海考古發現之一。

　　"黑石號沉船"先是保密發掘，而後是悄悄研究，最後才尋找買家，公開叫價出讓。直到 2005 年尋到買家之後，才對外宣佈這一重大考古發現——這是一艘阿拉伯赴大唐進行貿易的沉船。

　　唐代文獻稱阿拉伯帝國為"大食"。這個帝國第一個世襲制王朝為倭馬亞王朝（公元 661—750 年），因尚白衣，亦稱"白衣大食"。第二個世襲制王朝為阿拔斯王朝（公元 750—1258 年），因尚黑衣，亦稱"黑衣大食"。阿拉伯帝國興盛的七百年，前半期正是中國的大唐盛世（618—907 年），是古代中國國力最強盛的朝代，也是最為開放的朝代。大食與大唐兩大穩定的商圈，通過海路與陸路融合，構成了東方最為活躍的商貿黃金時代。那麼，這一時期的海上絲綢之路，主要運送的是什麼商品呢？黑石號給了一個明確的回答：瓷器。

西方人曾經說，中國人太聰明了，他們將三種最簡單的東西，一是蟲子吐的絲（絲綢），二是樹葉（茶葉），三是泥土（瓷器），做成了大宗奢侈品，賺了全世界無數的錢。

由於瓷器不適合車馬反覆轉運，大量瓷器貿易要走海路。此時，大食帝國統一了西域世界，大唐王朝結束了中國亂局，保證了海上貿易的穩定發展，海上絲綢之路轉而變為以大宗瓷器貿易為主的"海上瓷器之路"。海路是海面上看不見的路，但在海底卻有古船遺骸印證曾經有過的海上商路。

早在 2002 年，中國博物館圈已得到"黑石號沉船"的消息，揚州、上海、湖南等文博單位提出了購買意向，日本一些機構也有此意，但打撈方叫價太高，還提出"寶藏必須整體購買"，中國買家只好放手。後來，新加坡聖淘沙機構（SentosaLeisure）先購買了被打撈文物的數年展覽權，隨後籌資購得這批貴重文物，被打撈文物於 2005 年分批完整落戶新加坡亞洲文明博物館。

2006 年筆者在新加坡考察時，這批文物還沒有公開展覽，後來託朋友購到一本新加坡考古專家整理出版的《黑石號沉船寶物》大型畫冊，大開眼界；但真正見到這批寶貝是 2021 年元旦，上海博物館與新加坡亞洲文明博物館聯手在上海舉辦"寶曆風物 —— 黑石號

黑石號剩下的一點船木，提供了這艘古船的重要造船技術綫索。圖為新加坡館方製作的復原船模型。

沉船出水珍品展"，它是目前所能見到最完整的大唐與阿拉伯海上貿易商品的實物展示。

一千多年前，黑石號是怎麼在馬六甲海峽南端沉沒的，沉船上沒留下任何綫索，唯有沉船上的貨物間接地顯示了它的身份：它是一艘裝滿中國貨物開往西亞的商船，船上 98% 的貨物是陶瓷。唐代瓷器沒有宋代那麼講究，但產地與品種都極為豐富。黑石號出土的瓷器共有 6 萬多件，燒造於中國的多個窯口，其中長沙銅官窯數量與品種最多，約有 56000 多件。這些外銷瓷器，以碗為主，其次為執壺，其他有杯、盤、盂、盒、罐、熏爐、油燈和少量生肖瓷塑。

長沙窯瓷器大量採用文字作裝飾，既有漢字，也有阿拉伯文，這些瓷器上的款識明確記載了瓷器的用途和生產商。這批瓷碗上不僅寫有"湖南道草市石諸孟子有名樊家記"的字樣，還有"寶曆二年七月十六日"的年款，即公元826年，這也是此船沉沒年代的重要信息之一。此外，一批長沙窯瓷器帶有鮮明的阿拉伯藝術風格，表明當時中國瓷器生產廠家，已經按阿拉伯客戶來樣定製產品。

黑石號除瓷器引人關注外，還有一種寶物值得關注，它就是中國古幣之寶"開元通寶"。據史料記載，錢幣在唐代才開始出現"通寶"的字樣。因為"開元"是唐玄宗李隆基的年號，很多人誤以為"開元通寶"鑄造於唐玄宗在位時期，實際上早在唐高祖李淵在位時就已經有"開元通寶"了。中國幣制由此脫離以重量為名的銖兩體系，發展為"通寶"幣制，此後歷朝鑄幣依此標準，沿襲近 1300 年。

阿拉伯船上出現這麼多大唐銅錢再次證明，大唐經濟繁榮貨幣穩定，不僅南洋小國使用中國銅錢，連阿拉伯商人也用大唐銅錢。此時，中國銅錢就是南洋和印度洋貿易的"硬通貨"，船上的大唐銅錢應是船家的"外匯儲備"吧。

此外，船上還發現了 29 面古代銅鏡，其中一面頗引人注目，它就是唐代名鏡 —— 江心鏡。這面銅鏡儘管鏽蝕明顯，仍可看到上面的銘文："揚子江心百煉造成唐乾元元年（759）戊戌十一月廿十九日於揚州"。唐乾元元年即 759 年。銅鏡裝飾有青龍、白虎、朱雀和八卦紋。據推測，此鏡不僅僅是生活用品，也有可能是海上法事活動的法器。據"入唐八大僧"之一的日僧圓仁，用漢文寫的《入唐求法巡禮行記》記載："日沒之時，於舶上祭天神地祇，亦官私絹，頌纈、鏡等奉上於船上住吉大神。"

黑石號沉在海底，由於沒有被泥沙覆蓋，其木質船體幾乎全都爛掉，但殘存構件仍可看出不產木材的阿拉伯，其造船材料來自多個國家，並且用材質量很好。比如，主要使用的是非洲桃花心木、龍骨使用的是喀麥隆緬茄木、支撐甲板的橫樑用的是印度柚木……船殼上還有平底鍋上和碗的印記，並顯示出精細雕刻的綾條。專家推測，此船很可能建造於波斯灣，船長 20—22 米，橫樑長 8 米，船體深度超過 3 米。它是一艘單桅的阿拉伯縫合船，製作船體時不使用鐵釘。

唐代的繪畫中，唯有敦煌留有一幅海船畫，那是一艘中國帆船。幸運的是，加工外銷瓷器的長沙窯留有極為少見的繪有阿拉伯帆船圖案的執壺。這種唐代燒製的長沙窯青釉褐綠彩帆船圖執壺，在上海博物館和香港中文大學，各藏有一件。儘管阿拉伯船以三角帆聞名，但早期阿拉伯船一直使用長方形風帆，這一帆型甚至延續至 15 世紀。這兩件唐代長沙窯執壺提供了極為珍貴的早期阿拉伯海船圖像資料：獨桅、方帆。

2014 年以來，湖南省在長沙銅官古鎮先後建立了銅官古窯國家考古遺址公園和長沙銅官窯博物館，不僅展示了銅官窯作為 "外銷第一窯" 的歷史，還展示了從當年打撈黑石號的德國收藏家蒂爾曼沃特法手裏回購的 162 件（套）文物，同時還複製了一艘黑石號古船……為人們建構了一個穿越千年的海上瓷器之路的夢幻空間。

黑石號船殼有平底鍋上和碗的印記。右圖：船頭龍骨顯示出精細雕刻的綾條。

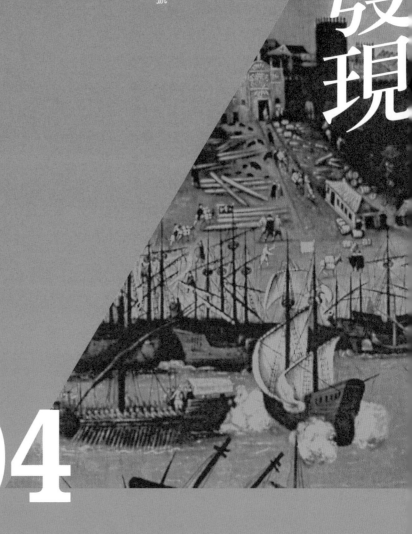

環球發現

04

這邊葡萄牙剛剛慶祝完迪亞士靠著小巧輕快的卡拉維拉帆船繞過好望角；那邊西班牙引進熱那亞的哥倫布駕著笨頭笨腦的克拉克帆船發現了新大陸；接著西班牙又派出葡萄牙出生的麥哲倫，率領 5 艘帆船，完成了震驚世界的環球航海；隨後，西班牙又開拓了運送珍寶的 "蓋倫航綫" ……大航海 "發現" 了新大陸，促生了美國，填補了世界版圖，也改變了世界的政治、經濟和文化格局。

柯克貿易船

漢薩同盟編織的北海大商圈

大明皇帝朱棣派船隊編織他的東西洋"朝貢圈"時，日臻完善的"漢薩同盟"（Hanseatic League），正用笨拙的柯克船（cog）架構一個北海人商圈。

漢薩（Hanse）一詞，德文意為"公所"或者"會館"。這個所謂的"會館"，從13世紀起，先在德語城邦中逐漸形成一個商業聯盟，以維護德語城邦沿波羅的海南岸擴展的商業利益。1293年德意志北部的呂貝克成為漢薩同盟總部所在地，呂貝克法律成為當時的同盟之共同法律。1370年漢薩同盟戰勝丹麥，訂立《施特拉爾松德條約》，壟斷波羅的海地區貿易，並在西起倫敦、東至諾夫哥羅德的沿海地區建立商站，主要貿易貨物為布、鹽、鯡魚、鹹肉、糧食、啤酒、葡萄酒、呢絨、羊毛、皮革、獸皮、牲畜、草木灰、鯨油、木材、大麻、樹脂、蜂蠟、弓料、磚、香料、桶板、鐵、銅、錫和金屬製品，溝通了原料產地與製成品產地之間的聯繫，形成一個巨大的北海或北歐商業帝國。

波羅的海地區最早的商船稱為"諾爾"船（knorr），是一種單桅帆船，船身較寬，也深，是北方最早的風船動力海船。這種船後來發展成柯克船，12世紀末開始活躍於北歐及低地德語國家。這種單桅船，平底，圓舷，外形肥碩，長寬比為2或2.5∶1，是中世紀以帆為動力的大船典範。

早期的柯克船，沒有使用尾舵，通長是用一對長槳，在船舷控制船的走向。需要指出的是，13世紀之前，歐洲帆船都沒有船尾軸舵，目前的考古證據顯示，歐洲帆船的船尾軸舵完全脫離於地中海，誕生於大西洋與波羅的海。

歐洲帆船船尾軸舵的歷史圖像，最早出現於英格蘭伊普斯維奇（Ipswich）1200 年的城市印章中。這個海港小城緊鄰倫敦，1200 年 5 月約翰國王授予它第一份憲章，該鎮新成立的政府設計了這個城鎮印章，圖案是一艘載有城堡的戰船。此船與當時伊普斯維奇商人所使用的小型沿海船有很大的不同，它是早期的柯克船。這一印章的價值是其船尾部有一個船尾軸舵，它是已知歐洲第一個有船尾軸舵船的例子。此後的幾百年裏，英格蘭人都稱它為"伊普斯維奇舵"。需要進一步說明的是，此類有船尾軸舵的柯克船城市印章，並非孤證。德意志北部城市施特拉爾松德（Stralsund）1329 年的城市印章、埃爾賓（Elbing，今屬波蘭）1350 年的城市印章，都以有船尾軸舵的柯克船為圖案，有的還繪出了長長的舵柄。這些以柯克船圖案為城市印章的城市，都是漢薩同盟城市，可見柯克船當年的先鋒性和重要性。

筆者特別注意了 14 世紀地中海船畫中的尾舵。在 1332 年的威尼斯名畫《聖徒尼古拉從國王船上盜取糧食的神跡》中，看到的仍是一對船舷舵。14 世紀的宗教畫已注重寫實了，畫家從現實中"取景"融入到神話之中，那幾艘國王的運糧船應是"有所本"的商船。後來，稍晚些的 1370 年代，表現海上救難的宗教畫上，可以看到地中海帆船開始用標準的船尾軸舵了。說明此時真正的船尾軸舵已在歐洲普及了。

柯克船是後來的克拉克帆船的"祖先"。克拉克帆船沒出現之前，柯克船就是近海運輸最好的貨船。有別於維京瘦長的槳帆船，柯克船型短、寬、平底，也被稱為"圓船"。這種船型提高了船的穩定性和船艙容積，其封閉的甲板，能保障壞天氣時艙內貨物不致泡水。後來，柯克船成為英格蘭和德語城邦在北海和波羅的海進行貿易的主要船種。

左起，伊普斯維奇、施特拉爾松德和埃爾賓三個漢薩同盟城市的柯克船圖城市印章，其年代分別 1200 年、1329 年和 1350 年。

1497 年呂貝克與漢堡簽訂 "航運法" 封面畫，畫中的漢薩柯克帆船上都飄著長長的三角旗。

13 世紀末，漢薩同盟柯克船已經有了統一的標識，都掛長長的三角旗，並以不同的色彩表示它們屬什麼城邦。如，貝呂克是紅色與白色；漢堡是紅色；羅斯托克是灰色、白色和紅色……這幅畫是 1497 年的呂貝克與漢堡簽訂的 "航運法" 封面畫。畫中描繪的船就是漢薩同盟主要海上運輸船——"漢薩·柯克帆船"（Hansa Cog），船桅上都飄著長長的三角旗。

1962 年，人們在德國北部港口不萊梅疏浚河道時，發現一艘柯克船。考古專家認定，它應是 1380 年代的柯克船，船長 23.5 米，寬 6.2 米，深 3.5 米，排水量約 130 噸；船殼由數片外板交疊鋪成，是搭接結構；船底是橡樹的平接板，5 根強力甲板樑突出船體外，以加固船體；龍骨長 15.6 米，用以加固船底，船底中部幾乎是平的；主要船材是橡樹，這是北歐較好的船材，受到船匠們的青睞。

資料顯示，1386 年，柯克船在呂貝克達 846 艘，漢堡為 598 艘。為了護航，漢薩同盟柯克船常常要裝備軍事力量，船上裝有投石器及彈射器，石頭是此時重要的攻擊性武器。為了投射得更準、更遠，船加高了艏、艉樓。晚些時候，柯克船又演化出船橋（指揮作戰的甲板），並使用輕型旋轉炮。1991 年，瑞典南部馬爾默附近的斯卡諾（Skanör）港外，發現了一艘保存完好的柯克船遺骸。這艘船大約於 1390 年在德意志北部的梅克倫堡地區建造，它的甲板上發現了至少 4 座中世紀火炮，是目前發現年代最古老的裝備有火炮的商戰兩用船。

1400 年後，柯克船的尺度有所增加，船總長達 30 米，寬 8 米，吃水 3 米，排水量約 280 噸，這已是搭接結構柯克船的載重極限。

注意，這裏講的 "排水量" 都是後世的推算。大航海時代到來之前，歐洲海船根本沒有容積和載重量的科學計算標準。

15 世紀初，歐洲主要海上貿易品之一是酒類，英格蘭就用裝多少酒桶來表示船的容積，並依此收稅。如果一艘商船能裝 100 個酒桶，就叫做 100 噸。這個 "噸"，據說來自用木棍敲打酒桶數數時發出的聲音 "Ton"。但 "噸" 也非當時統一的計量標準，荷蘭人就以船甲板寬度計算船的容積。為了少交稅，當時的荷蘭產生了一批甲板很窄的 "大肚子" 商船。以船的排水量計算其載貨重量，是更晚些時候的事情。

排水量理論很早就誕生了，它就是阿基米德定律：一個物體所排開水的重量等於這個物體的重量；也就是說一艘艦船它浮在水面時的重量，就是這艘艦船的排水重量。具體到商船與戰船，這個排水量就更複雜一些。大體可分為輕載排水量、標準排水量、正常排水量、滿載排水量、超載排水量。通常人們說的排水量多是指船的輕載排水量。

15 世紀後半期，北歐人才採用歐洲南部的平接法造船，應用平接法的柯克船越造越大，最大的排水量可達 400—500 噸。不過，採用單桅橫帆的平底的柯克船只適合固定的近海航綫，更遠更複雜的跨洋航行還需要進行新的改進，歷史把這個任務交給了葡萄牙人……

1962 年德國人在疏浚不萊梅河道時發現一艘柯克船殘船，大約製造於 1380 年代，為目前能見到年代最早的柯克船實物。

聖克里斯托旺號

發現好望角的卡拉維拉帆船

東方的"鄭和寶船"到底有多大，一直是個謎；葡萄牙的卡拉維拉帆船到底有多小，確是有案可查，早期的卡拉維拉帆船至多只有兩根桅杆，船長不足 30 米。

澳門海事博物館不大，卻很專業，不僅有很好的藏品、很好的展綫設計，連小文創店的書都很專業，有的書還是這個館的學術研究作品，比如《古代澳門地圖集》，還有接下來要講的葡萄牙達·安德拉德寫的《發現世界的卡拉維拉船》。

2011 年，筆者又一次參觀此館時，買了《發現世界的卡拉維拉船》，十分贊同澳門人將此船譯為"卡拉維拉帆船"。這種船是葡萄牙人發明，葡萄牙語稱其為"Caravela"（意為"橡木材"），不應當用英語"Caravel"譯為"卡拉維爾"。

世人都認為歐洲帆船很厲害，其實，一直到 14 世紀，歐洲帆船都很落後。當時的駁船僅限於在地中海，或沿海岸航行。地中海幾乎是個封閉的海，風浪少，甚至沒有潮汐。那些只有一根桅杆和一個固定方帆的地中海船，完全無法應對大西洋的強風和多變的洋流。

面朝大西洋的葡萄牙，為應對大西洋上的複雜海況，發明了卡拉維拉帆船。這種船的帆裝特徵是將一根長桁的中部掛在桅杆上端，桁靠船頭那端向下傾斜，並用繩索固定。另一端向上翹起，可以圍繞著桅杆，從船的這邊轉向另一邊。這樣一來，帆自身就能有效地取得平衡，藉助風自由地轉向，並使得船能夠在逆風條件下做搶風航行。這種帆是從阿拉伯人那裏學來的，曾在地中海廣泛使用，也被稱為"拉丁帆"。早期的卡拉維拉帆船的前、後兩桅都用三角帆；後來改進為三桅，僅後桅用三角帆，其餘桅用橫帆。這種改進的船型稱為卡拉維拉方帆船（Caravela Redonda），也作為軍事用途船，所以也稱"艦隊船"。

卡拉維拉船是歐洲平接結構船的源頭，比北歐搭接結構柯克船先進得多。早期的卡拉維爾帆船，船長和船闊比例為 3.5：1，排水量 100 噸左右，這使得它平衡力極高，可以在淺水中航行，速度及機動性亦可以並存。

15 世紀中、後期，歐洲經濟在戰爭中受損，趨於蕭條，各國都不造大船，小、快、靈的卡拉維拉船得以普及，在大航海初期，它在跨洋探險方面起到了決定性的作用。

存世文獻沒有詳細記述卡拉維拉船開發的經過及明確的時期，至少葡萄牙人在 1427 年駕駛著卡拉維拉船進入了未知的大西洋，發現了亞速爾群島。

卡拉維拉船最早的歷史圖像出現在西班牙航海家、製圖家胡安·德·拉·卡索（juan-de-la-cosa）1500 年繪製的《世界航海圖》上，作者在美洲與印度洋海面畫了許多插著葡萄牙旗的卡拉維拉船。從這幅航海圖上的小插圖看，當時的卡拉維拉帆船多是兩桅，一個前桅，一個主桅，掛多面斜桁帆。

雖然，葡萄牙著名航海家巴爾托洛梅烏·迪亞士發現好望角時，沒留下圖像文獻，但歷史文獻中明確記錄了 1487 年 8 月他沿非洲西海岸探險至非洲最南端好望角時，所用旗艦聖克里斯托旺號（葡萄牙語：São Cristóvão，取自聖徒克里斯托弗）就是卡拉維拉帆船，船隊第二艘船聖潘塔萊昂號也是卡拉維拉帆船，第三艘船是個小橫帆補給船。

一直沒能找到早期描繪聖克里斯托旺號的插畫，只找到 1887 年的一幅插畫《迪亞士的兩艘卡拉維拉帆船：聖克里斯托旺號和聖潘塔萊昂號》。這幅畫有些誇張，事實上，迪亞士的聖克里斯托旺號只有兩桅，沒有那麼多斜桁帆，即使裝備了幾門炮，也不會是大炮，畫上的那一排炮窗也是後世的誇張之筆。

迪亞士出身於葡萄牙航海世家，他的父親迪尼什·迪亞士、祖父若昂·迪亞士都是追隨葡萄牙恩里克王子的航海家。迪亞士本人是皇家騎士，擔任皇家倉庫的主管。他本人就是聖克里斯托旺號的船主。

當年，葡萄牙在非洲西部主要開發"三大海岸"：胡椒海岸、象牙海岸和黃金海岸。葡萄牙設在西部非洲沿岸的最大據點是黃金海岸的米納（今加納）。迪亞士的船隊是沿著葡萄牙人已經很熟悉的非洲西海岸航綫向南航行，1487年 12 月，船隊在非洲大陸最南端遭遇風暴，被向南推去，並遠離海岸綫。風暴結束後，船隊已經看不到非洲大陸海岸了。於是，他們轉向北航行，1488年2月3日，海岸綫再次出現在船隊面前，迪亞士確認自己繞過了非洲大陸最南端，通往印度的航綫就在眼前。迪亞士想要繼續航行到印度，但船員拒絕繼續冒險前行，迪亞士只能返航。1488年12月，經過16個月的長途航行，迪亞士探險船隊完好無缺地返回里斯本港。從某種意義講，是卡拉維拉帆船成

全了迪亞士的探險夢，它被實踐證明是一種很好的跨洋探險船。

葡萄牙人發現了好望角後，卡拉維爾帆船又做了改進，以三桅代替兩桅，並把橫帆和三角帆混合使用，提高了遠洋航行所需的速度。

1960年葡萄牙政府在里斯本建立了一座發現者紀念碑，以此紀念航海家恩里克王子逝世500周年。這個標誌性建築的總體形象，就是一艘卡拉維拉帆船，船頭向著特茹河，向著大西洋。

BARTHOLOMEW DIAZ ON HIS VOYAGE TO THE CAPE.

1887年繪製的插畫《迪亞士的兩艘卡拉維拉帆船：聖克里斯托旺號和聖潘塔萊昂號》。

環球發現

聖瑪麗亞號

發現美洲的克拉克旗艦還剩一支錨

葡萄牙的卡拉維拉帆船風風光光繞過好望角時，另一種大帆船悄然崛起，它就是克拉克帆船（carrack）。它是第一種有據可查的完全風帆化的跨洋帆船，也是第一種將船樓結構並入船體的大帆船。

大航海初期，克拉克帆船是一種頗受寵愛的海船，它擁有足夠大的空間可供大量船員居住，以及容納返航時搭載的貨物。它和卡拉維拉帆船一樣，也為地理大發現立下了汗馬功勞。其中，最為著名的克拉克帆船就是那艘聖瑪麗亞（Santa Maria）號，1492 年它擔任了克里斯托弗·哥倫布首次西航的旗艦。

克拉克帆船，葡萄牙語稱為 "Nau"，西班牙語稱為 "Nao"，法語被稱為 "Nef"，都是 "船" 的意思。英語稱為 "Great Ships"，意思是 "大船"。克拉克帆船是從柯克船改良而來，是 14－16 世紀上半葉西方大型遠洋風帆船的代表性船型。

1400 年前後，排水量最大的柯克船也只有 280 噸；而 1500 年前後，大克拉克船的排水量已達到 800 噸。如果說，葡萄牙人發明的卡拉維拉帆船是輕型遠洋帆船，那麼，克拉克帆船則是歐洲第一款重型遠洋帆船。

1492 年 8 月 3 日，哥倫布為他的西航計劃四處遊說了十幾年後，終於得到了卡斯蒂利亞女王伊莎貝拉與國王費迪南多的支持 —— 這一年，西班牙人趕走了格達納達城最後一批摩爾人，還有猶太人。哥倫布的西航計劃被列入這個國家的振興計劃之中，也是教廷征服異教徒的計劃 —— 帶著 "天主教雙王" 給印度君主和中國皇帝的國書，哥倫布從西班牙西南部的塞維利亞巴羅斯港揚帆出海。

克拉克帆船，大有大的好處，比以前的輕型船更適合跨越大洋航行，但也有大的難處。它的缺點也很明顯，一是由於它的龐大船身需要很多人同時操作，成為一種人力負擔；二是克拉克帆船龐大船身吃水深，不適合行走於地中海一帶的狹長海域，很容易出現觸礁的危險；三是龐大船身和過高的重心，如遇到巨風會傾覆。所以，哥倫布選擇了聖瑪利亞號這艘中小規模的克拉克帆船作為旗艦（排水量只有 120 噸）。另外兩艘般是平塔號和尼尼雅號兩艘多桅快船，船隊共有 87 人（一說 90 人）。

哥倫布首航美洲艦隊旗艦聖瑪麗亞號船錨，海地繆斯神殿國家博物館。

哥倫布船隊先在西班牙所屬的伸入大西洋最遠的北緯 30 度左右的加那利群島休整了一個月，9 月 6 日，船隊藉助冬季的東北季風，朝著同一緯度的即他認為在正西位置的"日本"航行。

"大西洋"這個中文名稱，最早來自於萬曆十一年（1583 年）意大利傳教士利瑪竇在廣東肇慶所翻譯的一本名叫《山海輿地全圖》的世界地圖冊，其英文名稱是取自於柏拉圖曾經提出的至今未明確發現的"亞特蘭蒂斯"（Atlantis）。這個最寬處達 4000 多公里的海，在西方傳統認識中是謎一樣的海，西諺云"向西走，什麼都可能發生"。

哥倫布按照預定計劃，順風一天可航行 160 公里的速度航行。但是，地理學"老祖"托勒密的錯誤、旅行家馬可·波羅的誇張，還有其他地理學家的不實推算，不久就都顯現出來。足足航行了一個月後，哥倫布仍沒見到大陸，糧食和補給品已經見底了。在這片已沒有任何海圖指引的航程裏，哥倫布自己也不知道，還要航行多遠才能到達"日本"。

幸運的是，在他們離開加那利群島西航的第 36 天，即 10 月 12 日，哥倫布終於見到了一個島嶼（即今天的巴哈馬群島），哥倫布為感謝神的保佑，將它命名為"聖薩爾瓦多"，意為"神的恩寵"。

哥倫布聖薩爾瓦多登陸後，他駕著船在諸多島嶼中尋找想像中的日本。10月28日，船隊到達古巴。12月6日，他們登上大安的列斯群島的一個島嶼。哥倫布在此舉行儀式，命名此島為伊斯伯尼奧拉島（意為"西班牙"島）。哥倫布還為它畫了一幅地圖，它就是加勒比海中僅次於古巴島的第二大島的海地島。而後，他繼續在周邊海域尋找他的日本……12月24日這天，已經好幾天沒睡個好覺的哥倫布，在晚上11點就躺下睡覺了（傳說，哥倫布受印第安人啟發，發明了船上用的吊床，船員可不睡甲板上了，16世紀後，這種方法被廣泛使用）。

這是一個平靜的夜晚，但不是一個平安的夜晚。舵手看船長睡了，沒什麼大事，也去睡覺，只留下一個男孩掌舵。前面說過，克拉克船吃水深，不適合沿岸探險，聖瑪麗亞號恰是被這一缺點所斷送。掌舵的男孩在平靜的海灣駕船前行，但他無法預知水下的礁石有多危險，船行到一個淺灘，還是擱淺了。

聖瑪利亞號有三根桅杆，長約23.66米，船寬7.84米，吃水1.98米，僅有一層甲板，甲板長約18米，

排水量約120噸。這個旗艦不算太大，但想把它從海裏弄走，就不算小了。進不得也退不得的聖瑪麗亞號，第二天就沉沒了。為不造成更大的浪費，哥倫布下令把船就地拆了，將船上能拆下的木材都剝下來，就在今天的海地角附近建立了一個堡壘，哥倫布叫它"拉納維達"（聖誕節），沉船那天剛好是聖誕日，於是拉納維達堡壘就成了西班牙在新大陸的第一個殖民據點。

最終，將哥倫布帶回西班牙的是隨行的兩艘卡拉維爾帆船——平塔號（Pinta）及尼娜號（Nina）。這裏多說一句，這一次帶哥倫布回到西班牙的尼娜號，已是改進後的卡拉維拉帆船，艏樓及艉樓增高，提供遠洋航行所需的穩定性，橫帆和三角帆混合使用，大大提高了遠洋航行所需的速度，這種改進船被稱為"圓帆卡拉維拉"。此後，卡拉維拉帆船的分工是，縱帆裝的卡拉維拉用於沿海岸航行；橫帆裝的卡拉維拉用於跨洋航行。

大約在1531年至1536年間的某個時候，西班牙藝術家阿萊霍·費爾南德斯（Alejo Fernández）接到並完成了一份為塞維利亞貿易院小禮拜堂創作一幅祭壇畫的訂單。這幅畫被命名為《航海者的聖母》，它被藝術史家認定為是最早描繪哥倫布的重要畫作之一。

在塞維利亞考察時，筆者拜謁過塞

最早表現哥倫布航海的畫《航海者的聖母》，費爾南德斯繪於 1531—1536 年，現由塞維利亞王宮收藏。

維利亞大教堂裏的哥倫布墓之後，就去參觀塞維利亞大王宮的《航海者的聖母》。它已不在塞維利亞貿易院小禮拜堂了，移到了王宮會見廳裏面，這裏更寬闊，便於參觀。

這幅畫是大航海時期資本影響王權與神權的代表作之一，有著鮮明的被海商訂製和贊助的印記。畫上的聖母瑪利亞被塑造成掌管航海的神祇。特別要提出的是，不僅畫左側畫出了哥倫布，主畫中央還畫了艏樓艉樓高高的、圓型船尾的克拉克帆船，在翼畫中，那位聖徒手中還托著克拉克船模，護佑航海，無法確認畫家畫的是不是哥倫布的旗航聖瑪麗亞號，但看上去那一定是克拉克帆船。畫下方，為了方便觀眾了解古船，特地擺放了一件兩米長的克拉克帆船模型。

哥倫布的旗航聖瑪麗亞號最終"留"在了海地島，幾百年過去，那木頭建的堡壘早已不見了，只剩下一個鐵船錨。據説，這聖瑪麗亞號應有六個錨，其他的再也找不到了，現存的這支錨是聖瑪利亞號唯一存世寶物，由海地太子港收藏。

哥倫布死後，葬在西班牙塞維利亞大教堂。塞維利亞港是他西航探險的始發港；他的旗艦聖瑪利亞號的錨，永久留在了新大陸海地太子港；這是哥倫布靈魂的雙重安息，詩化了時間與空間。

　　1495 年葡萄牙若昂二世去世，阿方索王儲早年墜馬而死，只好由他的堂弟唐‧曼努埃爾一世即位。新國王即位後，停頓數年的印度航行再次啟動。曼努埃爾一世任命 28 歲的達‧伽瑪擔任印度洋探險船隊指揮官，組建探險船隊。

　　探險船隊由 4 艘船組成，其中兩艘是新造的船，排水量皆為 120 噸，各配有 20 門射石炮。它們分別以船頭雕像的兩個聖徒命名：一艘叫聖加布里埃爾號（São Gabriel），屬克拉克帆船，作為達‧伽瑪探險船隊的旗艦；另一艘叫聖拉斐爾號（São Rafael），由達‧伽瑪的哥哥保羅‧達‧伽瑪任船長；還有一艘排水量約 50 噸的貝里奧號，由尼古勞‧科埃略騎士任船長；此外，還有一艘小補給船，船長是達‧伽瑪的朋友科卡羅‧納尼斯；4 艘船共載有 170 人，包括水手、士兵、翻譯和十來個囚犯。

　　這次航行得到了羅馬教廷的批准。在 1566 年出版的葡萄牙《艦隊備忘錄》（Memórias das Armada）中，可以看到描繪達‧伽瑪第一次印度航行的艦隊插圖，其中就繪有旗艦聖加布里埃爾號。畫中的聖加布里埃爾號主桅上，飄揚著一面印有紅色十字架的白色旗幟。史料記載，葡萄牙國王曾賜給達‧伽瑪一面十字旗，讓他代表基督去征服異教徒國家。據說，船上還攜帶著石製標柱，上面刻有葡萄牙王室的徽章以及十字架。探險船隊要在印度洋新發現的地方豎立這樣的石標柱和十字架，表明此地已歸葡萄牙和教會所有。旗艦上有國王的科學顧問為達‧伽瑪提供最新地圖和他們所能收集到的地理資料，還有宮廷天文學家送給達‧伽瑪一些航海儀器。

1497 年 7 月 8 日，達‧伽瑪船隊從里斯本出發，沿著迪亞士開闢的航行路綫行進，順利繞過"好望角"。1498年 4 月 13 日，船隊抵達了東非的馬林迪。據說，達‧伽瑪在這裏找到了著名的阿拉伯航海家阿哈默德‧伊本‧馬吉德，船隊由他領航，於 1498 年 5 月 20日完成了橫跨印度洋直抵印度西海岸卡利卡特的跨洋航程。但阿拉伯人不相信馬吉德引狼入室的這個說法，歷史上也沒留下任何文獻證明是阿拉伯人領航葡萄牙人進入印度，搶佔了阿拉伯人做生意的地盤。

1498 年 8 月 29 日，達‧伽瑪率領船隊開始返航，於 1499 年 9 月 9 日，旗艦聖加布里埃爾號抵達里斯本。探險船隊出門時的四艘船，只回來兩艘，船員死了一半，其中就有達‧伽瑪的哥哥保羅‧達‧伽瑪。

葡萄牙國王十分滿意這次探險，因為它打通了直達印度的水路，並帶回了一大批賺錢的貨物，價值是遠征費用的 60 倍。1502 年和 1524 年，曼努埃爾一世兩次派達‧伽瑪遠航印度，後一次，還將達‧伽瑪任命為印度總督。但

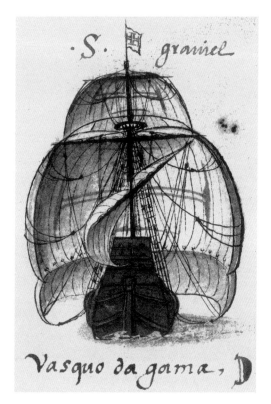

達‧伽瑪首航印度的旗艦聖加布里埃爾號，原載於 1566 年版《艦隊備忘錄》。

達·伽瑪運氣不好，到達印度果阿不久就染上熱帶疾病，於 1524 年 12 月 24 日死在印度科欽。

這最後一次將達·伽瑪帶到印度的旗艦是聖卡塔琳娜號（Santa Catarina do Monte Sinai），畫家約阿希姆·帕提尼爾（Joachim Patinir）大約在 1540 年創作了名為《達·伽瑪第三次航行的船隊》的油畫，畫中央就是聖卡塔琳娜號。

這次達·伽瑪的航行任務已不是探險了，而是掠奪財富，或者說是貿易。他的旗艦聖卡塔琳娜號是商戰兩用的大克拉克船，1520 年下水，排水量達 800 噸，長 38 米，寬 13 米，兩層甲板列有火炮，有兩個桅杆，配有 140 門火炮。

對比達·伽瑪第一次印度航行的船畫，就會發現聖卡塔琳娜號桅杆上已不是十字旗，而是葡萄牙國旗。說明葡萄牙人已不再強調為基督教遠征，而是代表本國利益經略印度洋貿易。這不僅表達了葡萄牙大帆船對殖民地的武裝壓迫；也間接說明，此時的印度洋航綫已經很不太平了，即使是武裝到牙齒的達·伽瑪旗艦聖卡塔琳娜號，還是在返回葡萄牙的途中消失了。不確定的消息說，它被法國海盜在西非海岸掠走，並銷毀了……達·伽瑪和他的旗艦，最終都消失在危機四伏的印度洋航行。

達·伽瑪 1524 年最後一次到印度的旗艦叫聖卡塔琳娜號，約 1540 年。

卡布拉爾船隊

意外發現巴西又意外發現了馬達加斯加

　　哥倫布前前後後4次遠航美洲，卻未到過巴西，誰"發現"巴西，沒有定論。

　　一般認為，葡萄牙航海家佩德羅·阿爾瓦雷斯·卡布拉爾，在1500年4月22日登陸巴西。葡萄牙文獻將那次地理發現描述成一場"意外"。

　　"意外"是這樣開場的：1498年達·伽瑪船隊到達印度，證明印度香料與西方市場存在著20多倍的差價，這大大平衡了葡萄牙人沒能擁有美洲的巨大失落。印度的利益，更加看得見、撈得著。達·伽瑪返回葡萄牙之後，曼努埃爾一世（此時，他已將自己的封號改為"埃塞俄比亞、印度、阿拉伯、波斯的征服、航海、通商之王"）即刻發出命令，派一支強大得足以震懾住阿拉伯人和印度人的船隊前往印度，建立永久的商業關係，必要時用武力來達到目的。

　　新組建的船隊被稱為葡萄牙第二艦隊，由13艘船和1200人構成，32歲的貴族船長卡布拉爾被任命為總指揮。其規模雖然不能與前邊提到的中國大明王朝派出的鄭和船隊相比，但比之以前的葡萄牙探險船隊，不僅船舶數量空前，陣容也是空前的：有發現好望角的巴爾托洛梅烏·繆·迪亞士，還有曾在達·伽瑪旗艦聖加布里埃爾號當船長助理的他的兄弟迭戈·迪亞士，還有達·伽瑪首航印度的領航員尼古勞·科埃略……

　　卡布拉爾船隊1500年3月9日從葡萄牙出發，先是沿非洲西岸航行，而後為了利用季風，遠離海岸，"之"字形向南航行。4月22日，船隊在南緯17度"意外"地登陸一片未知陸地。卡布拉爾將這片陌生土地命名為“聖十字地”，宣佈它歸葡萄牙所有。

這裏要特別解說一下，根據此前由教皇主持的《托德西利亞斯條約》，在大西洋的中間劃了一條葡萄牙與西班牙的勢力分界綫，此綫以西的未知土地屬西班牙，此綫以東的未知土地屬葡萄牙。此地恰在歸屬於葡萄牙的一邊，卡布拉爾宣佈它歸屬於葡萄牙後，立即派一條船回國報告這一喜訊。

後來，葡萄牙人發現“聖十字地”盛產價值極高的紅木，便開始商業採伐，“紅木”（Brasil）一詞不久就代替了“聖十字地”成為這裏的新地名——“巴西”。葡萄牙就這樣“意外”地佔有了一塊比自己國土大一百倍的殖民地，它也是美洲唯一的葡萄牙語國家。

不過，在西班牙航海家、製圖家胡安·德·拉·卡索（juan-de-la-cosa）1500 年繪製的《北美航海圖》中的巴西位置上，就已注記“1499 年，這個海角被卡斯蒂利亞（今西班牙中部和北部）發現者維森特·耶茲（Vicente Yez）發現了”。西班牙人相信，葡萄牙可能也在早些時候發現了這一土地，只是找到一個適當時機，才宣佈這個“意外發現”。

現在說說卡布拉爾船隊的另一場“意外”。

離開“聖十字地”，卡布拉爾率領 12 條船，繼續他的遠征印度航程。1500 年 5 月，船隊在過好望角時，被風暴吹散了。其中，迭戈·迪亞士的船於 8 月 10 日漂到非洲東海岸外的一個大島，這天剛好是聖勞倫斯節，迭戈·迪亞士將其命名為“聖勞倫斯”，即今天的馬達加斯加島，他成為第一個發現非洲最大島嶼的歐洲人。但另幾艘船就沒這麼幸運了，4 艘船在過好望角時，被風暴吞沒，其中就有 1488 年發現好望角的巴爾托洛梅烏·繆·迪亞士。

卡布拉爾的旗艦與另幾條船，總算繞過了好望角，繼續向印度航行，並於 1500 年 9 月到達印度卡利卡特港。在卡利卡特，他們遭到壟斷印度洋貿易的阿拉伯人和印度人的攻擊。卡布拉爾船隊又損失了 50 多名水手。船隊只好轉到與卡利卡特港有競爭關係的柯欽、坎納諾爾等小城進行貿易。1501 年夏季，卡布拉爾船隊帶上在印度洋採購的商品，啟程回葡萄牙。6 月，卡布拉爾艦隊在塞內加爾遇上了與艦隊失去聯絡、漂泊數月被迫返航的迭戈·迪亞士的船，當時他只剩下 6 名船員了。

此次航行，卡布拉爾船隊損失了一半的船和一半的水手，還有幾位著名航海家，成為葡萄牙大航海時代損失最慘重的船隊。1568 年塞巴斯蒂安（Sebastião）出版的《艦隊備忘錄》

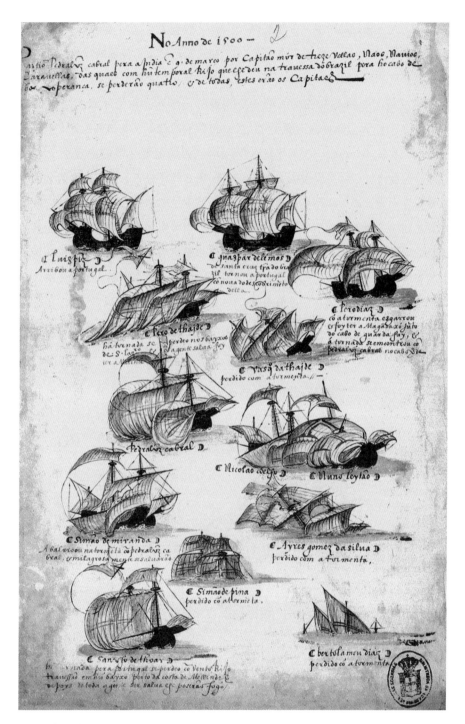

1568 年塞巴斯蒂安出版的《艦隊備忘錄》其中一頁，記錄了卡布拉爾的 12 條船的生與死，上方寫著船隊出發時間：1500 年。

(Memória das Armadas) 中，專門記錄了這 12 條船的生與死。插圖上方寫著卡布拉爾船隊啟航的時間：1500 年。船隊所有風帆上都掛著紅色空心的、有腳的十字，它是"基督騎士團十字"（Order of Christ Cross）。1312 年教皇克萊門特五世曾宣告取締聖殿騎士團，但對葡萄牙網開一面，因為在葡萄牙收復失地運動中，騎士團功不可滅。它擁有富足的財產和眾多騎士，葡萄牙亨利王子曾長時間擔任它的掌門人，騎士團遂成為這位航海家發展葡萄牙航海事業的重要力量，其船隊才有了"基督騎士團十字"徽紋。

插圖右上方，那條像蝴蝶一樣的船，就是發現馬達加斯加的迭戈·迪亞士的船。它是僥倖回來的幾條船之一。雖然，卡布拉爾船隊蒙受巨大損失，但帶回的商品，其贏利超過了投入的 2 倍，所以葡萄牙政府決定進一步加大印度洋貿易投入，開往印度的葡萄牙商船載重量越來越大。伽馬開啟印歐航綫時，旗艦聖加布里埃爾號克拉克帆船，排水量只有 100 多噸；到 1500 年，卡布拉爾的克拉克旗艦，已提高到 240 噸到 300 噸之間；而到了 1503 年，阿爾布克爾克艦隊至少有一艘克拉克大商船達到了 600 噸。

那條像蝴蝶一樣的船是發現馬達加斯加島的迭戈·迪亞士的帆船。

維多利亞號

麥哲倫船隊在航海圖上的最後身影

這裏一定要寫出麥哲倫的兩個名字，一是葡萄牙語的 Fernã ode Magalhã，一是西班牙語的 Fernando de Magallanes。為什麼要寫出他的兩國語言名字？因為他死後，葡西兩國都想爭他的國籍。麥哲倫確實是生在葡萄牙，後來娶了西班牙塞維利亞軍械官巴爾波的女兒，獲得了西班牙國籍，他率領的西班牙船隊發現了美洲南部海峽，並完成了環球航行。說他是西班牙航海家，也不無道理。

麥哲倫在西班牙準備環球航行時，來了一位不速之客，要求參與航行。他沒有任何商業目的，只想記錄這次航行。事實上，沒有這個人，麥哲倫環球航行將失去最為寶貴的原始記錄。這位全程用文字與地圖完成了《首次環球航海日誌》的人叫安東尼奧·皮加費塔。這部航海日誌包括 23 份繪製精美又有些滑稽的彩色航海圖。

據文獻記載，1519 年 9 月 20 日，麥哲倫率領由旗艦特立尼達號（排水量 110 噸，船員 55 人）、聖安東尼奧號（排水量 120 噸，船員 60 人）、康塞普西翁號（排水量 90 噸，船員 45 人）、聖地亞哥號（排水量 75 噸，船員 32 人）和維多利亞號（排水量 85 噸，船員 42 人）5 艘中小型帆船組成的船隊。此船隊中唯有旗艦特立尼達號是一艘卡拉維拉帆船。其他 4 艘都是克拉克帆船，不過，1522 年 9 月 6 日，唯一返回西班牙的是幸運的克拉克船維多利亞號。西班牙語中"維多利亞"是"勝利"的意思，這也是一次克拉克帆船的勝利。

雖然，麥哲倫死在半路，最終沒能回到出發地，人們仍樂於將這次航行稱為"麥哲倫環球航海"。此說在地理

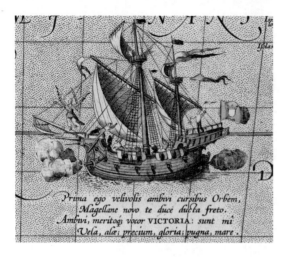

Prima ego velivolis ambivi cursibus Orbem,
Magellane novo te duce ducta freto.
Ambivi, meritoq; vocor VICTORIA: sunt mi
Vela, alæ; precium, gloria; pugna, mare.

奧特里烏斯地圖中的維多利亞號，1589 年版。

學意義上也説得通：1511 年佔領了馬六甲的葡萄牙人，當年即登陸摩鹿加（今馬魯古）群島，由西向東開闢了香料群島的航綫。麥哲倫的人生終點，在香料群島北部今天的菲律賓宿霧島，此島位於今天的東經 124 度綫上，麥哲倫已經越過了位於東經 128 度的摩鹿加群島。可以説，人類由東向西與由西向東的探險航行，在這裏已經完成了地理上的匯合 —— 以實際行動證明了，世界都是"通"的，地球是圓的。

維多利亞號到達西班牙後，歐洲地圖師都想描繪這最為重要的環球航行地圖。最先完成這一航海圖的是威尼斯共和國製圖師巴蒂斯塔·阿格尼斯（Battista Agnese）。此圖不是畫給公眾的航海圖，而是獻給以西班牙國王身份支持麥哲倫西航行動的神聖羅馬帝國皇帝卡爾五世的禮物。他當然願意看到這次遠航的成功，更樂於將這一偉績傳揚給他的接班人，指導他們稱霸世界。因

此，卡爾五世決定在皇太子菲利普（後來的西班牙國王菲利普二世）16 歲生日之時，送給他一本新的世界地圖集。

這部豪華的波托蘭航海圖集，交由阿格尼斯繪製。這位熱那亞出生的製圖家長期在威尼斯工作，長於製作精細優美的裝飾用地圖。這些地圖冊並不是為海員之類的普通民眾繪製，是為王公貴族、富商大買們專門繪製。這些地圖用墨水繪製在羊皮紙上，配有各種插圖，色彩鮮艷，製作考究，價格不菲。

在這部世界地圖集中，就有一幅西班牙人引以為傲的《麥哲倫船隊環球航行圖》。它是第一幅在世界地圖上繪出麥哲倫船隊環球航行綫路的航海圖，大約繪製於 1544 年。此圖特色是用長長的綫條清楚地標出了麥哲倫船隊環球航行的全部路綫。但圖上沒有研究帆船的人想看到的帆船。

不過，亞伯拉罕·奧特里烏斯1589 年再次出版的《世界概觀》（首版

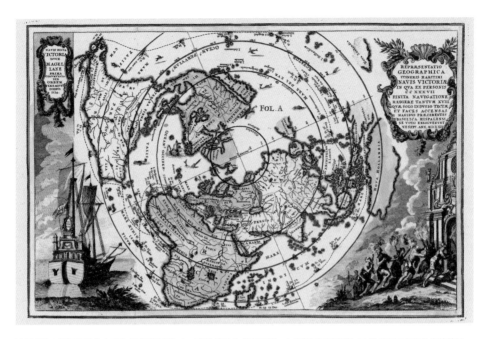

這幅"從北極視角描繪麥哲倫環球航綫圖"中，既描繪了維多利亞號，也描繪了回到家的 18 位幸存者奔向教堂的情景。

為 1570 年）時，收入了馬里斯·帕奇菲奇（Maris Pacifici）1567 年左右繪製的《太平洋地圖》，此圖為了向麥哲倫的偉大航行致敬，特在太平洋中央畫了一條船，前邊還有個小天使為其領航，一群飛魚躍到了船上……它就是唯一幸存下來的維多利亞號。在這艘偉大的船邊，作者還刻了一首詩：

我第一次用帆環繞世界，

攜帶你，領袖麥哲倫，通過新海峽。

因此，我理直氣壯地叫維多利亞（勝利的意思）。

以帆為翼，我與大海戰鬥，帶著戰利品，那是我的榮耀。

地圖上寫詩是極少見的，平添了一些人文趣味。當然，圖中最重要的是新航海信息。此後一段里間內，麥哲倫環球航綫都是全景化世界航海圖描繪的熱點，一直到 1700 年左右，耶穌會會士謝勒·海因里希（Scherer Heinrich，1628—1704）還繪製了一幅"從北極視角描繪麥哲倫環球航綫圖"。這是一個全新的環球航行的視角，雖然南北方向的大陸與海洋被壓扁了，但幾塊大陸的關係得以俯視，也是有趣的事。更有趣的是地圖上的插圖，左邊描繪了唯一回到西班牙的維多利亞號，圖右邊描繪了返回家園的 18 位幸存者，懷著感恩的心情跑到塞維利亞教堂禮拜的場景。

「南蠻貿易」船

日本屏風畫中的葡萄牙商船

　　克拉克探險船維多利亞號並不很大，因為它的任務是探險，不是運輸，但東印度航路開闢後，克拉克船又有了升級版，即專們從事遠洋貿易的排水量 500 噸左右的、當時的"大型"商船。這種克拉克商船載貨量大，經得起跨洋航行的大風大浪。葡萄牙人正是駕著大克拉克商船進入了東亞貿易圈……販運回去的中國瓷器，因此被稱作"克拉克瓷器"。

　　古代日本在許多方面學習中國，連狂妄自大也從中國學來了——"南蠻"本是中原文明對南方不同文化族群的歧視稱呼，後推而廣之，對外國人也稱"蠻"——日本也學此稱呼，將南洋諸島稱"蠻"，推而廣之，也將活躍在南洋的葡萄牙、西班牙等世界一流海洋強國稱"蠻"，與

狩野內膳的《南蠻貿易》屏風畫，左屏。

其貿易遂稱為"南蠻貿易"，其船稱為"南蠻貿易船"。

最先進入日本的西方之"蠻"是葡萄牙。1511 年葡萄牙人打通了馬六甲航路後，一方面，侵佔香料群島，另一方面，開始探索與中國和日本的貿易可能。因明朝廷實行海禁，他們就尋求與琉球貿易，但琉球人得知葡萄牙船隊攻擊並佔領馬六甲，拒絕與他們交易。1543 年，可能是由中國海商帶路，葡萄牙人來到日本南部的種子島。在這裏葡萄牙與日本做了最初的、也是最有影響的貿易 —— 西式火繩槍，日本由此步入熱兵器時代。

當時忙於內戰的織田信長與豐臣秀吉政權都對南蠻貿易表示認可。1550年，葡萄牙商船在松浦隆信領下的平戶建立了貿易點。1561 年葡萄牙人將貿易據點遷往長崎。日本畫家狩野內膳的《南蠻貿易》（亦稱"南蠻渡來圖"，也有類似的畫叫"南蠻人來朝之圖"）六屏風畫（一對，十二屏），略帶喜劇風格地描繪當時長崎的貿易場景。

狩野派是日本歷史上的一個宗族畫派，也是日本繪畫史上最大、實力最強勁的畫派，主要服務於將軍和武士階層。狩野內膳是狩野派的代表人物，是豐臣家族的御用畫師。這幅《南蠻貿易》是其傳世名作，由於描繪的是東西方貿易，亦受西方追捧。在里斯本古典藝術博物館，筆者看到當年不知名畫家狩野內膳所作的一對《南蠻貿易》對屏仿品（只有個別細節略有不同），仍被當作寶物收藏並展示。狩野內膳的屏

狩野內膳的《南蠻貿易》屏風畫，右屏。

風畫《南蠻貿易》當年創作了幾個版本，說不清楚，只知道除了日本神戶市立博物館收藏的原件外，2011年3月在紐約佳士得拍賣中，還有一對狩野內膳《南蠻貿易》對屏，以478萬美元成交，創造了當時日本古畫拍賣紀錄。

狩野內膳這對屏風畫，主要是表現了東西方海上貿易的特殊歷史場景。前一幅"入港圖"，描繪的是葡萄牙克拉克帆船在印度裝載著印度珍寶，萬里迢迢運到日本，由西方傳教士收貨，然後再與日本人交易。後一幅"出港圖"，講的是葡萄牙克拉克帆船載著從日本購入的貨物，高高興興地離開港口的場面。文獻記載，當時葡萄牙人將槍支、生絲、綢緞和南洋香料運進日本，在日本換取白銀、銅、漆器和刀劍等。

此時的長崎是最早信仰基督教的大名大村純忠的領地。1570年大村純忠將長崎開放為對外貿易港，一些不滿松浦氏待遇的葡萄牙商船遂將貿易點從平戶移到長崎港，使長崎港逐漸發展起來。狩野內膳的《南蠻貿易》對屏，正是這一階段長崎貿易繁榮的真實寫照。

《南蠻貿易》屏風畫中的南蠻船都有高大的艏樓和艉樓，側看船身類似一個"U"型，是典型的克拉克商船。狩野內膳筆下的克拉克商船都畫成了黑色。1543年葡萄牙商船到達日本時，因船體烏黑，即被日本人稱為"黑船"；後來，1853年美國佩里船長駕著蒸汽明輪船來到日本，也被稱為"黑船"；兩次"黑船"來航，都深刻地影響了日本社會的歷史走向。

狩野內膳的《南蠻貿易》屏風畫中，最顯眼的就是載重量較大的三桅和四桅的克拉克大帆船，它是一種專門為遠洋貿易而發展出來的大商船，差不多是當時葡萄牙航行最遠的貿易船了。進入1550年代，葡萄牙已有了排水量900噸的海上"巨獸"；但這種克拉克船不僅成本高，而且重心太高，巨大船樓會導致被風拖著走的危險，不適合跨洋遠航。至少有三艘這樣的超級克拉克船，在南部非洲海岸消失了。其中，最大的失事克拉克船排水量已達到1000噸，此船建造於1556年，沉沒於1559年。

艏艉樓過高的"U"型克拉克大帆船，到了不得不改革的時候了。

像克拉克船取代柯克船一樣，克拉克船最終也被新型船所取代，這種革命性的帆船叫蓋倫船。

長久以來，西班牙一直說蓋倫船是他們的創造，人們也一直用"西班牙大帆船"來指稱這種船。不過，有證據表明葡萄牙先行一步，創造出蓋倫船。至少葡萄牙第四任印度總督若昂·德·卡斯特羅（João de Castro）在 1541 年左右編撰的《葡萄牙艦隊圖錄》中就已描繪蓋倫船的插畫，這是目前可以看到的最早的蓋輪船的歷史圖像。

這個若昂·德·卡斯特羅，曾是葡萄牙著名數學家和地理學家 P·努內斯的學生。畢業後參軍，在北非生活了近 20 年。1538 年乘船去印度西部，參加了葡萄牙軍隊與奧斯曼、印度聯軍的戰鬥。1540－1541 年，他經紅海到達蘇伊士，此間他編寫了航海著作《葡萄牙艦隊圖錄》。

葡萄牙人若昂·德·卡斯特羅 1541 年左右編撰的《葡萄牙艦隊圖》，明確了蓋倫船（右上）、克拉克船（左上）、卡拉維拉船（右下）和加萊船（左下）之間的區別。

2018 年，筆者在澳門海事博物館參觀時，看到了重新出版的對開本《葡萄牙艦隊圖錄》。

在這本書的"葡萄牙無敵艦隊圖"中，可以看到當時葡萄牙派往印度洋的部分艦隊，圖的左側畫面似乎要講清楚那個時代帆船的巨大變化，特別描繪了時代更迭中同時存在的幾種帆船。顯然，蓋倫帆船是這個圖錄要突出表現的新帆船，同時也明確了蓋倫船（右上）、克拉克船（左上）、卡拉維拉船（右下）和加萊船（左下）之間的區別。

"蓋倫"在西班牙語為"galeón"，在英語為"galleon"，人們通常將它翻譯為蓋倫帆船，也譯加利恩帆船。它如同"佛蓋特"（frigate，護衛艦）、"布里格"（brig，雙桅船）一樣都是中世紀出現的船舶詞彙。當時都是指某些特定的加萊排槳船（galley）。在 12—13 世紀的《熱那亞編年史》中，將 80、64 和 60 槳快速戰船和探險船都稱為"蓋倫"。一直到 16 世紀，法國弗朗索瓦一世下令建造一批新戰船，其文件還是將加萊槳帆船（galères）和蓋倫拿屋船（galions-nefs）混用。以致後世無法弄清在 16 世紀早期，法國人的"蓋倫"與伊比利亞人的"蓋倫"有著什麼不同的定義。

不過，16 世紀後半葉，"蓋倫"的意思逐漸清晰起來，特指伊比利亞和西北歐等海洋強國所發展出的純粹風帆動力船，而不再指稱槳帆船了。新蓋倫帆船吸取了卡拉維拉船型與克拉克型帆船

大英博物館收藏的 1583 年製作的黃金蓋倫船模。

維也納藝術史博物館收藏的 16 世紀下半葉製作的銀製蓋倫船模。

的優點，在適航性能與載重性能方面更為出色。

新型的蓋倫船突出的特徵是，降低了前船樓，並被移至船首後部，艉樓很高。早期的蓋倫船是四桅，前面兩桅掛橫帆，後兩桅掛三角帆，後改為三桅，有多層統長甲板。同時，還用方形的平船艉，取代了克拉克船的圓形船艉。這樣的新設計使船型相對狹長，航速較快，在逆風中操控性極佳。歐洲人將它廣泛用於洲際貿易和海戰。

16 世紀後半葉的木製蓋倫船模，沒有保存至今的，但在大英博物館和維也納藝術史博物館，筆者發現了幾件16 世紀後半葉的金、銀蓋倫船模型。這些模型也可以看作是當年最精細的藝術作品，是難得的歷史圖像，記錄了早期蓋倫船的寶貴信息。

英國國家航海博物館的蓋倫船金模型擺在了時鐘展區裏，因為它本質上是一架半自動的音樂盒和鬧鐘。這架蓋倫大帆船模型，其船殼由黃金打造，船上安有三個彈簧傳動裝置，一個用於操作鐘錶，一個用於操作音樂，一個用於操作船底的小輪子。

這艘金殼蓋倫船船模，顯然不是為建造大船而製作的，它的功用是在宮廷聚會中宣佈宴會開始：先是船內彈奏出動聽的音樂，同時，船上小人偶會隊列敲鼓行進；而後，金殼船要在大長桌上

"航行"；當它停下來時，船頭加農炮會自動點燃一根導火綫，引燃船上其他的火炮，"轟、轟"的炮聲告訴來賓——宴會正式開始了，皇室的榮耀與歡樂都同這條船聯繫在一起。

維也納藝術史博物館有一艘黃金打造的蓋倫船船模和一艘白銀打造的蓋倫船船模，這兩個船模都不是半自動的音樂盒一類的船模，而是純粹的藝術品。這一金一銀的蓋倫船模，其主桅上都有是神聖羅馬帝國雙頭鷹旗幟，船模的纜繩都是銀綫和珍珠鏈製成……可以推想，新型蓋倫船橫空出世的年代，它在歐洲大陸外面的英格蘭和統治著歐洲大陸的神聖羅馬帝國，都享有極為尊貴的地位。

事實上，16 世紀下半葉歐洲各航海大國都著手改進克拉克帆船，以提高航速和操控性。英格蘭、西班牙、法國、丹麥與荷蘭都發展出各自獨有的設計。蓋倫帆船大體上被分為 3 種具有代表性的尺寸建造：小型（排水量100—400 噸），中型（排水量500—800 噸），以及大型（排水量900—1200 噸）。大帆船的製作與裝潢，主體部分漆為深色，邊角和船樓繪有亮麗的色彩，邊緣有時會鑲嵌金屬。其後，還要為大船進行"洗禮"，即命名儀式，重要的大帆船一般以聖人和聖女或其他宗教人物命名。

「珍寶船隊」

跨越大西洋與太平洋的「蓋倫航綫」

西班牙人一邊在美洲瘋狂掠奪，一邊"創造性"地開闢了一條新航綫：從墨西哥出發，利用東北季風，南行抵達菲律賓，再從菲律賓利用西南季風北上，而後順著黑潮經日本，再向東航行至美洲，最後又回到墨西哥的特殊航綫。西班牙人利用這條航綫，把在美洲掠奪的白銀帶到菲律賓，在這裏換成絲綢、瓷器、香料後，而後將

《塞維利亞城瓜達爾基維爾河上的造船廠》，西班牙畫家科洛大約繪於 1576 年。

這些商品運回墨西哥；再從加勒比海跨大西洋，最終回到西班牙的塞維利亞，這個泛著金光的港口。由於這條航綫上使用的都是蓋倫大帆船，它被稱為"蓋倫航綫"。

因為看了西班牙畫家阿隆索·桑切斯·科洛（Alonso Sánchez Coello）大約於 1576 年間繪製的《塞維利亞城瓜達爾基維爾河上的造船廠》，筆者到塞維利亞考察時，特別選在夕陽西下時去看仍然健在的黃金塔，一點一點走

入 16 世紀後半葉瓜達爾基維爾河的畫面……河中央加利槳帆船還在像蜈蚣一樣"爬行"，河岸已是一派熱火朝天的造船工地，那艘斜躺在河邊基本完成船殼的大船和幾艘已完成塗裝的大船，都是西班牙當時最需要的大帆船——蓋倫船。

這種新蓋倫帆船的長寬比一般為 4：1，比老式的克拉克帆船和卡拉維拉帆船更為修長，其速度和靈活性都大為提高。從畫中可以清楚地看到蓋倫帆

船的一項重大改進，就是將克拉克帆船渾圓的船尾改為窄長的方平船尾。這樣不僅增加了船速，而且可以支撐更大的艉樓。

西班牙人為何要突擊建造這麼多的蓋倫帆船呢？此時，西班牙人在美洲已建立了許多殖民地，那裏的大量財寶等著更大的帆船將其運回國。當時西班牙用的蓋倫帆船主要來自葡萄牙，後來，西班牙大力發展自行製造的蓋倫大帆船。

從 1522 年塞維利亞的貴族們懇求西班牙國王為大西洋航運提供保護之後，1526 年卡洛斯一世（也就是神聖羅馬帝國的查理五世）開始提供到新大陸的定期護航。每年 8 月，從塞維利亞到北美大陸，4 月到新西班牙（墨西哥）。隨著加勒比海盜的日益猖獗，由原來每個船隊提供一艘軍艦作為旗艦，到 1555 年每個船隊的護航軍艦上升到 4 艘。

1545 年，西班牙殖民者在秘魯的波托西（今玻利維亞）找到當時世界上最大的銀礦，西班牙有了重要的貿易資本，跨洋貿易越做越大，西班牙的蓋倫大帆船也慢慢發展成運送財寶的武裝商船，被稱為"珍寶船隊"。

1550 年時，西班牙"珍寶船隊"

只有 17 艘船，到了 16 世紀末已有超過 50 艘蓋倫大帆船。"珍寶船隊"一般由富有海上經驗的貴族擔任指揮，艦隊有一個監督官代表國王的利益，以及一名書記官記錄所有登船貨物的移動。每艘船的船長都是行政和軍事的雙重首長。如果是秘魯—西班牙航綫的運銀船隊，則旗艦必須搭載一名西班牙商貿院指定的掌銀官，並且在每艘船上配屬一名押運官，而"珍寶船隊"就是由西班牙商貿院在塞維利亞組建。

1580 年葡萄牙皇室姻親被併入西班牙（直到 1640 年才擺脫西班牙統治），使其大帆船的隊伍更加壯大，到了 1588 年西班牙組建無敵艦隊時，已經擁有 10 艘左右排水量 800—1000 噸的大蓋倫帆船。後來，西班牙運送財寶的船隊中，甚至使用了排水量 1200 噸的大船。

西班牙為運送財寶的船配備了比歐洲其他國家更多的士兵，通常會有 125 名士兵登船。一般只有 20—30 名水手的加勒比海盜船，並不是西班牙財寶船的重大威脅，最主要的防範對象是英格蘭和荷蘭私掠船，這些私掠船的大小和西班牙蓋倫帆船不相上下，往往配有比西班牙更多的士兵和火炮。正是他們直接引出了打劫"珍寶船隊"的著名故事。

科尼利斯船隊

荷蘭「海上馬車夫」前傳

　　1570 年代，荷蘭人掙脫西班牙統治獨立後，其海上運輸業異軍突起，商船總運載量大約相當於法國、德意志和英格蘭船隻運載量的總和。同時，荷蘭造船技術、造船量也位居歐洲第一，而且造價比英格蘭低 1/3 到 1/2，可以進行規模生產，歐洲許多國家放棄自行建造船隻，改由向荷蘭訂購。

　　脫離了西班牙統治、壟斷了北大西洋和波羅的海物流轉運生意的荷蘭，並未安於現狀，進而與葡萄牙爭奪東方市場。1595 年 4 月 2 日，"第一支東印度探險隊（也稱科尼利斯探險船隊）"駛離了荷蘭北部特賽爾港（Texel），駛向東印度群島。

　　科尼利斯探險船隊的領導者是科尼利斯‧德‧霍特曼（Cornelis de Houtman），他與另外幾個阿姆斯特丹合夥人組建了"遠方公司"（Far-Distance Company），為這次探險派出了 4 艘帆船組成的首航東印度群島的船隊。

　　眾所周知，繞過好望角進入印度洋和太平洋的東方航綫是葡萄牙人開闢的，這條發財之路不僅嚴格保密，而且嚴禁其他國家船隻進入。這一點，荷蘭人自然知道，所以他們派出商業間諜到阿姆斯特丹刺探東方航綫的情報，不幸的是間諜後來被扣押。不過，葡萄牙人口少，海洋貿易需要引進各國人才，因此荷蘭商人范‧林斯霍滕（van Linschoten）謀到了印度果阿大主教秘書的職位。他在果阿"臥底"兩年，收集了大量葡萄牙在東方進行香料貿易的信息。1594 年返回了荷蘭老家的林斯霍滕將搜集到的東方情報寫成一部《葡萄牙東印度水路志》，並公之於眾。這些信息對荷蘭人的東方探險與擴張起到了關鍵作用，范·林斯霍滕的好友製圖家普蘭休斯根據這些信息，為科尼利斯探險隊繪製了東印度航海圖。

17 世紀的插畫家威拉德·漢娜（Willard Hanna）為《巴厘島紀事》（Bali Chronicle）創作的插畫《科尼利斯·德·霍特曼船隊》（Fleet of Cornelis de Houtman），為後世留下了荷蘭人首航東印度船隊的身影。這幅頗為紀實的版畫，從左到右依次標注出了四艘探險船的船名："Duyfken"（白鴿號）、"Amsterdam"（阿姆斯特丹號）、"Mauritius"（莫里斯號）和"Hollandia"（荷蘭雄獅號）。其中，乘風破浪跑在前面的是快船白鴿號，它後邊的是阿姆斯特丹號，船上掛著阿姆斯特丹有三個"XXX"的市旗。畫中的三艘大帆船都是蓋倫船，早期蓋倫船標誌性的斜首檣上都有個小立檣。這種船低船艏、長船身，比克拉克船小，造價也低，適於遠洋航行，也更符合荷蘭海上競爭的低成本、多運力、價格低的競爭策略。如果細看，還會發現這些商船上皆開有炮窗，荷蘭人已估計到了東方航綫的危險，用的都是配有炮火的商戰兩用船。

最初的"海上馬車夫"沒有世人想像得那麼風光，他們遭遇的多是風險。這個探險船隊在 473 天的漫長航行中，經歷了長達 112 天的絕望漂流、船員嘩變和武裝鎮壓，總算到達了傳說中的大爪哇。以科尼利斯為首的荷蘭商人們，

17 世紀的插畫《科尼利斯·德·霍特曼船隊》。

向萬丹的蘇丹（穆斯林國王）展現和平貿易的誠意；但蘇丹身邊有葡萄牙顧問把持交易，價格自然不如預期，暴躁的科尼利斯與蘇丹發生了爭執。商業爭執很快變成了萬丹海戰。配有大炮的荷蘭船隊輕鬆打敗萬丹守軍，但卻輸掉了萬丹人對他們的信任，沒人願意跟他們做生意。

科尼利斯離開萬丹，繼續往東探索，尋找傳說中的馬魯古群島，以及其他願意與他做生意的蘇丹。在香料群島科尼利斯不但沒有找到貿易夥伴，還遭遇爪哇人的突襲，損失了阿姆斯特丹號。1596 年的聖尼古拉斯節（每年的12 月 6 日）前夕，一名船長離奇溺死，科尼利斯被指控涉嫌謀殺，海上議會剝奪了他的領導權，船隊亦決定返航。

1597 年 8 月 14 日，在外漂泊了兩年四個月後，科尼利斯探險船隊終於回到母港 —— 特賽爾港。此時，船隊只剩下莫里斯號、荷蘭迪亞號和白鴿號，出發時的 248 名水手，僅有 89 人活著返回故里，連首席領航員凱舍（Keyser）也不幸客死他鄉。

從收益上說，荷蘭人第一次東印度探險僅獲得了 80000 佛羅林的利潤，勉強損益兩平。但是，這個開創性的航行叩開了東方貿易之門，荷蘭人知道了胡椒在香料群島的價格，比印度生產的還要便宜，是葡萄牙人賣給歐洲人的十分之一；一條滿載而歸的胡椒商船，可以為公司帶來三倍甚至更高的投資報酬。這次航行在很大程度上預示著葡萄牙東方貿易霸權的瓦解。接下來的幾年裏，荷蘭各地成立了十幾家遠洋貿易公司。1602 年，荷蘭整合了多家遠洋貿易，組合成了著名的荷蘭東印度公司。從此，掛著三色旗、親王旗的荷蘭商船開始頻繁出入東印度群島，並贏得了“海上馬車夫”的美名。

金鹿號

「皇家海盜」德雷克的環球打劫之旅

"蓋倫航綫"是一條讓西班牙享受財富的航綫，也是讓英格蘭妒忌得肝火上升的航綫。美洲當時受最先發現新大陸的西班牙人控制，他們封鎖大西洋美洲沿岸，甚至另一邊的太平洋也變成了西班牙的私海。

1559 年，伊麗莎白一世正式繼承王位，這位女王以為英格蘭海盜頒發 "私掠許可證" 的特殊政策，挑戰西班牙的海上霸權。其中，有一位名留史冊的領軍人物 —— 弗朗西斯・德雷克，還有一艘名留青史的蓋倫帆船 —— 金鹿號，值得一說。

先説説德雷克。這位出生於英格蘭德文郡農民家庭的孩子，10 歲出海，17 歲當上船長。1572 年，32 歲的德雷克懷揣伊麗莎白女王簽發的 "私掠許可證"（頒發海上打劫證，早在亨利五世、六世時代就開始了），率領表兄霍金斯出資購置的兩艘武裝商船和 70 多名水手，進入加勒比海，開始了他的私掠生涯。在 1572 年到 1574 年的美洲遠征中，他多次襲擊西班牙 "珍寶船隊"，奪得幾萬磅金銀財寶，成為英格蘭的英雄。

1577 年嘗到打劫甜頭的德雷克，再次從英格蘭出發，這一次他目標明確：經過麥哲倫海峽，到南美的西海岸對西班牙港進行劫掠，最後通過北極圈西北航路返回英格蘭。除最後一項任務以外，可以說，他勝利完成了所有任務。

由 5 艘船組成的德雷克私掠船隊進入美洲後，沿美洲東岸一路打劫西班牙商船。西班牙人迅速派船一路南追，德雷克駕船南逃，受大風的影響，他的船沒有進入麥哲倫海峽，而是向南漂去，意外地繞過了美洲大陸最南端，進入了太平洋，發現了合恩角和後來以德雷克之名命名的海峽。

人們一直認為，麥哲倫海峽以南是傳說中的南方大陸，德雷克的這次航行，向世人宣告"傳說中的南方大陸並不存在"。當然，德雷克自己也不知道，他穿過了世界上最寬、最深的海峽。後世測量表明，德雷克海峽寬度達970公里，最大深度為5248米，所以，人們想到天盡頭海底打撈當年沉沒財寶船的夢想，至今沒能實現。

1580年9月26日，德雷克回到普利茅斯，成為第二個環球航海家，也是第一個活著回來的環球航海家。德雷克1577年從英格蘭出發時是5艘船，進入太平洋時僅剩下旗艦，為了紀念這艘唯一幸存的船，德雷克將它更名為金鹿號（Golden Hind）。因為此船贊助人英格蘭政治家、大法官海頓爵士的家族紋章是一隻金鹿。

接下來說說金鹿號。一種資料稱，此船始建於法國，後被英格蘭的霍金斯家族購買，當時它不叫金鹿號；另一種資料稱，金鹿號於1567年在英格蘭的普利茅斯下水首航，最初叫做鵜鶘號（Pelican）。不論哪一個說法，都證明金鹿號原本不叫金鹿號。

金鹿號沒留下原始圖紙，倫敦科學博物館復原金鹿號船模技術數據為：總長22.88米，寬5.80米，排水量100—150噸，繫3桅；前桅和主桅撐橫帆；後桅撐三角帆，斜杠帆。每一舷側各裝載有7門4磅炮，在船首與船尾部的炮位各擁有2門2磅炮。船上定員約80人左右，屬早期英格蘭蓋倫船（比西班牙蓋倫船小很多）。

據傳，金鹿號帶回的財寶價值16萬英鎊，這個數字相當於英格蘭政府一年的收入，在還清所有債務之後，仍然有4萬英鎊剩餘。金鹿號為其投資者帶來每1英鎊獲得47英鎊的收益。作為資助者之一，女王也得到了她的紅利。所以，1581年4月，伊麗莎白一世親自登上金鹿號，賜德雷克皇家爵士頭銜（此後，德雷克名字中多了一個"Sir"，但它不是公、侯、伯、子那樣的爵位，不能世襲，只是極大的榮譽），9月德雷克成為普利茅斯的市長。不過，德雷克在西班牙則有另一種"頭銜"——"El Draque"，就是"龍"的意思。這可不是李小龍、成龍的那個英雄之龍。西方的龍，通常代表著惡魔。

金鹿號的環球航綫很長時間沒有繪在航海圖上。大航海時代是一個注重發現的時代，也是一個注重保密的時代。伊麗莎白女王頒佈命令，禁止參與過此次航海行動的任何人繪製相關航海圖。這個重要航道還留著給德雷克在南美打劫專用呢。這是德雷克海峽很晚才在航海圖上出現的歷史原因。

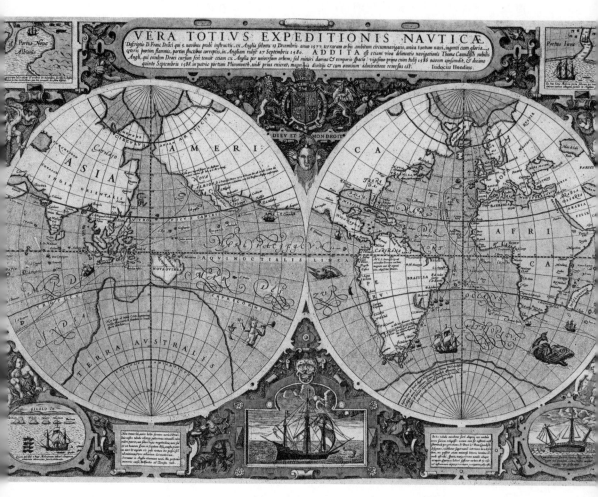

洪第烏斯 1590 年繪製的《世界地圖》畫了五個時間節點的金鹿號，也是此船唯一的歷史圖像。

1589 年，也就是德雷克第一次環球航海回到英格蘭 10 年之後，著名製圖家吉哈德斯·墨卡托的孫子墨克·墨卡托（M. Mercator）把德雷克環球航行路綫製成了銀牌航海圖，這是個直徑 7 厘米的圓形銀牌飾品。1590 年，佛蘭德斯的年輕雕刻工、製圖家洪第烏斯製作了一幅全新的雙球世界航海圖，此圖描繪環球航行的兩條航綫，即德雷克 1577 年到 1580 年間環繞地球航行的路綫，和托馬斯·卡文迪什 1586 年到 1588 年間的再次環繞地球的航綫。這幅航海圖首次以全球的視角描繪了繞過美洲的新航綫。該圖最早於 1590 年倫敦出版，後於 1595 年前後在荷蘭再版。據説洪第烏斯當年在倫敦期間，曾同德雷克有過頻繁交往。

有趣的是受伊麗莎白女王登船歡迎德雷克的影響，人們都來參觀金鹿號，這些觀眾中就有地圖製作大師洪第烏斯，他把這艘令他終身難忘的金鹿號繪在了新版雙球《世界航海圖》上，在地圖的中部與四角都繪有金鹿號裝飾圖案，四角分別是金鹿號在摩鹿加群島（圖左下）、西里伯斯島的暗礁群（圖右下）、開始返航的爪哇島（左圖上），以及加利福尼亞港（圖右上）。此圖是金鹿號留存最早的圖像記載。

1596 年 1 月 28 日，德雷克在西印度征戰途中，因痢疾病逝於巴拿馬。伊麗莎白一世下令將金鹿號保存在位於倫敦東南的皇家德普福德船廠，但用以保存該船的船篷始終沒有建立起來，金鹿號在那裏停放了將近 100 年，1660 年因腐爛而報廢了。20 世紀，英格蘭人復建了金鹿號，船頭雕有金鹿，船尾繪有金鹿。其實，原來的金鹿號沒有這些塗裝與裝飾。

歌德在《浮士德》中，曾通過靡非斯特説出“戰爭、貿易、海盜三位一體，不可分割”這句名言。歌德沒有注意到德雷克私掠活動的“副產品”，否則他會將這句名言修正為“戰爭、貿易、海盜和發現，四位一體，不可分割”。這正是後人不斷複製金鹿號仿古船，要展示的歷史複雜性。

在駛往新大陸的諸多帆船中，有兩艘改寫了歷史：一是西班牙的克拉克帆船聖利瑪亞號，哥倫布指揮它發現了美洲；二是英格蘭的蓋倫帆船五月花號（The Mayflower），它在某種意義上締造了一個新國家──美國。

1882 年美國海洋畫家威廉·哈爾索爾（William Halsall）畫了這幅著名的《五月花號在普利茅斯港》（現藏美國馬薩諸塞州普利茅斯朝聖館），畫中停泊在積雪與浮冰中的五月花號，是一艘 3 桅的英格蘭蓋輪船，後世估算它長 28 米，寬 7.6 米，吃水 3.35 米，排水量 180 噸，大約擁有 25 名船員，可以搭載 100 名左右的乘客。1620

《五月花號在普利茅斯港》，哈爾索爾 1882 年繪製。

年9月6日，它載著以清教徒（屬基督教新教的一個派別）為主的102名英格蘭移民由普利茅斯啟航，於11月21日到達美洲達科德角，即鱈魚角（今美國馬薩諸塞州普羅文斯敦），新移民將這裏稱作普利茅斯。

此前，1607年5月，倫敦弗吉尼亞公司曾將一批英格蘭清教徒送到北美弗吉尼亞（Virginia，意為"處女地"，以歌頌當時"把貞操獻給國家"的伊利莎白一世），建立了名為詹姆斯頓（以表達對國王詹姆斯一世的敬意）的定居點。這是英格蘭在北美大陸上設立的第一個殖民地，也是其在海外建立的第一個殖民地。

1608年8月，又一批英格蘭清教徒來到荷蘭，這批分離主義派清教徒是清教中最激進的一派，由於受英格蘭國教（即盎格魯教會，或主教會、基督新教三個原始宗派之一）的殘酷迫害，其中一部分教徒決定遷居北美，並與倫敦弗吉尼亞公司簽訂移民合同。1620年9月16日，這批分離主義清教徒和另外一批工匠、漁民、貧苦農民及契約奴，在牧師布萊斯特率領下乘五月花號前往北美。

說五月花號創造歷史，並非指它66天有驚無險的航程，而是指這艘船上的移民在登上新大陸之前，於船艙中簽署的那份規範未來生活的"公約"：

"以上帝的名義，阿門。我們這些簽署人是蒙上帝保佑的大不列顛、法蘭西和愛爾蘭的國王——信仰和捍衛者詹姆斯國王陛下的忠順臣民。為了上帝的榮耀，為了增強基督教信仰，為了提高我們國王和國家的榮譽，我們漂洋過海，在弗吉尼亞北部開發第一個殖民地。我們在上帝面前共同立誓簽約，自願結為一民眾自治團體。為了使上述目的能得到更好的實施、維護和發展，將來不時依此而制定頒佈的被認為是這個殖民地全體人民都最適合、最方便的法律、法規、條令、憲章和公職，我們都保證遵守和服從。據此於耶穌紀元1620年11月11日，於英格蘭、法蘭西、愛爾蘭第十八世國王暨英格蘭第五十四世國王詹姆斯陛下在位之年，我們在科德角簽名於右。"

這部"公約"後來被越來越多的北美移民社區採用，成為英格蘭移民締造政治社會的模範。正是這份強調平等、自由、自治的"公約"，為美國的最終獨立埋下了種子。所以史家稱其為美國歷史上第一份政治性契約，美國幾百年根基就建立在這短短幾百字之上，信仰、自願、自治、法律、法規⋯⋯幾乎涵蓋了美國立國基本原則，其意義可與英格蘭《大憲章》、法國《人權宣言》、美國《獨立宣言》相媲美。有人甚至認為，這一"公約"是陸地法向海洋法過渡的古老"海洋法"的代表。

這都是後話。其實在 1793 年之前，它不叫"五月花號公約"，而被稱為"協會合同"。外國人重視美國歷史，是在法國人托克維爾 1840 年出版《論美國的民主》之後；美國人重視自己的歷史，是在南北內戰平定之後。

1863 年在賓夕法尼亞出生的讓·萊昂·傑羅姆·菲利斯（Jean Leon Gerome Ferris），從小就喜歡畫畫，後來考取了賓州藝術學院。在整個國家都宣揚"美國夢"的氣氛中，他選擇了歷史畫為自己的創作方向，到 1895 年時，菲利斯已獲得了歷史畫家的聲譽，開始創作規模宏大的系列歷史畫。

1899 年菲利斯創作的《五月花號簽署公約》，大約基於這樣的背景："五月花號公約"最權威的記載莫過於牧師威廉·布萊福特（他是"公約"的起草人）的北美最早的編年史《普利茅斯墾

《五月花號簽署公約》，菲利斯 1899 年繪製。

殖記》(*Of Plymouth Plantation*)。1621年，布萊福特接替死去的第一任總督約翰·卡弗成為普利茅斯殖民地的第二任總督，連選連任三十年之久。他的外甥默頓在這本書的基礎上寫成了後來流傳甚廣的《新英格蘭回憶錄》。美國獨立戰爭期間，這本書流入英格蘭，經過長達幾十年的外交努力，官司驚動了維多利亞女王。最終，這本關於美國童年或起源的書，才於 1897 年由一個宗教法庭判給美國。此書"回歸"時，波士頓舉行了隆重的慶祝儀式。

菲利斯的《五月花號簽署公約》是表現這一題材的較早作品，也是最精彩的一幅。

此畫還原了當年的簽約場景，船艙畫得高了一些，差不多兩米了。實際上這種小蓋倫船，其船艙通常僅有 1.5 米高。當時的船艙擠滿了從英格蘭帶來的狗和家禽等，但畫中沒有表現。人們猜測畫中人物，應當有普利茅斯殖民地第一任總督卡弗、第二任總督布萊福特和第三任總督愛德華·溫斯洛。當時，船上有 41 名成年男性乘客簽了字，立在畫中的女人只能是旁觀者，那時婦女還沒有政治權利，乘客中有一半的人登陸不到半年都相繼死去。

菲利斯畫完這幅畫，並不急於出售它，而是先出售了它的複製權，出版公司可以依此製作印刷品、明信片、日曆等出版物。五月花號的故事就這樣走向了世界。正如托克維爾所言："考查一個民族的成長，應當追溯它的過去，應當考察它在母親懷抱中的嬰兒時期，應當觀察外界投在他還不明亮的心智鏡子上的初影。"

奮進號與決心號

庫克三次太平洋探險的偉大航程

在世界航海探險史冊中，英國屬後來者，想將自己描述成海上強國，需要一個無愧於前人的偉大領航者。好在上帝為英國準備了一個詹姆士·庫克，兩百多年來他一直被當作大英帝國的海上圖騰……庫克的名聲來自 12 年間的三次探險航行：第一次是 1768—1771 年；第二次是 1772—1775 年；第三次是 1776—1780 年。當然，第三次庫克沒能回來，他在與夏威夷土著的衝突中被殺……

在講述庫克的探險故事時，許多文章都會説："1728 年 10 月 27 日，庫克出生在約克郡的馬頓（Marton，今米德爾斯伯勒市郊）的一個貧苦農民家庭裏，在家中八名兄弟姊妹中排行第二……"其實，農民出身並沒有給他帶來什麼苦難，他恰好趕上了"英雄不問出處"的時代。

1745 年，18 歲的庫克來到約克郡的惠特比（Whitby）海港小鎮。18 世紀以來，隨著英國東海岸航運的繁榮，這裏成為重要的補給港，並出現了許多造船廠。惠特比產煤（世界優質煤精的主要產地），所以這裏有許多運煤的船商。庫克正是在這裏跟隨沃克（Walker）兄弟的運煤船，開始他的航海生涯（沃克兄弟的故居在 1986 年被改建為庫克船長紀念博物館），3 年後成為大副。

1755 年庫克加入皇家海軍，參加了英法七年戰爭。這個經歷對於皇家海軍來説並不重要，皇家海軍將他當作探險人才使用是看中他 1763 年至 1767 年為參差不齊的紐芬蘭海岸測繪並製作地圖的天分。1768 年皇家海軍決定派一艘考察船赴太平洋進行科學考察，精通測繪的庫克戰勝另一位沒有航海經驗的蘇格蘭地理學家亞歷山大·達爾林普（Alexander Dalrymple）成為考察船船長的最佳人選，平民出身的庫克因此被提升為中尉，成為此次太平洋科考船的最高指揮官。

如果說"好馬配金鞍"，皇家海軍有了庫克這匹"好馬"後，剩下的問題就是配"金鞍"了。有意思的是，皇家海軍兩次為庫克選擇的"金鞍"都來自他學習航海的惠特比，那兩艘後來被稱作奮進號（Endeavour）和決心號（Resolution）的科考船，原來都是庫克最熟悉的、看上去有些笨重、但船身結構堅固的運煤船。

1768 年皇家海軍 2800 英鎊買下當時名叫"彭布羅克伯爵"號的三桅運煤帆船。這艘船有 29.8 米長、8.9 米寬，型深 3.5 米，載重量 366 噸。它有一個寬闊的平板艏，一個方形艦尾，和一個有很大空間的艦身；其平底設計使它非常適合在淺水中航行，方便裝卸貨物，也不需要幹船塢就可以進行維護。為了讓這艘運煤船適應熱帶海洋科考，皇家海軍對船身進行了改造，安裝了新的第三甲板作為火藥庫和儲藏室，新的客艙被分配給了眾多的研究學者，甲板後部的木屋是為庫克設計的，下甲板後部被分配給大副、外科醫生等人，剩下的海軍陸戰隊和船員只能在露天甲板搭建住處。此船擁有著 2777 平方米的風帆面積，可以 7—8 節的時速（約 13—15

公里）持續航行。但皇家海軍還為其配備了大、中、小各種類型的登陸艇，當船進入到無風地帶時，即可用他們拖動奮進號前進。此外，為保護科考船不受太平洋島嶼原住民的威脅，還為其配備了 10 門 4 磅炮（彈丸重約 1.8 公斤）和 12 門回轉小炮。如此一來，此船改造費用幾乎相當於船本身的造價，但它也因此完全可以承擔起跨洋科考使命。

1768 年 8 月 26 日，庫克率領被重新命名為奮進號的科考船離開英國，當天的《倫敦公報》報道了奮進號出發的消息。這天的報紙上還有一條消息說：有個叫莫扎特的少年，12 歲已被譽為音樂大師。此時，庫克已 39 歲了，誰會料到他將成為功垂史冊的大航海家呢？

表面上看，奮進號這次航行是到一年前剛剛由英國海軍上尉薩莫爾·沃利斯（Samuel Wallis）"發現"的塔希提島做"金星凌日"的天文觀測。實際上，庫克還有一個秘密任務是尋找傳說中的"未知的南方大陸"。所以，完成觀測任務後，庫克就指揮著奮進號向南駛入西風帶，但因風暴太大，最終未能接近南極大陸，加之已死去 73 人，奮進號只好返航。

不過，奮進號的這次遠航還是有許多"發現"：首次完成環繞新西蘭南北島的航行與測繪；首次完成了澳大利亞東南海岸測繪，英國人愛說成"發現"澳大利亞；為新西蘭與夏威夷之間的許多太平洋島嶼繪製地圖，給世界地圖增加了 8000 公里的海岸綫；為不少新發現的島嶼和事物命名（包括隨船科學家班克斯的一系列植物學上的偉大發現），時至今日，源自奮進號的許多地理學與植物學方面的命名仍在使用。

現在，人們能看到的最原始的奮進號歷史圖像，是庫克船長第一次航行的兩個隨船畫家留下的作品。他們是隨船考察的植物學家班克斯所帶的八位助手中的兩位，一位是蘇格蘭的植物學插畫家悉尼·帕金森（Sydney Parkinson），一位是蘇格蘭的風景畫家亞歷山大·巴肯（Alexander Buchan）。不幸的是，巴肯在塔希提島染病去世，帕金森在巴塔維亞染痢疾身亡；但他們留下的眾多插畫，包括這裏選刊的悉尼·帕金森繪製的《奮進號在大堡礁觸礁》，無不成為奮進號最偉大的遺產之一。

《奮進號在大堡礁觸礁》，悉尼·帕金森大約繪於 1770 年，現藏於澳大利亞昆士蘭圖書館。

庫克的第二次與第三次太平洋探險，其指揮船都是決心號。

決心號和奮進號一樣，也來自惠特比造船廠。1771 年皇家海軍花費 4151 英鎊購得這艘運煤船。它最初的命名為德雷克號，後來怕西班牙人感到不快，在 1771 年 12 月 25 日，改名為決心號。皇家海軍為它裝備了當時最先進的導航設備，還配備了 12 門 6 磅炮和 12 座旋轉槍。為了適應人員的增加，加高了船身中部，又增加了一層甲板。前後兩次改造，共花費了一萬多英鎊。

庫克船長的第二次航行，任務仍是尋找"未知的南方大陸"。

1772 年 7 月 13 日，決心號（118 人）與冒險號（83 人）從普利茅斯出發，於 1772 年聖誕夜抵達南極圈附近。但庫克船長花了 3 個月的時間，沒能突破附近的浮冰包圍，一直到 1773 年 1 月 17 日，決心號才駛入南極圈，成為人類歷史上首艘駛入南極圈的船隻。1773 年 12 月，決心號第二次駛入

亨利·羅伯茨留下的《決心號》的原始手稿。

南極圈；1774 年 1 月，決心號第三次進入南極圈，1 月 30 日航行至離南極洲不遠的南緯 71 度 10 分水域，創造了當時人類航行到地球最南端的紀錄。

這次航行終結了歐洲人兩千年來關於"未知的南方大陸"的假想，庫克在航行日記中寫道："我在高緯度環航，並橫渡了南大洋，從而排除存在一個大陸的任何可能，除非在航海所不能到達的極點附近。"

這次航行庫克船隊又帶了一名隨行畫家，他是倫敦風景畫家威廉·霍奇斯（William Hodges），他留下了許多珍貴的油畫與水彩畫，也畫過決心號的插畫，但是決心號最完整也最突出的"肖像"是隨行的非職業畫家亨利·羅伯茨（Henry Roberts）留下的《決心號》（約繪於 1772—1775 年）原始手稿。

庫克的第三次也是最後一次航行，任務是尋找北方航綫。

1775 年結束第二次探險回到英國後，庫克獲准從皇家海軍榮譽退役，並在格林尼治榮軍院榮任第四上校。但一心繼續航海事業的庫克還是選擇了重返太平洋，第二年，他率決心號和發現號駛向尋找"西北航道"的探險航程。1778 年 1 月 18 日，庫克船隊"發現"夏威夷群島；8 月，他們向北航行，穿過白令海峽，不久即止步於冰山林立的北緯 70 度。由此，庫克完成了從南緯 70 度到北緯 70 度，縱跨地球南北 140 度的人類歷史上的偉大跨越。這次航行證明白令海峽北邊是冰封的海洋，北極圈裏根本不存在"西北航道"。

毫無疑問，庫克是繼迪亞士、哥倫布、達·伽瑪、麥哲倫之後又一位偉大航海家。他在太平洋、南大西洋、印度洋、北冰洋和南北極圈海域的探險活動，範圍之大、發現之多，都是其他航海家無法比擬的。在他之後，這個世界確實沒有什麼更大的地理發現，除了被冰雪覆蓋的南極大陸。他完全可以被稱為大航海時代關於"發現"的終結者。

長命的槳帆船

05

誰能想到"地中海蜈蚣"（加萊船）會有 3000 年的生命力，甚至在中世紀後期，仍然能見到它的身影。這種槳帆船是最早的商船，也是最早的戰艦，自然也是商戰兩用的混合船。1570 年的勒班陀海戰是槳帆船最宏大的亮相與謝幕，這之間，也交織著真正的"軍艦"悄然崛起。

加萊船槳帆船

前邊講過，公元前 1000 多年時，地中海就有了米諾斯槳帆船和腓尼基槳帆船，沒人會想到這種船會稱霸海上近 3000 年，甚至到了中世紀後期，仍充當商船與戰船的角色。這種槳帆船後來被人們稱作 "加萊船"（galley）或 "加利船"，綽號 "地中海蜈蚣"，是一種平底槳帆船，分為商用與軍用兩種，也有的是商戰混用。

火炮誕生之後，加萊戰船在保留撞角的同時，在船頭增設了一門 4 至 6 磅的火炮，左右兩舷上下甲板，也增設了輕型炮 2 至 3 門。這種火炮很小，近乎於火銃。至 15 世紀時，加萊戰船仍是單桅，斜桁大三角帆。戰鬥時，不用船帆，完全依靠划槳動力，充分發揮自身的機動性。加萊戰船幹舷（吃水綫以上的船舷）低，吃水淺，速度快，但船舷受破壞後，船會迅速翻覆。

火炮誕生之後的加萊戰船，戰鬥時以船頭炮發起攻擊，兩側殺傷敵兵則用輕炮炮擊。戰術陣列是橫隊，迅速衝向敵船；然後，從兩翼繞到敵艦舷側，快速推進，用船頭青銅衝角撞毀敵船船腹，再用弓箭和火銃射殺敵兵。同時，配有槍和劍的士兵們跳上敵船，進行白刃戰，以殲滅敵人。

商用加萊船船體較寬，幹舷高，載貨能力大。人們從 "羅德島的邁克爾"（Michael of Rhodes）大約在 1401—1445 年間留下的手稿中的一份造船契約上，有幸見到那個時代的商用加萊船。羅德島是希臘第四大島，這位 "邁克爾" 應是個希臘商人。此份手稿記錄了他與威尼斯商人打交道時的經歷，主要記錄了商業數學、天文學、造船技術與航海實踐等內容，並附有航海插圖、日曆圖表和占星術圖紙。手稿曾一度"丟失"，在不知名的人手中保存了400多年，直到19世紀才全部翻譯。

手稿中的這幅插畫繪於1434年，畫中的商用加萊船，沒有畫排槳，甚至沒有畫水手，它只是記錄這種商用加萊船的基本面貌，從船尾插的旗幟看，是威尼斯的商船，畫中突出了大帆，還有船尾的"四分之一舵"，它並不是船尾中心軸式舵，西方人也稱它為舷邊操舵槳，此四分之一舵，不用時綁到船舷上，用時解開繩子放入水中，說明此時加萊船的轉向功能還十分原始。這是較少被繪畫記錄下來的15世紀初商用加萊船的珍貴文獻。

"羅德島的邁克爾"手稿中的15世紀初商用加萊船。

威尼斯加萊船

三十天的地中海朝聖之旅

這幅精美的插畫出自德意志一位貴族康拉德·格倫伯格（Conrad Grunenberg，1420—1494）1487 年的遊記《從康斯坦茨到耶路撒冷進行朝聖》，此書現藏巴登地區圖書館。此畫的名字叫《威尼斯三桅大帆船帶著朝聖者去耶路撒冷》，表現的是康斯坦茨到耶路撒冷朝聖途中的海上航行……

康斯坦茨是今天的德國南端與瑞士交界的一座宗教氣氛很濃的古城。格倫紐伯格是康斯坦斯市長的兒子。文獻記載，1465 年他曾為腓特烈三世（Frederick III，1439—1493）神聖羅馬帝國皇帝服務過一段時間，去朝聖之前的兩年擔任過軍職。1486 年 4 月 22 日，他從康斯坦斯出發前往威尼斯，而後乘威尼斯大帆船，經過克里特島、羅德島、法瑪古斯塔，於 7 月 24 日抵達雅法。

雅法古港，今屬以色列的特拉維夫，現在是個旅遊城市。筆者在此地考察時，專門去參觀了那個沉降在海裏僅露出一點點石基的古港遺址。格倫紐伯格當年就是在這裏登岸，而後換乘驢子，踏上去耶路撒冷和伯利恆等聖地的旅途。最後，在雅法乘船返回威尼斯，並於次年的 12 月，回到康斯坦茨。後來，他將這 33 個星期的朝聖之旅寫成了這部書，並簽上了自己的名字。在書中，他記錄的 30 位同行者，有 9 位名字旁邊標注了"死亡"。

這部書很像現代的旅行書，插圖特別多，畫得極為精美。這幅手繪的《威尼斯三桅大帆船帶著朝聖者去耶路撒冷》讓人們領略了那個時代威尼斯大帆船的不凡氣派。畫面突出了完全升起的大帆和飄飛旗幟，艏柱、艏帆和艉旗上都繪有"耶路撒冷十字架"，即大十字架 4 個角各有 1 個小十字架環繞，象徵福音從耶路撒冷傳向地球的四極，突出了朝聖船的使命。在主桅的頂端飄飛的旗幟上繪有一串紋章。

歐洲紋章文化源遠流長，最初用於盾牌與旗幟，在 12 世紀時，已形成在城市印章、族徽、君王徽記等廣泛應用且相對規範的徽記體系。這部遊記最後一頁插圖上繪了許多紋章，其中就有康拉德·格倫紐伯格的家族紋章。這個旗幟上的首個紋章繪有聖母抱聖嬰，表明這是天主教的朝聖船，接下來是神聖羅馬單頭鷹皇帝紋章（此時，神聖羅馬已換雙頭鷹紋章了），而後的藍黃條紋與船尾旗、席棚上的紋章相同，應是勃艮第公國紋章。在馬克西米連一世 1477 年和勃艮第的瑪麗結婚後，法蘭西和神聖羅馬帝國瓜分了勃艮第公國，勃艮第公爵的頭銜也隨之到了哈布斯堡王朝身上……這裏的大大小小的紋章，最終都歸於神聖羅馬帝國權力範圍之內。

這是一艘威尼斯建造的三桅加萊槳帆船，改裝後升級為商戰兩用船，有三桅，其主桅上建有大桅盤，上面立有觀察航向的水手，長長的桁由兩段桁木綁接在一起。此船有 58 個槳位，每個槳位有 3 支不同的槳，約有 174 個槳手。

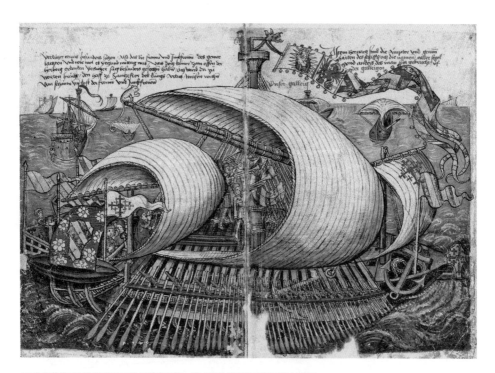

15 世紀後期威尼斯建造的三桅加萊槳帆船，這已是升級版的商戰兩用加萊船。

在划槳手的上一層，配有輕火器，火銃類的小炮……船可載 120 位乘客和貿易貨物。

從阿拉伯大軍 7 至 8 世紀進入地中海之後，古老的地中海經濟圈就崩潰了，東羅馬帝國想依靠海上航綫維持帝國的統一和貿易往來，但是，隨著 10 世紀地中海海盜顯著增多，地中海商人們不得不用更大的船和更多的船員來保證航行安全。於是，亞平寧半島的城邦擔當起造大船的任務，威尼斯、熱那亞、比薩這些重商的沿海城邦國家，也由此成為東地中海上的主要航運力量。

1290 年，威尼斯共和國開始批量生產這種大型加萊槳帆船，用於從東方運送利潤豐厚的奢侈品，比如香料、絲綢以及寶石。從 14 世紀上半葉起，威尼斯把加萊槳帆船提升到了其發展的最高階段，它的設計、保養和划槳技術都達到了近乎完美的頂點。威尼斯人專門

成立了一些承擔成批製造和保養加萊船的複合職能的兵工廠。這裏儲存著大量的備件備品，到了戰時，在兩天時間裏就可以配備完整的船。同時，在這個兵工廠的造船廠中，還建立了"國家企業和私人公會的商人聯合體"，雙方聯手造船，一起展開海上貿易，實現國家與商家、軍品與民品的"雙贏"。

威尼斯商戰兩用加萊槳帆船，比後來的各國戰船都大，長可達 46 米，排水量在 200 噸左右；有 150 到 180 名不等的槳手；這種船配有輕型武器，保證能抵抗來自海上的攻擊。因此，這種大船既會被貿易方僱傭，也會被軍事方僱傭。後來，它迅猛發展的另一個動力，源自於歐洲前往耶路撒冷朝聖的人大量增加，朝聖大帆船甚至獨立成一種專門的運輸船。它吸引著威尼斯和歐洲的富人到聖地做一場僅用 30 天就能完成的朝聖旅行。

弗斯特船

横行地中海的巴巴利海盗

　　1492年，摩爾人從伊比利亞半島被迫遷出後，一部分人以北非突尼斯城為據點，開始了沿北非巴巴利海岸打劫的生涯，這夥人因此被稱為"巴巴利海盜"（Barbary Corsair）。筆者考察"巴巴利海岸"時，在突尼斯城的港灣，參觀了用於文化旅遊的巴巴利海盜船。此船不大，十幾米長，兩桅，有一個突出的船尾燈，船頭立一個真人大小的海盜人偶，供遊客合影。這艘仿古海盜船的母本應是"巴巴利海盜"晚期用的弗斯特船，相對先進一些。它的可靠樣板還要到歷史文獻中去找。

突尼斯城的港口用於文化旅遊的仿古巴巴利海盜船。

1596 年出版的《東印度水路志》書中的弗斯特船畫。

　　這裏介紹的弗斯特船畫，出自范·林斯霍滕 1596 年在荷蘭出版的《旅程：范·林斯霍滕前往東方、或稱葡屬印度的航程，1579—1592》（簡稱《東印度水路志》）一書。這個范·林斯霍滕是荷蘭人，作為葡萄牙派往印度的大主教的助理來到印度。他竊取了葡萄牙人的多種文獻，編寫了這部最早描繪"東印度"筆記，打破了葡萄牙人和西班牙人長久以來對歐洲前往印度航綫的信息壟斷，直接促成了荷蘭成立東印度公司。

　　這幅小畫題記用了兩種語言，荷蘭語為："弗斯特是一種葡萄牙人用來與他們的敵人在馬喇巴斯（印度西南海岸，當時阿拉伯商人控制的地區）進行貿易或打仗的船。"拉丁語為："此船是用於戰爭和運輸貨物的弗斯特帆船，或者拜耳莫斯船。"畫中的船大致上有 11 對槳，單層甲板，有一根桅杆，一張阿拉伯風格的三角斜桁帆，是一種輕型槳帆船。此船上攜帶了 3 門有輪架的火炮，船尾有葡萄牙式棚子。

弗斯特船輕便靈活，吃水淺，無風移動的能力，以及在淺水中工作的能力，深受北非巴巴利海岸劫匪歡迎——這些優點對打擊過路商船之前悄悄躲在沿岸水域中至關重要。所以，這看上去貌不驚人的槳帆船，成為北非巴巴利海盜當年馳騁海上的標準座駕。當然畫中船不是北非海盜的，船上插著十字套十字的葡萄牙"基督騎士團十字旗"。范·林斯霍滕當年的印度航行，搭乘的就是葡萄牙人的船。

接著說說喜愛弗斯特船的巴巴利海盜。

1500 年左右，兩個突厥海盜頭目烏魯茲·雷斯（Oru ccedil Reis）和席茲爾·雷斯（Hizir Reis）來到阿爾及爾，招募摩爾人，組成了自己的海盜團體，開始打劫歐洲商船。地中海東岸的奧斯曼土耳其，很快注意到了巴巴利海盜，為了打擊基督教世界向西地中海擴張，奧斯曼土耳其和雷斯兄弟結成聯盟，並向雷斯兄弟提供必要的武器和物資。突尼斯的各路酋長為了籌措資金，也支持巴巴利海盜，甚至把地中海加貝斯灣中的傑爾巴島賣給了雷斯兄弟。

巴巴利海盜以傑爾巴島為根據地，將海盜團隊訓練成一支正規海軍。1510 年以後，他們佔據了阿爾及爾，宣佈成立巴巴利王國。後來，成為奧斯曼土耳其帝國的一個自治省份，海盜頭目接受來自蘇萊曼的任命，成為帝國的"卡普丹帕夏"（海軍上將）。原本就不太平的地中海局勢，因巴巴利海盜又添了更多變數。此後，在神聖羅馬帝國與奧斯曼土耳其帝國的幾場重要的海上戰爭中，都能見到這個海盜帝國的帆影。

加萊亞槳帆船

威土海戰，槳帆船最宏大的亮相與謝幕

　　威尼斯共和國與奧斯曼土耳其的矛盾，從 1453 年奧斯曼蘇丹穆罕默德二世攻克君士坦丁堡的那一刻就開始了。威尼斯與東方進行貿易的商路被土耳其人斬斷，這種損失幾經修補，仍無法從根本上解決。而且，奧斯曼帝國沿地中海東岸不斷向西擴張，直接侵佔了威尼斯屬地，雙方衝突不斷升級。

　　從 1463 年起，威尼斯與土耳其連續爆發七次海上戰爭，這裏要講的是第四次威土戰爭，它為世界海戰史留下了一個經典戰役——勒班陀海戰。

　　1571 年 10 月，在希臘勒班陀海域爆發的這場海戰，是海戰史上排槳戰船最多的一次海戰，也是排槳戰船的最後一次大海戰，更是羅馬神聖帝國奪回地中海東部海權的標誌性勝利。當時西方許多大畫家都描繪了這場大海戰，比如，提香和他的弟子委羅內塞的《西班牙拯救了宗教》和《勒班陀戰役的寓言》，還有瓦薩里的《勒班陀戰役》；不過，從展現戰場的真實視角來看，筆者更樂於選擇無名畫家 1571 年創作的這幅《勒班陀海戰》。

　　這幅《勒班陀海戰》展現了那場前無古人後無來者的加萊槳帆船的大混戰。僅看船上的旗幟就夠熱鬧，奧斯曼帕夏旗艦上有三日月旗幟，威尼斯方面是獅子旗，熱那亞方面是紅色聖喬治十字架旗幟，西班牙方面是城堡獅子旗，奧地利方面和哈布斯堡方面是雙頭鷹旗幟……史載，當時的神聖同盟艦隊聯合海軍，包括有西班牙王國、威尼斯共和國、教皇國、薩伏依公國、熱那亞共和國，以及馬耳他騎士團的多國艦隊組成……有近 300 艘加萊戰

《勒班陀海戰》，無名畫家 1571 年繪製。

船，1.3 萬名水手，近 3 萬名步兵。奧斯曼土耳其組織了 222 艘加萊戰船，以及 64 架北非海盜的弗斯特船，還有一部分小型船，近 300 艘戰船，和 1.3 萬名水手、3.4 萬名步兵。

從畫面上看，雙方戰船擠撞成一團，實際上，雙方開戰時，都有精確的戰陣：

神聖同盟艦隊聯合海軍分為四支分艦隊，由南至北伸展成縱向的陣綫。在北端（左翼）部署了 53 艘威尼斯的排槳戰船，中央主力為 26 歲的唐胡安率領的 62 艘排槳戰船，而南端（右翼）為熱那亞的 53 艘排槳戰船，還有一支由 38 艘排槳戰船組成的預備艦隊，每支分艦隊配備了兩艘加萊亞斯戰船。神聖同盟艦隊聯合海軍還部署了大大小小不同的偵察隊及補給隊等。

奧斯曼土耳其也排出強勁陣容，其主力艦隊的北端（右翼）由 52 艘排槳戰船、6 艘快速排槳船組成，艦隊的南端（左翼）部署了 63 艘排槳戰船及 30 艘快速排槳船，中央主力為 61 艘排槳戰船及 32 艘快速排槳船，由米埃津札德·阿里·帕夏親自統領。此外，在中部主力艦隊的後方，還部署了一支由 8 艘排槳戰船、22 艘快速排槳船及 64 艘弗斯特船組成的預備隊。

戰船方面，最值得一提的是已進入 16 世紀後期了，加萊船在這一海戰中仍是主體戰船，特別引人注目的是加萊船有了它的升級版 —— 加萊亞斯（Galleass，也稱加利亞斯）槳帆船，即加萊船地中海改進型。

在這幅畫的中央和右側，畫家突出描繪了加萊亞斯槳帆船，這種新型地中海戰船已將桅杆增加到三根，張掛斜桁大帆，大大提高了揚帆行船的能力，同時也加大了船體，舷側安裝了更多火炮，可以進行船側炮擊。畫中加萊亞斯槳帆船的船頭，改建成兩層的封閉式炮艙，正在開火。細讀此畫，還會發現，雙方在武器上有著很大差別。據說，此役神聖同盟的戰船配備了 1800 門火炮，奧斯曼帝國的戰船只配備了 700 多門火炮。所以，畫面上的土耳其士兵多是弓箭手。

1571 年 10 月 7 日早上，神聖同盟海軍總司令唐胡安指揮中央戰船和左翼艦隊前面的 4 艘加萊亞斯船，以猛烈的炮擊開戰，炮彈命中了包括阿里·帕夏旗艦在內的許多土耳其加萊船，其中的幾艘很快就開始沉沒了。這天下午，神聖同盟軍的旗艦與土耳其軍旗艦接舷。唐胡安指揮士兵用火繩槍射擊，土耳其軍總司令阿里·帕夏亦被射殺，群龍無首的土耳其軍開始出現混亂，土耳其軍艦中負責搖槳的基督徒奴隸紛紛向同盟軍投降。下午，同盟軍將土耳其軍總司令阿里·帕夏的首級掛在神聖同盟軍旗艦桅杆上，土耳其艦隊立即慌了手腳，潰不成軍，最後被各個擊破。只有烏爾奇·阿里的左翼艦隊僥幸逃出戰場，才免被全殲。

奧斯曼帝國艦隊損失慘重，其中 150 艘戰船被擊沉，30 餘艘觸礁，110 艘失蹤。大約 2500 名士兵戰死，5000 名被俘，12000 名基督教徒奴隸獲得解放。雖然，奧斯曼帝國戰敗了，但土耳其皇帝謝里姆二世直言不諱地聲稱："雖然，威尼斯人擊敗了朕的艦隊，這只不過是燒了一下朕的鬍鬚而已。但是朕奪取了塞浦路斯島，這等於切斷了他的右手。"這也是事實。同樣，後來一段時間，在黑海這樣的內海海戰中，奧斯曼帝國艦隊仍然用槳帆船作戰。這幅 1636 年的《黑海戰鬥中的土耳其帆船》繪畫記錄下土耳其與西方戰船發展並不同步的有趣一幕。

神聖同盟艦隊聯合海軍獲勝的重要原因之一，是加萊亞斯船的出現，這 6 艘新型兵船被配備在船隊的最前列，利用其威力強大的炮火大破土耳其人弱小的加萊船隊。以這次海戰為契機，地中海海戰的主角由加萊亞斯船取代了加萊船。地中海國家從此役得出一個重要經驗：火炮才是海上戰爭的關鍵。此後，大炮成為戰艦必備的武器，排槳船淡出歷史。

威尼斯和土耳其之間，後來還進行了幾場海上戰鬥，第七次威土戰爭打到了 1718 年，地點仍是伯羅奔尼撒半島，但歷史學家已不再關注它們了，因為 16 世紀人類文明史的重心，已從地中海移向了大西洋、印度洋和太平洋。

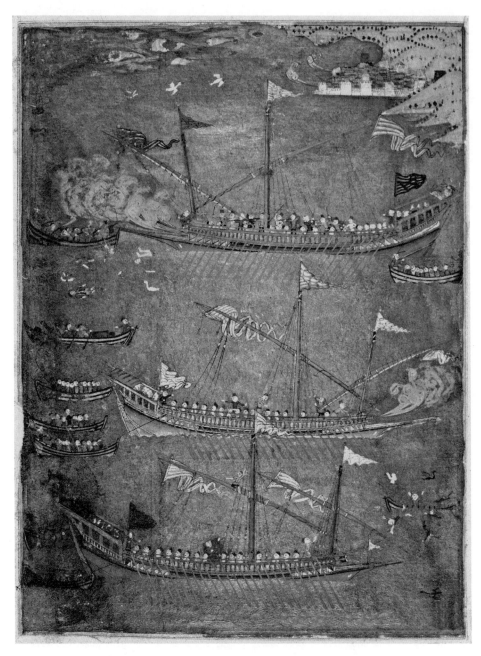

這幅 1636 年的《黑海戰鬥中的土耳其帆船》繪畫，記錄下進入 17 世紀後土耳其落後戰船的一幕。

查爾斯號

槳帆戰艦並沒有迅速退出歷史舞台

　　加萊船的壽命真是出奇的長，即便到了 17 世紀下半葉，已是超級戰列艦的世界海軍競爭大勢了，英格蘭仍然在海軍中保留了這種早已過時的槳帆戰船，其中最為著名的即是槳帆戰艦查爾斯號，如今在英國國家海事博物館還能看到它的身影——油畫《微風中的查爾斯槳帆戰艦》。

　　此畫創作於 1677 年，作者是英格蘭畫家范・德・維德（Van de Velde），當時他正為英格蘭皇室同時創作幾幅船畫。1791 年，皇家海軍艦隊司令約翰・福布斯（後來當了格林威治醫院副院長），把這幾幅畫捐給了格林威治醫院，以便它們能夠被保存在有興趣的海軍手中，最終，它們都進入了英國國家海事博物館。

　　此畫完成時，"查爾斯大帆船"剛剛入列一年。這艘新戰船顯然不是一艘"真正的"風帆戰船，而是"加萊型槳帆船護衛艦"。它長長的船首斜桅、上層甲板都像戰列艦一樣，那 11 個炮窗裏是 11 門 9 磅炮，有的還探出了炮身。細看緊靠海面的下層甲板，船舷開的不是炮窗，而是 20 個划槳孔，保留了划槳功能，只在首尾出開有炮眼。該艦長 40 米，甲板最寬處近 9 米，比較細長。此刻，它正升帆前行，所以木槳都收了回去。微風中的查爾斯大帆船正拖著一艘駁船，駁船上面有幾個人。

　　這艘查爾斯槳帆船是 1676 年建造的兩艘所謂大帆船戰艦（加萊亞斯型槳帆船護衛艦）中的一艘。已然是戰列艦時代了，英格蘭人為什麼要造兩艘古典戰船呢？因為它們有特殊的任務，要去地中海打擊近岸攻擊往來船隻的北非巴巴利海盜——阿爾及爾、突尼斯、的黎波里，這三

《微風中的查爾斯槳帆戰艦》，范‧德‧維德 1677 年繪製，現藏於英國國家海事博物館。

個享有實際自治權的奧斯曼屬國 —— 這些地中海勢力善用槳帆戰艦和划槳戰艦。所以，英格蘭人選擇了這種加萊亞斯型槳帆船護衛艦，它當時配有 32 門火炮，被分級成第四等級的戰船，一直服役到 1691 年。

比英格蘭人還愛加萊槳帆戰船的是法國人，一直到 1749 年之前，在馬賽港都駐紮著一個加萊亞斯型"巡航艦"隊，它和法國的大西洋艦隊互不隸屬，是獨立的，有著自己的編制和預算。這種奇特的建制，一直持繼到 19 世紀初，馬賽港仍保留著 15 艘加萊亞斯型槳帆船。顯然，它已沒有什麼實際作戰意義了，更像是作為一種戰船圖騰而存在。

真正的軍用艦

瑪麗・羅斯號

大亨利號

皇家方舟號

無敵艦隊

06

大航海初期，葡萄牙和西班牙靠著羅馬
天主教教皇的權力與影響，未發一炮就
分割了新的陸地和市場。然而，後知後
覺的英格蘭和荷蘭，則必須以炮艦來重
新確立各自的海權。亨利八世率先用克
拉克船打造出大亨利號，讓世界有了第
一艘沒有任何商業功能的"軍用艦"，
世界海戰從此跨入軍艦時代。

瑪麗・羅斯號

克拉克由商船轉向職業戰船

亨利八世作為英格蘭國王，最為出名的就是他曾有過六個老婆，一邊娶，一邊離，一邊殺……花邊故事被拍成多部影視作品，為後人津津樂道，以至於左右了對他的歷史評價，至少，人們不應忽略他是"英格蘭皇家海軍的締造者"。

亨利八世對英格蘭海軍的貢獻很大程度上要歸功於亨利七世，正是經濟實力較強的亨利七世，1495 年在倫敦東南 100 多公里的樸茨茅斯興建了迄今尚存最古老的幹船塢，為亨利八氏建造戰船打下了良好的基礎。1509 年，都鐸王朝第一任君主亨利七世去世，18 歲的亨利八世繼承王位，同時還繼承了僅有兩艘戰船的英格蘭海軍。

當上國王幾個月後，亨利八世一邊迎娶 24 歲的寡嫂西班牙公主阿拉貢的凱瑟琳，一邊下令擴充皇家海軍，建造快速靈活的新式戰艦；同時，建立了有專屬事務處、船塢及專用戰船的常備"皇家海軍"（Royal Navy）。順便說一句，英國歷史上只有皇家海軍和後來的皇家空軍、皇家騎兵，沒有皇家陸軍。

亨利八世親自督造過 3 艘專業戰船：瑪麗・羅斯號、彼得・石榴號，和最為著名的戰艦大亨利號。不過，這時的戰艦還沒有一個標準稱謂，大致分為四個層級：帆船、槳帆船、單桅帆船和划槳駁船。即使有了這些專業戰船，都鐸王朝也只是稱其為"大船"。後來，英格蘭戰船命名漸漸有了一些章法，有些戰船根據大小來命名，如 14 門炮的叫獾，70 門炮的叫多塞特郡；有一些戰船根據用途命名，如快速護衛艦叫灰狗號，火攻船叫爆炸號，運輸船叫大象號。

瑪麗·羅斯號（Mary Rose），也譯作瑪麗·玫瑰號。據說，亨利八世以妹妹瑪麗·都鐸和都鐸王朝的象徵玫瑰花來命名此戰艦。但史家認為，此說只是猜測，文獻中沒有相關記載。歐洲當時給船起名的傳統，主要是用基督教相關的名字，有時也用贊助人的名字來命名。

瑪麗·羅斯號由樸茨茅斯船廠建造，1511年下水後，即拖到倫敦裝備索具、甲板和安裝炮火。這艘劃時代的戰艦，其開創意義在於，作為第一代可做到舷炮齊射的戰船，它標誌著英格蘭海軍已由中世紀時"漂浮的城堡"轉變為"移動的炮樓"，它被形容為"海上最美的花"。同時，戰艦上配備專職的戰鬥水手（以前商戰兩用船上，水手都兼有多個身份），形成新的海上勢力。

關於船舷炮的發明，有兩種說法。一是，1501年為了便於商船裝載貨物，法國人德·夏爾日在船舷上開設了舷窗，也有一說是他開了炮窗。二是，英格蘭人借鑒了德·夏爾日發明的舷窗之法，將其變為炮窗，從而有了艙內裝炮的可能，讓火炮通過兩側炮窗開炮，不使用火炮的時候，可把炮拉到後邊，固定於甲板上，炮窗用鉸鏈關閉，以防止海水滲入。這項技術的使用意味著海上炮戰時代即將來臨。

1546年編撰的《安東尼書卷》中的瑪麗·羅斯號插畫。

瑪麗·羅斯號沒有留下原始圖紙，當時的造船匠只把設計和建造船隻的訣竅傳授給兒子，通常不傳給外人，所以，瑪麗·羅斯號設計圖紙沒能傳下來。後世了解亨利八世的戰船製造信息，全得益於英格蘭海軍安東尼·安東尼（Anthony Anthony）1546年編撰的《安東尼書卷》（Anthony Roll）。這部書由三個牛皮紙捲筒組成，立軸形式做文圖記錄。它記錄了58艘軍艦的大小、船員、裝備等信息。1546年皇家海軍將它獻給國王亨利八世，1858年，《安東尼書卷》轉由大英博物館收藏。

從此書的瑪麗·羅斯號插畫看，它實際上是克拉克帆船的武裝版。此船的排水量500噸左右，有四個桅杆和一個船頭桅杆，有高高的艏樓和艉樓，艏樓和艉樓完全"炮樓化"了。當時火炮射程大約有183米（600英尺）。在高高的艏艉樓架炮，為的是炮能打得更遠。一般來說，銅炮使用的鑄鐵炮彈，更適合穿透船體側面；鐵炮使用的石頭炮彈，它會在撞擊時破碎，讓船舷留下鋸齒形大孔。畫中炮口數量及艏樓上向後架設的火炮，並不完全準確，但船的總體描述頗具文獻價值。此時海戰仍然以佔領敵船為主要策略，畫面上表現的一張大網覆蓋著船的上甲板，就是為防止敵人登船而採取的防護措施。

瑪麗·羅斯號是第一代可令船舷上所有火炮齊射的戰艦，它的載炮甲板上，一側可裝7門火炮。至少，有兩層甲板排列了火炮。不過，從這幅插畫的描繪看，底層甲板的火炮，已經貼近了吃水綫，炮窗進水將是此船的大隱患——克拉克帆船重心過高的缺點，在瑪麗·羅斯號加裝重型火炮後，愈加突出了。

瑪麗·羅斯號服役34年，經歷過幾次海戰。1522年，它護送英格蘭戰船運送部隊登陸法國，而後順利返回樸茨茅斯港。它曾被認為是不可戰勝的，但1545年與法國海軍的一次激戰中，瑪麗·羅斯號卻遭遇了滅頂之災。一種說法是，它剛從樸茨茅斯出航駛往索倫特海峽，即遭到5艘法艦的攻擊而沉沒。一種說法是，它的一側炮彈放空後，準備調頭換用另一側的炮火再次攻擊時，在調頭過程中，船身重量傾於一側，失去平衡，側翻沉沒。還有一種說法是，船水綫一層的火炮窗沒有關上，在船轉彎時進水，引起船側翻沉沒。

400多年過去，1982年英國人將瑪麗·羅斯號打撈出水。考古專家在徵得瑪麗·羅斯信托基金會的同意後，獲准接觸到沉船上18名船員的遺骸。經檢驗發現：船上三分之二的船員都不是英格蘭人，多是歐洲南部人，以西班牙人居多，或許是他們聽不懂英格蘭船長下達的"關閉炮窗"的命令，操作失誤，導致戰船沉沒 —— 這是最新的說法。

不過，不管什麼說法，瑪麗‧羅斯號的沉沒當時就引起了造船界的重視，人們一直認為克拉克船前後兩個高高的船樓極不合理，必須改進。新一輪的戰船設計，大大降低了船樓的高度，甚至取消了艏樓。

如今，瑪麗‧羅斯號已經住進樸茨茅斯歷史造船廠旁的皇家海軍博物館，那裏專為它修建了一座博物館。這艘在海里埋了四百多年的戰船，仍保存了較完好的船骨架，還有上萬件文物。其中，有個考古花邊值得一說，專家在瑪麗‧羅斯號沉船中發現了一隻2歲左右的獵犬屍骸，其完整度達到99%，這是一條雌性雜種狗。它是目前發現的最早的航海獵犬，此犬在船上的主要職責竟是"狗拿耗子"（水手認為船上養貓會帶來厄運）。顯然，它勝任這項"閑事"，沉船中僅發現一具不完整的老鼠屍骨。

都鐸時代的克拉克戰船瑪麗‧羅斯號在樸茨茅斯博物館裏。樸茨茅斯皇家海軍博物館，專為瑪麗‧羅斯號修建了一座博物館。

大亨利號

亨利八世創建真正的「軍艦」

　　亨利八世在位期間，在擴充戰船和改良戰船上投入了巨大精力。這一點，人們可以從史詩性畫作《1520年亨利八世國王在多佛登船》中有所感悟。這幅畫的作者詹姆士·巴塞爾（James Basire）的生平事跡沒有傳世，人們推定他大約生活在1520—1550年，此畫大約繪於1545年，後由英國皇室收藏。

　　這幅畫有些誇張，但還是較好地記錄了1520年29歲的亨利八世登上皇家海軍旗艦大亨利號，跨越海峽到對岸的金帳之地（Cloth of Gold，因亨利八世的帳篷是用金絲織成，英法會談地點遂被稱作"金帳之地"，當時屬英國，現在屬法國）會晤法王弗朗西斯一世這一重大事件。此畫對於戰船史意義非凡。它繪製了英格蘭皇家海軍精心研製的戰艦大亨利號，也譯大哈利號，但前者更準確，因為此船是亨利八世下令製造，並以自己名字命名的皇家海軍旗艦，全名為"上帝的恩典亨利"（Henry Grace àDieu）。

　　1546年編撰的《安東尼書卷》中，既繪有瑪麗·羅斯號，也繪有大亨利號，如果不是大亨利號斜艏桅上挑著一個皇冠，單從畫上看，還弄不清這兩艘戰船有什麼區別，兩艘船全都屬克拉克型戰船。

　　大亨利號是英格蘭船舶總建造師武·龐德（W. Bond）監造的克拉克型炮艦，共有4桅，前兩桅各有3面帆，後兩桅各有兩面三角帆，船頭豎一面斜桁帆，船長約41.4米，寬11.4米，排水量超過1000噸。1514年，大亨利號在伍爾維奇造船廠完成船體製造後，又送到埃里斯的海

《1520 年亨利八世多佛爾港登船》，詹姆士・巴塞爾大約繪製於 1545 年。
這幅畫是為了紀念亨利國王 1520 年前往 "金帳之地" 的航行。

軍造船廠安裝大炮。

　　大亨利號有兩層主炮甲板，為未來戰列艦的誕生在甲板列炮技術上先行一步。大亨利號裝有口徑 60—203 毫米的奢華的銅製前裝炮 21 門，船上大大小小配備了一百多門火炮，部分火炮配備了先進的四輪炮架。它不論在載重上，還是炮火配備上，都遠遠超過了剛剛服役的瑪麗・羅斯號，算得上當時的海上巨艦了。

　　通常人們更願意將大亨利號定位為第一艘真正的 "軍艦"，它終結了商船 "客串" 軍艦的時代。1536 年大亨利號進行改造，原來高聳的艏艉樓高度被降低，大小火炮減至 122 門，載員由 1000 人減少到 800 人，使得這一炮艦更加靈活、更加實用。

　　結合這兩幅繪畫作品看，大亨利號至少是在兩層甲板列炮，艏樓與艉樓也有少數火炮。但《安東尼書卷》中大亨利號的艏樓還有幾門向後射擊的大炮，顯然不現實；《1520 年亨利八世多佛爾港登船》畫中，沒有這一描繪。

　　亨利八世的旗艦大亨利號下水後，更多時間是作為外交船彰顯國威，比如，畫中表現亨利八世登上大亨利號跨海到"金帳之地"與法王弗朗西斯一世會晤。英格蘭海軍在海港"顯示國旗"以維護海軍士氣和國家形象的傳統，據說就起源於大亨利號的外交活動。《安東尼書卷》的插圖也為研究都鐸皇家海軍紋章、旗幟和船舶裝飾等提供了扎實的證據。

大亨利號貴為歐洲最先進戰艦，卻只參加過一次海戰，即 1545 年對抗法軍的索倫特戰役。當時，船上還攜帶 500 張紫杉大弓，200 根長矛，200 把攻擊斧，120 桶生石灰（在有利的風向時，拋向敵艦）。大亨利號在戰場上沒有毀壞，卻在 1553 年的一次小事故中不慎燒毀，沉入泰晤士河底。

1547 年亨利八世病逝，此時，他領導的皇家海軍已經擁有了由 44 艘大亨利型火炮風帆戰船組成的艦隊。

《"大哈利"號》，《安東尼書卷》中的插圖，1546 年，斜首桅上有皇冠。

皇家方舟號

伊麗莎白並不是直接從父親手裏接過王權的，1547年亨利八世病逝後，年方9歲的兒子愛德華六世繼位。1553年重病的愛德華得知自己時日不多後，任命其表親簡‧格雷為王位繼承人。15歲的簡‧格雷僅僅當了十三天女王，就被亨利八世的長女瑪麗鼓動議會廢黜了，隨後自立為王，但瑪麗也是個短命的女王，5年後病死。由於瑪麗沒有子女，亨利八世的二女兒伊麗莎白於1559年1月15日繼承王位，英格蘭這才走上崛起之路。

伊麗莎白一世登基後，立即通過議會重立新教為國教，像他的父親一樣與羅馬教廷決裂，此舉不僅激怒羅馬教廷，也激怒了天主教國家西班牙。此時的西班牙已是世界上最富有的帝國，擁有世界上最強大的無敵艦隊。為了對抗西班牙，伊麗莎白的財政日益入不敷出，海上擴張不得不採取股份制形式。伊麗莎白一方面縱容弗朗西斯‧德雷克等海盜搶劫西班牙船隻和殖民地，一方面委託皇家海軍司庫約翰‧霍金斯來設計新的軍艦，在伊麗莎白的支持下，誕生了軍艦史上重要的戰艦皇家方舟。

亨利八世時代的戰船多是在克拉克商船基礎上建造的，比如著名戰船大亨利號。這種戰船最大的毛病就是船呈"U"形，艏艉樓太高。霍金斯設計的新戰船取消了艏樓，船體放長收窄，長寬比由原來的3：1擴展到4：1。在霍金斯的指軍下，一批中等型號的小、快、靈的蓋倫戰船誕生了。

霍金斯設計的新戰船，最出名的就是皇家方舟號。不過，此船建造之初是以雷利名字命名，叫"雷利方舟號"

（ARK Raleigh）。因為它是由沃爾特·雷利爵士（Sir Walter Raleigh）出資建造。這個出資人雷利爵士很值得一說。他是伊麗莎白時代的著名冒險家，1584年在北美洲建立弗吉尼亞殖民地；他也是位作家、軍人、政治家，他在寫給女王的關於西班牙海外擴張的調查報告裏一段最重要的話，可以算是現今海權論形成的雛形："誰控制了海洋，誰就控制了貿易；誰控制了世界貿易，誰就控制了世界的財富，最後也就控制了世界本身。"這句話，推動了伊麗莎白女王對皇家海軍的培育，以及為奪取西班牙珍寶船的海盜頒發"私掠許可"等一系列海上擴張策略。

1587 年，雷利爵士訂購的這艘戰艦在德普福德建造完畢，但英西戰事緊迫，此艦旋即被英格蘭皇家 5000 英鎊購買，並更名為"皇家方舟"（Ark Royal），這是英格蘭第一艘以"皇家"命名的戰艦。

皇家方舟號沒留下建造圖紙，它最

皇家方舟號沒留下建造圖紙，它最早的歷史圖像即是這幅大約製作於 1600 年的版畫《皇家方舟號》。

早的歷史圖像是這幅大約製作於 1600 年的版畫《皇家方舟號》。從畫面上可以看出，它是一艘蓋倫式風帆戰艦（也被稱為英式蓋倫帆船），有 4 桅，特別是後兩桅掛斜桁帆，船的長寬比在 4：1 以上，艏樓已改造得很低，幾乎就不存在，但艉樓很高；船舷有一排炮窗，據說，當時裝有 38 門大大小小的加農炮和炮筒更長的卡巴林炮，其 18—19 磅長炮，在 90 米內有極高的射速和準確率；滿載排水量 700 噸，是英格蘭海軍中大型蓋倫帆船之第三大船。

皇家方舟號入列後，立即投入了戰鬥，在 1588 年的英西海戰中，它擔任英格蘭艦隊司令霍華德的旗艦。它的低上層建築及良好的搶風操縱性能，能由下風的不利位置，迎著風浪兜到無敵艦隊上風的有利位置，向敵艦實施有效的遠程射擊，並在對方作出反應前安全撤離。

皇家方舟號在擊敗西班牙無敵艦隊的戰鬥中立下戰功，這種蓋倫船改良型戰船成為後來的風帆戰列艦之母型。1625 年經過改裝後的皇家方舟號還參加了突襲西班牙加的斯港口的戰鬥，1638 年才結束 50 多年的服役生涯，被送去拆解。不過，它的名氣很大，進入現代戰爭後，英國仍有三艘航母以它的名字命名。

無敵艦隊

雜牌軍艦大全的西英海戰

　　世人都知道曾經有過一個西班牙無敵艦隊，它因被英格蘭打敗而載入史冊。

　　在大航海初期，無敵艦隊不只西班牙一家，還有葡萄牙無敵艦隊。所謂"無敵艦隊"其實是誤譯與傳謬。它的原詞是西班牙和葡萄牙語中的"Armada"，本意就是"帶有武裝"或"武裝船隊"的意思，沒有"無敵"的意思，事實證明，也真的不是"無敵"。

　　葡萄牙和西班牙的探險船發現了印歐航綫和新大陸之後，為建立殖民地和保障海上安全，他們的商船隊都裝備了火炮，成為帶有"Armada"頭銜的艦隊，在葡萄牙和西班牙的遠航船隊中頻頻出現。這種武裝艦隊由王室出面組建，通常由 20 艘船組成，達到這個標準的艦隊才用"Armada"這個稱呼。當葡萄牙在東方有了常駐軍事力量後，"Armada"稱呼就中止了。

　　1588 年，西班牙菲利普二世代表天主教勢力欲征服改信新教的英格蘭時，"Armada"被再次用於命名遠征艦隊（西班牙語：Grande y Felicísima Armada，即偉大而幸運的海軍），艦隊除西班牙各封建領的海軍力量外，還有 1580 年吞併葡萄牙後（葡萄牙王位繼承危機，西班牙哈布斯堡王朝的菲利普二世宣稱他作為曼努埃爾一世的外孫，擁有葡萄牙的繼承權並成功繼承之，成為西班牙和葡萄牙的共主，建立伊比利亞聯盟），並入西班牙艦隊的葡萄牙海軍。鑒於這兩個大航海初期的海上強國獨步天下的實力，"武裝船隊"就被引申出了"無敵"的含義。當然，英格蘭人以弱勝強後，人們更樂於使用"無敵艦隊"這個反差強烈的形容詞。

　　嚴格地講，即便是西班牙這樣的海上強國，當時也養不起一支專門用於海戰的龐大艦隊。所謂"無敵艦隊"，本質上就是一支海上雜牌軍，稱其為"特混艦隊"更確切。它有 10 個分艦隊，其中葡萄牙分艦隊和卡斯蒂利亞兩支分艦隊是主力艦隊，前者有 10 艘蓋倫船，其中旗艦聖馬丁號（San Martin）、聖胡安號（San Juan）兩艘是 1000 噸的大型戰艦，後者有 11 艘 700 噸至 250 噸不等的蓋倫船。而比斯開、安達魯西亞、萊萬特、吉普斯誇分艦隊則各有 9 或 10 艘克拉克船，這類克拉克船多是武裝商船用來充作戰船，其中只有 3 艘是 1000 噸的大型克拉克戰艦。在蓋倫船和克拉克船組成的分艦隊之外，還有一支 4 艘加利亞斯槳帆船（galliass）的分隊，其炮甲板設在槳手座位之下，但發射時必須抽起槳，因而船速較慢。此外，還有 10 艘大航海初期的葡萄人常用的卡拉維拉帆船，各分艦隊還配有幾艘西班牙輕帆船和小划艇。最後是後勤保障的圓底船運輸分艦隊。

佚名畫家大約製作於 1593—1645 年間的版畫《1588 年西班牙無敵艦隊的滅亡》，畫面展示了西班牙蓋倫船、克拉克船和槳帆船並用的雜牌艦隊，圖中央是英格蘭的縱火船。

現在人們看到最多的《西班牙無敵艦隊》的畫是 1700 年的油畫，畫面看上去很輝煌，但正下方最突出的大戰船，仍是加利亞斯槳帆船。

這就是世界聞名的西班牙無敵艦隊，雖然是雜牌，但也是當時世界上最大的艦隊了。對手英格蘭的艦隊，遠不如西班牙。英格蘭皇家海軍原來只有 34 艘戰艦，為這次海戰，又集中了一批海港城市的克拉克武裝商船，其中還包括不少落後的槳帆船。英格蘭方面排水量 800 噸以上的戰船只有兩艘，而西班牙方面排水量 800 噸以上的戰船至少有 22 艘。

西班牙與英格蘭的大海戰，當年沒留下什麼海戰繪畫。這裏找到的較早的畫，是佚名畫家大約製作於 1593 年至 1645 年間的版畫《1588 年西班牙無敵艦隊的滅亡》，畫面展示了西班牙蓋倫船、克拉克船和槳帆船並用的雜牌艦隊，圖中央是英格蘭的縱火船。現在人們看到最多的"西班牙無敵艦隊"的圖是 1700 年的油畫，畫面看上去是輝煌的艦隊，但畫正下方最突出的大戰船仍是加利亞斯槳帆船。

16 世紀後期的海戰，雖然已經有了大型艦隊跨海對決，但兩方戰艦類型還十分混雜，開戰隊型也沒有一定的指導思想，通常還是中世紀的一字隊型，正面對決。因此戰艦多將重炮放在船頭和船尾。聰明的艦隊指揮，也會利用天氣，看風向決定艦隊的位置變換。英格蘭在與西班牙的對決中，後期就是利用風向和天氣的幫助，打敗了西班牙的無敵艦隊。

艦隊真正排出陣列進行海面作戰，是英格蘭與荷蘭多年的海上對決發展出來的，它不僅影響了戰陣的改變，還引發了戰船的革命。

戰列艦爭鋒

07

英荷兩國軍艦連年的海上對決，促生
了新的海戰模式"戰列綫戰術"。這種
拋棄正面對轟和跳幫奪船等手段的新
戰術，催生了一種新軍艦——"戰列
艦"。此後，英荷海戰、英西海戰、英
法海戰⋯⋯沒完沒了的大海戰，不斷
刺激各國爭相研製與生產超大型的"戰
列艦"，由風帆"戰列艦"擔綱的軍備
競賽和不斷升級的大海戰，就這樣連續
上演了 300 年⋯⋯

皇家親王號

1603 年伊麗莎白·都鐸女王去世，都鐸王朝終結。詹姆士·斯圖亞特繼承王位，開啟斯圖亞特王朝。詹姆士一世繼位第二年，為回應荷蘭在英格蘭"沿海可視範圍內"攻擊西班牙船隻的問題，提出海上"皇家領地"這一概念。這是歷史上首次由一個國家明確對海洋範圍的主權做出定義。這個"沿海可視範圍"的"皇家領地"，相當於今天的"領海"。同時，荷蘭漁船在北海靠近蘇格蘭的海區捕撈鯡魚，也令英格蘭大為光火。為此，英格蘭與荷蘭相互派代表到對方國家談判，各自都在法學上做了充分表達。荷蘭拋出了《海洋自由論》，英格蘭拋出了《海洋封閉論》，雙方在法律層面爭吵多年。

比之荷蘭，英格蘭對海權的重視更多地反映在海軍建設上。

都鐸王朝的英格蘭海軍建設有簡單實用的三大舉措：一是海盜國家化，頒發"私掠許可證"；二是將海盜連人帶船直接並入皇家海軍；三是培養和重用造船工匠，許多造船大師得到了國王的賞識，比如，為亨利八世建造大哈亨利號的造船師武·龐德和為伊麗莎白建造新式蓋倫戰船的海軍司庫約翰·霍金斯。

詹姆士一世繼承了重用造船工匠這一策略，他啟用的馬修·貝克（Mathew Baker，1530－1613）更是被授予"船匠大師"頭銜；此後，還湧現出造船"教父"菲尼亞斯·佩特（Phineas Pett，1570－1647）和彼得·佩特（Peter Pett，1610－1672）父子。他們先後為英格蘭皇家海軍建造了兩艘威震歐洲的名艦皇家親王號和海上主權

佚名畫家 1612 年繪製的《菲尼亞斯·佩特肖像》。

上，顯示他的智慧；背景是橫獅子盾形皇家紋章；他最偉大的作品被繪在右上角——建造中的皇家親王號的高大艉樓與精美雕飾。

關於皇家親王號的建造過程，菲尼亞斯·佩特在 1607 年寫給友人的信中充滿激情地交代："我已經開始製造一艘新式戰艦的模型，其中一部分是我親手製作的，用精美雕刻和塗裝進行了優雅的修飾，放在一個用深紅色絲綢覆蓋的底座上。我親自把這個模型送到海軍部大臣在白金漢宮的住宅裏……"當時，皇家海軍要求每建造一艘新型戰艦，都要製作出一個帶有構造細節的船模，送交海軍總部審查。審查皇家親王號模型的是曾統帥皇家海軍第一艦與西班牙無敵艦隊作戰的海軍大臣埃芬厄姆·霍華德。他看到這一模型後，迅速呈送國王詹姆士一世。據菲尼亞斯·佩特的工作筆記稱："國王甚感欣慰。"

菲尼亞斯·佩特設計的新型戰艦集中了歐洲戰艦所有新設計——低舷、四桅、橫帆，4 根桅杆，特別是船舷兩側的三層火炮（當時各國戰艦多為兩層火炮，一在主甲板，一在甲板下）……共裝備 55 門炮，船員增至約 500 人，設計排水量為 1200 噸，超過當時大型戰艦的一半。看到如此超前的設計，國王詹姆斯一世立刻委任菲尼亞斯·佩特在泰晤士河畔的伍爾威治皇家造船廠，

號，並與其後代被統稱為引領英格蘭造船界 200 年的"佩特王朝"，得到王室的欣賞和保護，《菲尼亞斯·佩特肖像》至今仍掛在倫敦國家肖像館。

這裏藉助佚名畫家 1612 年繪製的《菲尼亞斯·佩特肖像》來説説這位造船大師和他的傑作皇家親王號。畫中的菲尼亞斯·佩特的穿著完全不像一個木匠，他身著飾有花袖的華服，腰繫金絲帶，像握著權杖的海軍元帥一樣，左手握著他的權力象徵——三角尺；拿著羽毛筆的右手按在一個展開的造船圖紙

開工建造這艘大型戰列艦。

出手不凡的菲尼亞斯·佩特，來自培養了至少十幾個聲名顯赫的造船師家族，家族大部分成員受洗禮時多命名為菲尼亞斯，或命名為彼得。雖然他出自名門，但這一大膽的設計還是受到了同行的激烈反對。首先是它的兩萬英鎊造價，足以建造6艘小型戰艦。另外，它用了太多的"肋板"，船也吃水太深；還有其豪華的裝飾過於鋪張。各方投訴，使國王不得不駕臨船廠實地考察。

1609年5月，國王來到造船工地，經過一個上午現場觀查後，做出評判：各方投訴，皆為嫉賢妒能。佩特，繼續完成造船任務。

1610年菲尼亞斯·佩特主持了這艘大型戰列艦的下水典禮，威爾斯王子親臨現場，將此艦正式命名為"皇家親王號"。他用貴重金屬製成的杯子，啜飲一小口酒，將剩下來的酒灑向甲板及船頭，隨後把杯子擲向船外 —— 那是一個劃時代的動作：它宣告輝煌半個世

1661年繪製的《皇家親王號》。

紀之久的“蓋倫”船走向末路，同時也宣告戰列艦時代的到來……歐洲海上軍備競賽，拉開了大幕。

討喜的是皇家親王號下水這年，菲尼亞斯·佩特還完成了另一件傑作，他的兒子、未來的造船大師彼得·佩特（Peter Pett）降生。25 年後，他在父親的指導下完成了這個造船家族的又一傑作——海上主權號。

最初建造的皇家親王號還沒有“戰列艦”這個名稱，菲尼亞斯·佩特只是稱它為新型戰艦。事實上，它也算不上標準的風帆戰列艦，它當時僅配備的55 門艦炮，分裝在三層甲板上，但最上層甲板還不是全炮層甲板；它只能算是過渡型風帆戰列艦。不過，1641 年

荷蘭畫家小威廉·德維爾德 1666 年創作的《皇家親王號投降》。

改建後的皇家親王號，變為三層全炮層甲板，艦炮裝載數量增加到80門。此時，它已是一艘準風帆戰列艦了，並以戰列艦的姿態參加了第一次英荷海戰（1652－1654）。

說到了最初的戰列艦，就要說說最初的戰列綫戰術。它是海戰中作戰艦隊的作戰術語，意指作戰艦隊排列成一長條的綫形陣形。這一戰術最早的應用年份，仍有爭議。葡萄牙人稱，早在1502年葡萄牙東印度艦隊在印度海戰中，就已廣泛使用戰列綫戰術。不過，英格蘭與荷蘭的第一次海上戰爭，通常被看作是戰列綫戰術的誕生之役。一是雙方將領都使用了這一戰術，二是荷蘭對此有充分記載，英格蘭還將它寫入皇家海軍戰術條令。值得一提的是，戰列艦在這場海戰中的使用，令這場海戰有了開啟"戰列艦時代"的特殊意義。

最後要交代的是皇家親王號1661年又進行了一次改建，排水量增加至1400噸，火炮增至92門，真正步入了"三層甲板戰列艦"的行列。在這幅1661年繪製的《皇家親王號》油畫中，可以清楚地看到皇家親王號三層甲板排列的火炮，它的三根桅杆也十分搶眼（改建去掉了沒有必要的尾桅，令其更加靈活），特別是船首斜桅上那根小立桅，在很長時期都是風帆戰列艦的標誌之一，法國的皇冠號、皇家太陽號上都能看到它。這個小立桅實在沒什麼大用，18世紀時它被淘汰了。

令英格蘭人尷尬的是在1666年6月1日到4日的英荷"四日戰爭"中，英格蘭海軍被荷蘭海軍打敗。人們可以從荷蘭畫家小威廉·德維爾德1666年創作的《皇家親王號投降》中看到，畫中的皇家親王號已掛出白旗投降，荷蘭人正派小船前去接收。此時，皇家親王號已損毀並擱淺，荷蘭海軍總司令德·魯伊特，為羞辱英格蘭人，下令一把火燒了這艘明星戰艦。

海上主權號

世界第一艘火炮過百的三層甲板戰艦

　　1635 年，已當了十年國王的查理一世認為有必要建一艘更大的旗艦以顯示英格蘭的海上權威，他將這艘新艦命名為海上主權號（Sovereign of the Sea），從這一命名可以看出英格蘭想用戰艦來宣示自己的海上主權與海上霸主地位，也奠定了英格蘭重視海上控制權的傳統。

　　領命建造此船的是菲尼亞斯·佩特和他在伍爾威治船廠當主管的兒子彼得·佩特，說是父子二人共建造海上主權號，而此時老菲尼亞斯·佩特已經 65 歲了，實際上是由 25 歲的兒子彼得·佩特來完成國王的任務。筆者在英國國家海事博物館參觀《彼得·佩特與海洋主權號》這幅畫時，在展覽說明上再次證實了這一推論："畫面表現的是彼得·佩特與他所設計的海上主權號戰列艦"，這裏沒提老菲尼亞斯·佩特。

　　此畫的作者彼得·雷利（Peter Lely，1618—1680）是荷蘭畫家，但他的職業生涯幾乎都是在英格蘭度過的。雷利的父親是一位軍官，所以他不僅是一位佔主導地位的肖像畫家，同時也是一位對軍事題材感興趣的畫家。如果人們夠細心一定會發現一個奇怪的現象，幾乎所有英格蘭重要的海戰畫、戰船畫，都是它的仇家荷蘭畫家創作的。

　　畫面上的彼得·佩特不像他的父親掛著佩劍，而是一副書生打扮，手裏拿著一個圓規。與他分享二分之一畫布的是 1637 年服役後的海上主權號的形象。

　　海上主權號是世界上首艘裝備超過 100 門艦炮的三層全炮層甲板的大型風帆戰列艦，若含頂層甲板，其有近四層火炮。此艦全長 76 米，寬 14.7 米，排水量 1500 噸，

《彼得·佩特與海洋主
權號》,彼得·雷利繪
於 1645—1650 年間。

艦員 780 人,設計炮位 118 個,考慮
到行船安全性,最後裝有 102 門火炮。
這些炮全是 9 磅—42 磅的艦炮,全是
造價高昂的銅炮,沒有充數的火銃等小
型火器。據稱,海上主權號僅一邊船
舷,就能發射共重一噸的炮彈。海上主
權號耗資 4 萬英鎊,造價是皇家親王號
的兩倍。

雖然,後世將海上主權號稱為 "世
界上首艘風帆戰列艦",但實際上,它
服役時英格蘭海軍還沒有 "戰列艦" 這
個名詞。現在唯一能明確的是 "戰列
艦" 作為一個英語名詞 "Ship of the
Line"(航綫船),最早出現於英格蘭海
軍部首席秘書塞繆爾·佩皮斯 1677 年

提出的 "佩皮斯海軍議案"(即英格蘭
30 艘造艦計劃書)中,從而得到英格
蘭官方認可。"佩皮斯海軍議案" 按火
炮配備與排水量,將風帆戰列艦劃分為
三級:

一級艦 —— 三層炮甲板,火炮 90
門以上,排水量 1200 噸以上。

二級艦 —— 三層炮甲板,火炮
90—80 門,排水量 1200—1000 噸。

三級艦 —— 兩層炮甲板,火炮
80—50 門,排水量 1000—600 噸。

值得注意的是《彼得·佩特與海洋
主權號》這幅畫,並沒有顯示海上主權
號的船體巨大,也沒顯示其載炮之多,
而是以極盡奢華的船尾對著觀眾,這正

是作者想要炫耀的。這艘船由首至尾的外飾之奢華，可謂前無古人：船首雕像是一個騎在馬背上的國王埃德加，把七名匍匐在地的凱爾特國王踏在腳下；船頭還雕刻了騎乘獅子的愛神丘比特、兩個森林之神和六個女神；在邊上還有盾形徽章、頭盔鎧甲、樂器和星座符號；破浪材的側面雕刻著國王的獵犬、獅子、獨角獸和英國的玫瑰、蘇格蘭的大鰭薊草、法國的百合花、愛爾蘭的豎琴以及其他紋章符號；兩舷和艙壁裝飾著女像柱、麒麟和龍，用黃道十二宮連在一起。全部中層的火炮甲板上露出雕刻的中柱，現出 17 世紀的火炮和滑膛槍，夾雜著中世紀的劍、戰斧、盔甲、軍號、戰鼓、戰旗和飄帶。它還覆蓋有超過 600 件精美、華麗無比的青銅飾品。在帶有圓頂和窗戶的船尾上，裝有一個巨型燈籠，兼有裝飾和照明的用途。據說，這一巨燈之大，可以容十二

"海洋主權號圖紙"，小威廉·德維爾德約繪於 1660 年代。

人直立在其中。據一部日記記載：1661年海軍軍官塞繆爾·佩皮斯為試驗它的容量，將五名婦女和自己關在燈內，然後在裏面轉身和她們逐個親吻。整個船尾覆蓋著希臘和羅馬神話中的神像，如勝利女神、海神、主神朱庇特、大力神，和希臘神話中率領亞爾古英雄們赴海外覓取金羊毛的伊阿宋。這些神像表面都貼著金箔，使得整艘戰艦看上去金碧輝煌。

海洋主權號沒留下設計圖紙，存世的"準圖紙"只有荷蘭畫家小威廉·德維爾德大約在1660年代繪製的"海洋主權號圖紙"。它精細描繪了這艘超級戰艦的側面，三層甲板的火炮的安排，以及船側面的奢華裝飾。

據記載，皇家親王號僅裝飾費用就高達6691英鎊，相當於建造11艘戰船的開支。當然，這種極盡奢華的裝飾不是英格蘭戰船的獨有特徵，17世紀的海上列強均以這種誇張的奢華，作為在公海顯示其權威的一種手段。所以，荷蘭人既羨慕又忌妒地稱海上主權號為"金色魔鬼"。

"金色魔鬼"在歐洲名氣很大，它參加了第一次英荷戰爭。據荷蘭人描述，"金色魔鬼"側舷的"一次齊射，足以將一艘荷蘭戰船掀翻"。1660年皇家親王號經歷了一次重建，船上許多華而不實的裝飾被拆下，火炮也精簡為100門。1666年它作為英格蘭皇家海軍的旗艦，參加了第二次英荷戰爭，並打敗了德·魯伊特率領的荷蘭艦隊。1692年，在服役55年時，海洋主權號又在英法巴夫勒爾海戰中亮相。不幸的是5年之後，由於一名廚師把一支點燃的蠟燭放在艙內，引起大火，"金色魔鬼"就這樣在自家港灣裏"犧牲"了。

七省號

荷蘭的海上「屠夫」與他的「快刀」

英格蘭自從 1588 年擊敗了西班牙無敵艦隊後，便意欲稱霸北大西洋。

尼德蘭自從 1581 年宣佈廢黜西班牙統治者菲利普二世，成立"尼德蘭聯省共和國"（漢語通常譯為"荷蘭聯省共和國"）之後，已成為脫離西班牙即哈布斯堡家族統治的獨立國際角色，漸漸成為一支海上新勢力。

同為新教國家的英格蘭與荷蘭曾共同挑戰強大的天主教西班牙帝國，英格蘭不光自己對抗著西班牙的無敵艦隊，同時還投入大量的金錢以及部隊支援荷蘭對抗西班牙。然而，隨著歷史的發展，當英格蘭逐步趕上西班牙的海上霸權時，突然發現，依靠商業立國的荷蘭，已然成長為阻止自己稱霸海洋的另一個強勁對手。

1609 年，荷蘭為海上"捕獲"確立法律依據，拋出了《海洋自由論》。

1618 年，英格蘭為佔有周圍海域確立法律依據，拋出了《海洋封閉論》。

兩國在打法律官司的同時，誰也沒停下建造戰艦的競賽。

1610 年英格蘭率先造出了三層甲板的準風帆戰列艦皇家親王號，大大刺激了有著"海上馬車夫"美名的荷蘭，很快荷蘭造出了一批 80 門炮級別的優秀三層甲板戰艦。此中，最出彩的就是七省號（De Zeven Provinciën，英語：Seven Province，漢語也音譯為"德·澤文·普羅維森號"），其艦名取自尼德蘭（荷蘭）七省聯省共和國，它是共和國的標誌性符號。事實上，還有第八個省——

德倫特郡，但當時這一地區過於貧困，聯邦對其免徵稅收，相應地，它也沒有資格在聯邦中派駐代表。

1663 年，英格蘭組織"皇家非洲公司"開始進攻荷蘭在非洲西岸的殖民地，並於 1664 年佔領，企圖從荷蘭手中奪取一本萬利的象牙、奴隸和黃金貿易；1664 年 4 月，一支英格蘭海軍遠征隊佔領了荷蘭在北美的新阿姆斯特丹，並將其重新命名為新約克，即紐約。英格蘭還頒佈了更為嚴苛的新的《航海條例》……荷蘭也不甘示弱，1664 年 8 月荷蘭戰艦收復了被英格蘭佔領的原荷屬西非據點；1665 年 2 月，荷蘭正式向英格蘭宣戰，第二次英荷戰爭爆發了，這是歐洲列強的虎狼之爭。

據史料記載，至 1664 年，荷蘭海軍已擁有 103 艘大型戰艦，火炮 4869 門，官兵 21631 人，已經擁有了同英格蘭海軍抗衡的能力。不過，此時的"七省號"尚在荷蘭鹿特丹造船廠的船台之上，一年以後才能下水形成真正的戰鬥力。

1665 年鹿特丹舊海軍部造船廠建造的七省號下水，該艦下層甲板長度達到了 46.14 米，船舯部寬度 12.17 米，最大吃水深 4.67 米。由於史料文獻中普遍缺失這批大型 80 門炮雙層甲板戰艦的排水量數據，只能根據同時期類似戰艦推測其排水量在 1000—1200 噸之間。該艦的武備系統包括：12 門 36 磅火炮，佈置於下層甲板後部；16 門 24 磅火炮，佈置於下層甲板中前部；14 門 18 磅火炮，佈置於上層甲板中後部；12 門 12 磅火炮，佈置於上層甲板前部；26 門 6 磅火炮，佈置於艏艉樓露天甲板的炮座上。值得一提的是下層甲板的 12 門 36 磅的重型火炮，這是當時荷蘭海軍的最強武器，這一磅數也幾乎是那個時代火炮彈丸的上限。在最下層甲板的重炮佈置上，"七省號"單側擁有 14 個射擊孔，比英國同等戰艦上的 12 或 13 個射擊孔還要多一些。船上攜帶超過 2000 平方米風帆，有船員 420 餘人。

1666 年至 1674 年七省號一直是荷蘭"戰神"德·魯伊特的旗艦。1678 年它又成為荷蘭海軍少將揚·布拉克爾的旗艦。1694 作為退役廢船拆解。

請注意，七省號主桅頂端懸掛的橙白藍三色國旗，此旗名為"親王旗"（Prinsenvlag），1579 年由奧蘭治親王威廉一世（Willem van Oranje）啟用。在八十年戰爭期間，"親王旗"曾作為尼德蘭共和國從西班牙帝國壓迫中獨立出來的象徵。歐洲最早將三色旗與"共和主義"聯繫到一起的正是這面"親王旗"（橫條三色），而著名的代表著"自由、平等、博愛"的法國三色旗（豎條三色），是法國大革命期間才用作國旗。1795 年之後，法蘭西第一帝國的附庸國廣泛使用三色旗後，它漸漸成為歐洲各國國旗的主流格式。

愛看電影的人也許會注意到 2015 年荷蘭拍了一部大片，名字就叫《海軍上將德‧魯伊特》。幾年前，筆者到阿姆斯特丹國家博物館參觀，看完了正廳的鎮館之寶倫勃朗《夜巡》後，就在該館亞洲部主任的引領下來到海戰繪畫廳，此廳除老、小威廉巨大的海戰畫外，最耀眼的就是巨幅油畫《德‧魯伊特肖像》。電影主人公的扮相與眼前這幅橫鬚蓬髮的"屠夫"肖像完全吻合。

畫中的德‧魯伊特立在彎卷帷幕和欄杆前，擺了個稱霸海洋的姿勢：右臂斜靠在一個地球儀上，手中握掌控荷蘭海軍的權杖，身後是荷蘭艦隊，其中最大的戰船就是他的旗艦七省號，船尾掛著橙白藍條紋的荷蘭國旗。船艉雕塑是一組徽章，中央是共和國大徽章，周圍環繞著七省的小徽章，代表著古爾德公爵領地、荷蘭郡、澤蘭郡、烏得勒支省貴族、上艾瑟爾省貴族、弗里斯蘭省貴族、格羅根和歐姆蘭德省貴族。

第二次英荷戰爭的初始階段，德‧魯伊特依靠傑出的海軍指揮藝術，率領荷蘭艦隊遊弋於英吉利海峽、泰晤士河口外，有效地保護著荷蘭的戰時交通綫，保護荷蘭的海外貿易就是有效地保存了荷蘭的國力，但英國海軍依然控制

《德‧魯伊特肖像》，費迪南德‧波爾繪於 1667 年。

著制海權，荷蘭海軍處於相對被動的地位。1666 年初，荷蘭說服了法國人站到一起對抗英格蘭，英吉利海峽的戰略局勢變得更加複雜。由於錯誤的情報，英王查理二世誤判法國艦隊會進入英吉利海峽作戰，故而將英軍本土艦隊一分為二，由魯伯特親王率領一支由 20 餘艘主力戰艦組成的精幹艦隊，迎擊子烏虛有的法國艦隊，由喬治‧蒙克率領其餘 79 艘艦船（含縱火船等）組成龐大的英軍預備隊，準備隨時支援魯伯特親王。然而，前進中的英軍預備隊卻迎頭

撞上了德·魯伊特坐鎮七省號指揮的、由 84 艘戰艦組成的荷蘭主力艦隊。從 1666 年 6 月 1 日持續到 6 月 4 日，當時歷史上持續時間最長的海戰 ——"四日海戰"爆發了。

"七省號"在這場海戰中的表現可圈可點，它的火力在對抗英國大型三層甲板戰艦、英軍總司令喬治·蒙克的旗艦皇家查理號時，甚至取得了壓制性的優勢。持續了 4 天的海戰以損失慘重的英軍利用夜幕與大霧掩護撤退，而荷蘭海軍也是打得彈盡糧絕、斷桅殘櫓無力追擊而結束。

據史料統計，此戰荷蘭海軍只有 4 艘小型艦船被擊沉，近 2800 人傷亡；英軍則損失了包括三層甲板戰艦在內的 17 艘主力戰艦，約 5000 人傷亡，另有近 1800 人被俘。這場戰役荷蘭海軍創造了兩個海戰歷史：俘虜了英國海軍上將愛司句，這是風帆年代唯一一位在戰爭中被俘虜的海軍上將；俘獲了愛司句的"坐騎"——皇家親王號，並將它一把火燒了。荷蘭人的這兩個"第一"對於英格蘭的自尊與自信都是個沉重的打擊。

需要指出的是，畫中桌面上攤開的地圖顯示的不是"四日海戰"的位置，而是德·魯伊特出生的瓦爾赫倫島，它

《戰艦七省號》，老威廉·范·德維德大約繪於 1664 年。

處在荷蘭澤蘭省和佛蘭德之間的斯海爾德河口。德·魯伊特 10 歲出海，28 歲成為商船船長，而後加入荷蘭海軍，1665 年成為荷蘭海軍總司令。在與西班牙、法國和英格蘭海軍的較量中，德·魯伊特成長為荷蘭海戰史上最有名的"海上殺手"，也是最令英格蘭皇家海軍心驚肉跳的"屠夫"。

這幅巨大的布面油畫作者是荷蘭畫家費迪南德·波爾（1616—1680）。此畫原來在荷蘭海軍手裏，1808 年被阿姆斯特丹國家博物館收藏。

插畫《戰艦七省號》，是老威廉·范·德維德的作品，他和兒子小威廉·范·德維德被請到英格蘭皇家海軍做專職畫師，專畫船畫，並以畫筆記錄海戰。這幅大約繪於 1664 年的素描插畫，不像一件藝術品，它的圖紙特色令後世研究古代造船史的人非常感興趣，也只有這幅素描才能讓人們看清楚這艘王牌戰艦的結構和三層甲板火炮的排佈。

這幅 1672 年老威廉·范·德維德畫的《荷蘭戰列艦隊》，將荷蘭著名風帆戰列艦都彙聚在一個畫面裏，畫面左起為七省號（1665 年入列），緊鄰它的是休閒號（'t Huis Tijdverdrijf，1655 年入列），正中央的是金獅號（Gouden Leeuw，1666 年入列）和白海豚號（Witte Dolphin，1666 年入列）；畫面右邊的三艦，左起為自由

《荷蘭戰列艦隊》，老威廉·范·德維德 1672 年繪製。

號（Vrijheid，1651 年入列）、白象號
（Witte Oliphant，1666 年入列）和奧
蘭治號（Oranje，1666 年入列）。老
威廉‧范‧德維德在這裏完成了一次
畫上大閱兵，也為後世留下了精緻的
荷蘭戰列艦史料。這種鋼筆油畫（Pen
Drawing or Pen painting）是荷蘭共和
國 17 世紀藝術家使用的繪畫技法，先
在畫布上塗一層白色顏料做底色，而後

在上面用鋼筆作畫，這種畫特別適合表
現戰船的細節，老、小威廉都畫過這
種畫。

荷蘭人的海上威風，在 18 世紀之
後被大不列顛聯合王國（1707 年，英格
蘭與蘇格蘭簽訂協議，正式合併為大不
列顛聯合王國，誕生了嚴格意義上的不
列顛聯合王國——英國）取代，此後，
它完全淪為一個可有可無的角色了。

從皇家號到皇冠號

法國海軍之父黎塞留的「萬塞」艦隊夢

　　歐洲古代名相中，知名度最高的莫過於統一德意志帝國（亦稱德意志第二帝國，第一帝國為神聖羅馬帝國）的"鐵血宰相"俾斯麥，如果說，誰還能與其齊名，當屬比俾斯麥早兩百多年的法國名相黎塞留，他才是歐洲"鐵血宰相"的"先驅"。

　　黎塞留，全名阿爾芒·讓·迪普萊西·德·黎塞留（Armand Jean du Plessis de Richelieu），他原本是一個小的教區的主教，作為僧侶界代表被選進三級會議，由此步入政壇。1610 年法王亨利四世被刺死後，9 歲的長子路易十三繼位，太后攝政，後來，在太后、王黨與後黨的黨爭之中，已任紅衣主教的黎塞留於 1624 年登上首相寶座。

　　歷史學家在評價黎塞留時，除了肯定他分化瓦解日耳曼諸邦，把陸上國境綫推到萊茵河西岸，將法國變為歐洲大國的歷史作用外，都強調了他作為"法國海軍之父"的特殊身份。當然，若與"英格蘭海軍之父"亨利八世相比，他又是一個創建國家海軍的"晚輩"。

　　黎塞留當然知道法國海軍與英格蘭海軍的巨大差距，接任首相的第二年，即 1625 年，就建立了法國海軍部，自己親任海軍大臣，並將原法國"皇家海軍"，更名為"國家海軍"。法國兩邊是海，黎塞留在西北和東南，建立了大西洋艦隊和地中海艦隊，前者駐守布雷斯特港口，後者駐守土倫港口，海軍最高指揮權收歸中央政府……1627年，黎塞留還批准在今天加拿大魁北克建立新法蘭西公司，確立了法國在北美的殖民地，可以說，在實踐法國的海陸與海外霸權上，黎塞留創造了歷史。

這幅 18 世紀繪製的《黎塞留與神父約瑟夫和寵物貓》油畫，很適合用來講黎塞留初創法國海軍的故事：畫中央穿紅袍的自然是紅衣主教黎塞留，他身後的白鬍子老人是約瑟夫神父（Père Joseph），人稱 "灰衣主教"。約瑟夫早年追隨法國國王亨利四世，並在其軍中仕職，後與黎塞留共事，結下深厚友誼，長期擔任黎塞留的外交顧問，出使歐洲各國。那幾隻貓不是畫家為了有趣憑空加入畫中的，據史料記載，紅衣主教黎塞留當年養了許多安哥拉貓，貓腳下的地圖，也不是憑空加入的，它是拉羅謝爾海防地圖。

保家衛國，需要戰艦，開疆拓土，更需要戰艦。不過，1627 年國家船塢尚未建好時，法國只能在阿姆斯特丹請荷蘭人先為法國建造排水量 1000 噸的準戰列艦皇家號（La Royal）。它是法國文獻中可以查到的最早的大型風

《黎塞留與神父約瑟夫和寵物貓》，查爾斯·愛德華繪於 18 世紀。

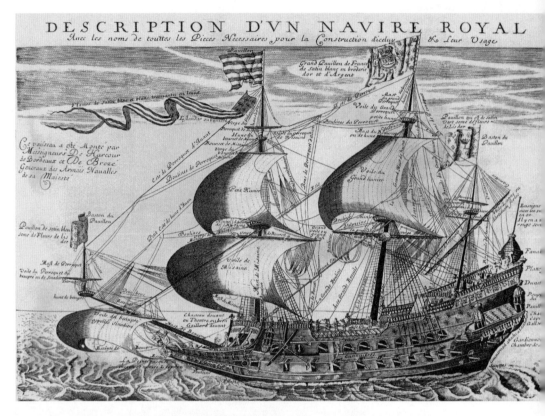

DESCRIPTION D'VN NAVIRE ROYAL
Auec les noms de toultes les Pieces Necessaires pour la Construction d'iceluy & Leur Vsage.

1633 年完工的皇冠號留下了重要的外觀圖紙，圖上能標注的地方都做了標注，是一幅有明確實用意圖的圖紙。

帆戰列艦，載炮 52 門，最大的炮為 36 磅，最小的炮為 12 磅，火炮分佈在兩層舯板和艏艉樓上。遺憾的是，這艘戰艦到 1649 年退役時也沒參加過一場海戰。

1628 年，黎塞留攻陷了法國新教胡格諾教派盤踞在法國西部大西洋沿岸的拉羅謝爾要塞。此役英格蘭派船增援法國新教胡格諾教派的艦隊，這讓黎塞留深切地體會到海軍對法國安全的重要性，下決心建造一支全新的法國海軍。畫家顯然知道黎塞留為法國海軍建造新戰船的歷史，特意在畫中安排了兩個風帆戰列艦船模，一個放在桌面上，一個放在地上的架子上。

攻克拉羅謝爾要塞的第二年，黎塞留就在面朝大西洋的拉羅謝爾船廠自主建造新式戰艦。17 世紀上半葉，法國人製造出可以替代"蓋倫"式戰艦的新型艦種，法語稱其為"萬塞"

（Vaisseaux），也就是英語的戰列艦（Ship of the Line）。法國第一艘"萬塞"級戰艦是皇冠號（La Couronne），它也是法國人自己建造的第一艘戰艦，結束了在荷蘭建造法國戰艦的歷史。監督建造該戰艦的是法國著名木匠查爾斯·莫瑞爾（Charles Morieur）。造船的橡樹來自布列塔尼森林，但大炮、桅杆和部分麻繩都來自瑞典。此船長 54.2 米，裝備了 68 門重炮，8 門可以向船頭前方開火，8 門可以向船尾後方開火。黎塞留記載此艦排水量為 1800 噸，但後世專家認為這應是個誇張的數字，早期的艦船噸位計算混亂，多有誇張。

皇冠號戰艦 1637 年至 1643 年服役，後來作為大西洋艦隊的旗艦參加了多次法國對西班牙的海上戰鬥。

1634 年完工的皇冠號，比荷蘭人為法國造的皇家號幸運，它留下了重要的圖紙，即這幅標注精細的皇冠號插畫，實際上就是一幅外觀圖紙，能標注的地方畫上都做了標注。插畫上沒留下藝術家的名字，繪製日期大約為 1643 年，作為極重要的古戰船文獻，現收藏在巴黎國立海洋博物館。

黎塞留為相十八載，先後主持建造了 27 艘風帆戰列艦，還有 20 艘大槳戰船，總算撐起了法國的海上門面，與當時的海上強國英國、荷蘭相比，還屬小兒科，但畢竟開啟了法國近代海軍之路。

1642 年，黎塞留因肺炎病逝。他的離去給病中的法王路易十三打擊甚大。據說，在黎塞留下葬後的一天，重病難支的路易十三強打精神逗自己 5 歲的兒子："你叫什麼名字？"孩子認真地回答道："我叫路易十四"。正是這個小孩承繼了先輩未竟的海軍事業，在未來的日子裏，締造了可以對抗英格蘭皇家海軍的法蘭西"太陽艦隊"。

皇家太陽號

路易十四法國海軍的「太陽艦隊」

黎塞留離世不久，路易十三也與法國作別了，他的兒子路易十四登基，這一年是 1643 年，小國王才 5 歲，為他掌管國家的是前宰相黎塞留指定的新宰相馬薩林。這位宰相 1661 年臨終時，密囑已經長到 24 歲的路易十四要親自掌權，不要再任命宰相。於是，法國有了"朕即國家"的"太陽王"。

法國"太陽王"幾乎就是一個"不落的太陽"——從 1661 年至 1715 年，路易十四共執政 72 年，成為世界上執政時間最長的君主之一。這位把自己打扮得像一個妖艷女人似的國王，其實很"男人"。他親政後在不斷擴大法國陸上疆域的同時，也不甘心讓英格蘭在海上一家獨大。承繼路易十三已經鋪開的法國海軍攤子，路易十四要與英格蘭來一場軍艦大比拼，從 1690 到 1700 年的十年間，法國海軍戰列艦總噸位，超過了英格蘭，打造出一支影響歐洲海上力量的"太陽艦隊"。

1669 年，在法國北部港口城市布雷斯特，皇家造船師勞倫特·赫巴克（Laurent Hubac）設計並督造了當時世界最大的戰列艦皇家太陽號（Le Soleil Royal，漢語音譯為"皇家索萊爾號"）。這艘戰艦的名字來自"太陽王"，路易十四選擇了象徵自己的"太陽"徽章作為這艘戰艦的徽章。此艦的巴洛克風格裝飾也登峰造極：船艏塑像是駕馭著海馬正騰空而起的風神，寓意著這條巨艦禦風而行的天性；戰艦尾樓與側舷上部，飾有金箔覆蓋的雕塑，船尾巨大的太陽神阿波羅駕著四匹天馬拉的車巡遊在雲端的雕像，更是這種技藝的極致，堪稱世界海軍史上的藝術品。

《法國皇家太陽號》作為插畫出現在一部 1844 年法國出版的海事著作中，
這是目前能找到的最早最完整的法國皇家太陽號歷史圖像。

這艘著名的風帆戰列艦長 77 米（包括首斜桅長度），排水量達 2400 噸，裝有 110 門最奢華的青銅炮，是與英格蘭海洋主權號齊名的 17 世紀最偉大的三層甲板風帆戰列艦。

1840 年，法國海洋畫家莫雷爾‧法蒂奧（Morel-Fatio）畫了一幅《皇家太陽號》插畫，收入 1844 年法國出版的海事著作中，這是目前能找到的皇家太陽號最早、最完整的歷史畫像。

皇家太陽號下水後，一直停放於布雷斯特港，多年未能入列，直到 1688 年 “九年戰爭” 爆發。因路易十四欲在歐洲大規模擴張，遭到荷蘭和神聖羅馬帝國哈布斯堡王朝、瑞典等國家組成同盟聯合對抗。光榮革命後，荷蘭執政威廉三世成為英格蘭國王，從而使英格蘭也加入了反法的 “九年戰爭”。

“九年戰爭” 中，皇家太陽號正式服役，並作為法軍旗艦出征，此時它載有 112 門火炮和 1200 名船員。雖然皇家太陽號的巴洛克裝飾登峰造極，但打起仗來還是要靠大炮。皇家太陽號的三層甲板，佈有 24 磅、18 磅、12 磅和

8 磅炮四種火炮。最重的 24 磅炮放在最下層主炮甲板，18 磅炮放第二層甲板，12 磅炮放在最上層甲板，以保證帆船的重心穩定。8 磅火炮則佈置於艏樓和艉樓甲板，前 4 門炮用於追擊敵艦時向前射擊，後 4 門炮，用於阻擋敵艦追擊。三層火炮形成從頭到尾的火炮陣列，這種三甲板戰列艦，當時是一級戰列艦，也是最大的主力艦。

1690 年 6 月 22 日，作為法國地中海艦隊副司令和海軍總司令圖爾維爾（Anne Hilarion de Costentin de Tourville）旗艦，皇家太陽號駛出布雷斯特港，在比奇角之戰中，戰勝英荷聯

《1692 年瑟堡港與被火攻的皇家太陽號》，小威廉·范·德維德大約在 1692—1707 年間繪製了這幅油畫。

合艦隊，擊沉和捕獲 15 敵艦，而自己無一損失。但隨後法軍並沒有乘勝追擊，英荷聯軍艦隊逃入泰晤士河，為後來繼續戰鬥保存了實力。

1692 年 5 月 12 日，路易十四強令沒有準備好的法國海軍出戰，皇家太陽號再次作為圖爾維爾的旗艦，率領 45 艘軍艦組成的艦隊出征。5 月 29 日，法國艦隊遭遇了一支由 97 艘軍艦組成的英荷聯軍艦隊，雖然雙方數量懸殊，法軍仍然迫使聯軍艦隊撤出戰鬥，但自身也損失嚴重，尤其是旗艦皇家太陽號由於損傷過重而無法返回母港布雷斯特，被迫就近駐泊維修。四天後，無法航行的皇家太陽號，又受到 17 艘英荷聯合艦隊的戰艦圍攻，最終被一艘縱火船點燃，火勢很快逼近彈藥艙並引起了巨大爆炸，爆炸完全摧毀了皇家太陽號。

大約是在 1692—1707 年之間，荷蘭海洋畫家小威廉‧范‧德維德繪製了《1692 年瑟堡港與被火攻的皇家太陽號》這幅油畫，畫右側燃起大火的是皇家太陽號，旁邊插著英格蘭旗的小船即是縱火船。沒有任何名號的縱火船，算不上正經戰艦，卻在實戰中以小搏大，摧毀正牌的戰艦。在 17 世紀的海戰中，縱火船的地位相當於現代海戰的魚雷。在木帆船時代，縱火船一次成功的攻擊，足以燒毀威力強大、船身巨大的木質戰艦。法國皇家太陽號正是因為帆索等設備毀壞，無法移動；結果被小小的英格蘭縱火船燒毀。

　　1588 年西班牙的無敵艦隊被英格蘭打敗，這對西班牙皇家海軍的打擊是毀滅性的。此後相當長的時間裏，確切地說是從 1639 年唐斯之戰，西班牙艦隊又被荷蘭海軍打敗，並放棄征服荷蘭後，西班牙海軍處於極度衰落之中。

　　一直到 1688 年，西班牙才建造了第一艘三層炮甲板裝有 94 門炮的戰列艦聖母康塞普西翁號（N. S de La Concepcion），還有 1690 年下水的配有 96 門大炮的聖菲利普號戰列艦。這些戰艦憑藉強大的戰鬥力成為西班牙無敵艦隊的主力戰艦。但仍無法與當時的"海上雙雄"英格蘭和法國相比，甚至與其他海上強國諸如荷蘭、瑞典、丹麥等相比，西班牙的這些戰艦都顯得微不足道。順便說一句，當時的西班牙戰列艦不用英語的"Ship of the Line"，而稱其為"Navio"（大船）。

　　此後 30 多年裏，西班牙除了幾艘兩層甲板的戰艦，幾乎沒有一艘真正的三層甲板戰艦服役。1769 年 3 月 3 日，至聖三位一體號（Navio Santísima Trinidad）完工，在西方國家戰列艦大比拼中，總算有了一件登峰造極之作。當然，它是在不斷改裝中最終才成形的超一級風帆戰列艦。

　　這艘先進的戰列艦由愛爾蘭裔設計師馬修‧穆蘭（Matthew Mullan）設計，在當時西班牙佔領的古巴哈瓦那船廠完成建造。初始設計圖是一艘三層甲板的一級戰列艦，載員 1050 人，火炮 112 門。

　　至聖三位一體號入列十年後，1779 年西法結盟抗英，同時，支持美國獨立戰爭。這年夏天，至聖三位一體號作為西班牙海軍旗艦，加入了封鎖英吉利海峽的西法聯

至聖三位一體號耀眼的紅色塗裝。

合艦隊。1782 年，至聖三位一體號被編入西班牙地中海中隊，加入西法聯軍對直布羅陀的 "大圍困" 戰役（1704 年在西班牙王位繼承戰爭中，英格蘭佔領了直布羅陀）。

　　這艘海上巨無霸入列後，一邊參戰，一邊改造。它遵循西方列強 "炮多，即是正義" 的原則，不斷增加戰艦載炮量。從 1795 年到 1796 年，西班牙人用了一年時間，將至聖三位一體號的艏艉樓聯通，在船頂加出一層全炮甲板，使其成為當時絕無僅有的四層全炮甲板戰列艦，載炮數達到 140 門。當

然，至聖三位一體號也不是當時唯一的四層甲板戰列艦，但 140 門火炮的配置，在完成建造的風帆戰列艦中，卻一直保持著第一的位置，使其成為歷史上最著名的四層甲板戰列艦。

　　改建後的至聖三位一體號，船長約 71 米，若算上船首斜桅則達到 99 米，寬 19 米，吃水 7.2 米，輕載排水量 2800 噸，加上壓艙物近 1000 噸，總排水量達到 3800 噸。它比同一級的英國的勝利號戰列艦大了一圈，其寬度甚至超過了 100 年後排水量更大的鐵甲艦標準船寬。至聖三位一體號還有一個亮

點，就是它的紅色塗裝特別耀眼。

1797 年 2 月 14 日，至聖三位一體號作為西班牙艦隊司令科爾多瓦．拉莫斯（José de Córdobay Ramos）海軍中將的旗艦，參加了伊比利亞半島西南角的聖文森特角的第二次海戰。至聖三位一體號行駛不久，就和英國地中海艦隊的 15 艘戰艦遭遇。這個艦隊的旗艦就是大名鼎鼎的勝利號戰列艦。西班牙艦隊寡不敵眾，有 4 艦被俘、10 艦受重創。

西班牙畫家安東尼奧．德．布魯加達（Antonio de Brugada）1858 年的油畫《受到攻擊的至聖三位一體號》，表現的正是至聖三位一體號的艱難處境：畫中央四層甲板的至聖三位一體號，像一座城堡立在海面上，四層炮窗全部打開，主桅已被打斷，主帆墜落，船尾戰旗已經降下，表示投降，英軍的小船正準備靠近⋯⋯畫左邊，另一艘西班牙戰列艦正趕來救援，至聖三位一體號最終逃出生天。此次海戰西班牙大敗，英國艦隊為重新進入地中海鋪平道路。

至聖三位一體號最後一次參戰是著名的特拉法爾加海戰。至聖三位一體號用猛烈的炮火把英國海軍名將納爾遜的旗艦勝利號打成重傷，自己也遭到多艘英國戰艦輪番圍攻，三根桅杆全被打斷，失去了行動能力，最終選擇投降。不過，英國海軍也沒能俘獲它，至聖三位一體號因進水太多，慢慢沉入了西班牙加的斯港南面海域，結束了 36 年服役生涯。

西班牙畫家安東尼奧．德．布魯加達 1858 年繪製的《受到攻擊的至聖三位一體號》。

波爾塔瓦號

彼得大帝督造的俄羅斯風帆戰列艦

　　俄羅斯是一個後發國家，也是西方海洋大國中戰列艦發展得最晚的國家。

　　俄羅斯講述自己的"悠久歷史"，通常從公元 9 世紀的"基輔羅斯"說起。不過，烏克蘭獨立後，堅決反對這種說法，甚至提出把烏克蘭改回"基輔羅斯"，以別於後發的俄羅斯。其實，"基輔羅斯"是維京人南下幫助基輔人建立的國家。"羅斯"在芬蘭語中意為"划船的人"，指北方人。維京人將"羅斯"與"基輔"組合在一起，有"羅斯之地"的意思。

　　1328 年替蒙古人收稅的莫斯科大公伊凡一世取得弗拉基米爾大公稱號，他藉助在克里姆林大興教堂之際，把東正教羅斯教區總主教駐地從基輔（今烏克蘭首府）遷到了莫斯科，遂使這裏成為王權與神權中心。

　　1547 年有著蒙古血統的伊凡四世執政，他將莫斯科大公正式改為"沙皇（TSAR）"。這裏的"沙"，就是拉丁語"凱撒"（Caesar），漢意時加了"皇"字。同時，將莫斯科公國改為"俄羅斯沙皇國"（表明這裏是東西羅馬之後的"第三羅馬"，這裏的皇帝就是"羅馬的皇帝"）。所謂"俄羅斯"原本就沒有"俄"。蒙古人西征時，因蒙古語中很少有以輔音 R 開頭的，在發此音時加了相應的元音 O，所以自元朝起，中國人便稱其為"斡羅斯"，清朝稱"俄羅斯"。如此，其原稱直譯應該是"羅斯凱撒國"。

　　俄羅斯的海洋史和海軍史由彼得一世書寫。

　　沙皇俄國創立之初，僅有北部白海一個出海口，這裏是一個有半年冰封期的"死港",那時的俄羅斯還算不上一個海洋國家。1689年17歲的彼得推翻了同父異母的姐姐索菲亞,開始親政。1695年彼得派沙俄軍隊南下亞速海,但由於沒有海軍,無法阻止土耳其對克里木韃靼人的增援,致使攻打亞速海口地塞的戰役失敗。1696年彼得下令組建了俄羅斯第一支海軍——亞速海艦隊(軍旗定為白底上的藍色聖安德烈十字。直到現在俄羅斯海軍都懸掛此旗幟)。

1697年彼得假扮成普通軍官,親自帶俄羅斯使團到歐洲考察,先後在荷蘭、英國學習造船和航海技術。放眼世界的彼得一世,深感不打通通往歐洲的海路,沙俄永遠也走不出封閉的困境。

1700年世紀之交,彼得發動了旨在奪得波羅的海出海口的"北方戰爭"。這場歷時21年之久的戰爭,最主要的對手就是瑞典。正是在這個大背景下,1709年彼得大帝下令建造戰艦波爾塔瓦號(Poltava)。1712年6月15日,波爾塔瓦號在聖彼得堡海軍船廠下水時,整個沙皇家族都出席了慶

2018年俄羅斯人在聖彼得堡複製了風帆戰艦波爾塔瓦號。

典，這是聖彼得堡海軍船廠下水的第一艘戰列艦。

這艘戰艦命名為波爾塔瓦號，意在紀念波爾塔瓦戰役，它是俄羅斯與瑞典漫長的"北方戰爭"中的標誌性戰役。波爾塔瓦是今日烏克蘭東部的一個河畔小城，當年瑞典皇帝查理十二魯莽的孤軍深入給了彼得一世一個夢寐以求的機會，最終，整支瑞典軍隊被俘、被殺、潰不成軍，這場戰役標誌著俄羅斯已經成長為一個新的軍事強國。

波爾塔瓦號並不大，僅是一艘四級戰列艦，配備 54 門炮，船長約 39.8 米，船寬 11.7 米，艙深 4.6 米，船殼外板為厚度約 13 厘米的優質橡木，整船的排水量估計在 1100－1200 噸左右。

波爾塔瓦號下水之後，一直是波羅的海艦隊的主力艦之一，主要任務是對抗瑞典艦隊。在 1713 年、1714 年芬蘭灣戰役中，都發揮了重要作用。1715 年波爾塔瓦號加入英荷聯合艦隊巡航波羅的海；1716 年再一次擊退圍困哥本哈根的瑞典艦隊，並作為俄國、丹麥、英國、荷蘭聯合艦隊的一員巡航波羅的海；1717 年作為 14 艘戰艦艦隊的一員巡航瑞典海岸，為俄羅斯登陸哥特蘭島（瑞典最大島嶼）的部隊提供支援。1721 年"北方戰爭"已趨結束，波爾塔瓦號卻在一次波羅的海例行巡航中遭

1971 年前蘇聯發行了波爾塔瓦號紀念郵票。

遇風暴受損嚴重，重新修整之後，改為海軍培訓艦船，並一直服役到 1729 年。

1721 年"北方戰爭"結束時，沙皇俄國僅在波羅的海的艦隊，就已有 124 艘自己造的戰艦；瑞典王國則從此衰退並消失在歐洲列強的名單上，俄羅斯人從此稱霸波羅的海，沙皇彼得一世也變成了彼得大帝。

波爾塔瓦號的名字，在俄羅斯海軍中先後被 7 艘艦船繼承了下來，1971、1989 年蘇聯先後為這條船發行過郵票。2018 年，俄羅斯人在聖彼得堡復建了一艘風帆戰艦波爾塔瓦號，以紀念它海上爭霸的英雄歲月。

1789 年 7 月 14 日，法國爆發大革命，波旁王朝土崩瓦解，法國陷入亂局。1799 年 11 月 9 日，拿破崙發動軍事政變，解散了無能的法國督政府，成立了自己任第一執政官的執政府。一年後，執掌法國政權的拿破崙接連戰勝奧地利、俄國、土耳其，反法聯盟被徹底打散。唯有大海那邊的英國實力尚在，並帶頭組織新的反法聯盟。

1803 年，法國與反法聯盟，再次爆發戰爭。這一次，拿破崙決心攻入大不列顛島，他原想用計把英國海軍引到西班牙海岸，而後，趁機登陸大不列顛島。結果，弄巧成拙反被英軍把法、西聯合艦隊堵在西班牙西南沿海加的斯港內。

前幾年，從尼羅河戰役中逃生的法國海軍上將查爾斯．維爾納夫，此時擔任法、西聯合艦隊司令，他聽到拿破崙將派人接替他時，竟在新司令官到來前，率法、西聯合艦隊逃出西班牙加的斯港。在港外恭候多時的英國艦隊，立即撲了上來 —— 於是，引爆了著名的特拉法爾加海戰。

英國國家海事博物館，一直把特拉法爾加海戰作為長期陳設內容。有兩個廳專門展示這場海戰。二樓那個特拉法爾加海戰廳裏，有許多戰爭實物，最著名的是納爾遜將軍禮服，那是他人生最後一戰中穿的軍服，上面有要了他命的彈孔。這個廳裏還有許多關於納爾遜的油畫，最帥的是歷史公認的那幅"納爾遜標準照"。

尼羅河之戰，納爾遜打敗了橫掃歐洲的拿破崙，英國皇室論功行賞，封納爾遜為尼羅河男爵。於是，納爾遜在海軍醫院的朋友帶領下，高高興興地去"照相"——給納爾遜畫像的萊繆爾·弗朗西斯·艾勃特（Lemuel Francis Abbott）並不出名，但他1799年畫的這幅《納爾遜肖像》，卻畫出主人公的神韻。後世，只要用到納爾遜肖像就一定用這一幅。這幅半身肖像把他的雙眼都畫得完美無缺（其實一隻被打瞎了），也迴避了畫手，右邊的袖子是別在胸前，做一個類似藏手禮的動作。不過，納爾遜並不因殘疾而自卑，相反，這些戰傷令他更加迷人。他與英國駐意大利公使漢密爾頓夫人的火爆戀情，轟動朝野。更有意思的是，1940年丘吉爾下令拍攝由費雯·麗、勞倫斯·奧利弗主演的電影《漢密爾頓夫人》，用這個三角戀的故事進行愛國主義動員，竟然大獲成功。

當然，真正使納爾遜成為"皇家海軍之魂"的是他接下來指揮的特拉法爾加海戰。英國國寶級畫家威廉·透納畫的《特拉法加戰役》，在英國國家海事博物館受到特殊禮遇——獨佔一個展廳，黑乎乎的屋子裏只掛這一幅畫。畫的前邊攔著一條繩，旁邊擺著三排長椅，筆者坐在這裏靜靜地欣賞許久……1824年透納繪製這幅巨作時，1805年的那場海戰已過去近20年，但大師仍然將戰爭場面表現得彷彿就是昨天，撐滿了整個畫面的旗艦勝利號

（HMS Victory）浮在海面上，像一個祭壇上的祭品。

從1559年開始至1760年，英國先後有5艘風帆戰艦被命名為勝利號，其中最著名的是始建於1760年的一級風帆戰列艦勝利號。此船船體長69米，甲板最大寬度15.8米，最大吃水6.55米，滿載排水量3556噸，艦上裝備火炮104門，全艦人員850人。它有三根桅杆，前桅、主桅和後桅，其中主桅從吃水綫算起高達63米。艦上可以展開37片帆，展開後最大面積5440平方米。艦上的各種纜索接起來長達41千米。它的建造消耗了2500餘棵橡樹，38噸鐵。它是當時英國海軍最大的戰列艦。

耗資巨大的勝利號，一直到1765年才下水。巧的是英國海軍名將納爾遜在這一年出生。更有趣的是，這艘戰列艦後來的主人納爾遜，完全拋棄了戰列綫戰術，以小分隊游擊戰術，撞開敵人的戰列綫，成為傳統的戰列綫戰法的剋星。

透納繪製這幅巨作，突出了勝利號的三層甲板的火炮。這些鐵鑄大炮可發射12磅到32磅的炮彈，還有兩門可發射68磅炮彈的巨型短炮。其單舷炮一次齊發，可發射出半噸重的炮彈；如果使用400磅的藥包，大炮射程超過1英里；32磅重的彈丸在最遠射程上，可

《特拉法加戰役》,透納 1824 年繪製。

擊穿 2 英寸厚的橡木板。不過,此時的勝利號已沒有什麼故事了。故事都發生在旁邊正在翻沉的戰船和救生船上,英國的旗幟掉到海面上……透納沒有表現勝利的喜悅,而是直面戰爭的悲壯。恰如當年英國海軍通信兵回國報告的那樣:"我們打了個大勝仗,但是納爾遜將軍戰死了。"

1805 年 10 月 21 日,在惡劣天氣的掩護下,法、西聯合艦隊逃出了英國海軍包圍的港口,納爾遜率艦隊追擊。

法、西聯合艦隊有戰艦 33 艘,納爾遜有戰艦 27 艘。納爾遜又一次使用他已熟練掌握的戰術 —— 用迅猛的游擊穿插,把敵人的戰列綫攔腰斬斷,集中火力猛轟維爾納夫的倍申達利號旗艦。開戰數小時後,維爾納夫的旗艦已完全癱瘓,法、西艦隊秩序大亂。

在激戰中,法國勇敢號的狙擊手站在桅盤上,一槍將穿著顯眼的將軍禮服的納爾遜打倒在甲板上。納爾遜在痛苦中硬撐了 3 個小時,終於聽到了勝利

《修復勝利號》，懷利 1925 年繪製，英國國家海事博物館收藏。

的消息——法、西聯合艦隊有 12 艘被俘，8 艘被摧毀，13 艘逃跑，打死敵人四千多，法、西聯合艦隊司令維爾納夫被生擒，英國艦隊幾乎沒有損失。

從交戰雙方的實力對比來看，無論是在戰艦質量還是數量上，法、西聯合艦隊並不處於下風。但缺乏優秀的海軍將領是整個風帆時代法國和西班牙的致命傷，法國的維爾納夫和英國的納爾遜在臨戰指揮能力上的差距，最終使法、西聯合艦隊一敗塗地。事實證明，僅憑

設計優秀、威力強大的三層甲板戰艦，也無法挽回法、西聯合艦隊的失敗命運，這是法國和西班牙在風帆時代的共同悲劇。

勝利號服役到 1812 年，此後，它被拖到乾船塢永久保存。英國畫家威廉‧萊昂內爾‧懷利（William Lionel Wyllie）以油畫《修復勝利號》記錄下勝利號的修復場景。此畫繪於 1925 年，現由英國國家海事博物館收藏。懷利是一位多產畫家，被描述為“他那個

時代最傑出的海洋藝術家"，作品分藏在泰特、皇家學院、帝國戰爭博物館、國家美術館。

畫面中描繪的正在樸茨茅斯碼頭 2 號乾船塢進行修復的勝利號，18 世紀的新式三層甲板戰艦，已修改了 17 世紀流行的斜首桅樣式，取消了上面觀望用的桅盤。立於甲板左側的是藝術家夫婦。船頭雕像是喬治三世的紋章。左下角幾個穿制服的修復委員會的官員正拿著藍圖視察工程進展。左上方是戰艦伊麗莎白號。

順便說一句，1988 年為紀念澳大利亞建國 200 周年，澳方花了十年時間為英國女王定做了一輛新的黃金馬車。這輛馬車被稱作"移動的歷史博物館"，它的製造材料中包括 100 多件英國文物，其中就包括從勝利號上取下的一塊船木，雕刻了馬車上的王冠，可見勝利號尊貴的歷史地位。

勝利號作為英國皇家海軍的圖騰，至今仍在樸茨茅斯港展出，它是目前世界上軍齡最長的戰艦 —— 需要提示的是：這個港口共有 7 個博物館，包括幾艘古船博物館，如勝利號、瑪麗·羅斯號、勇士號等博物館，還有海軍博物館、艦炮博物館、海軍陸戰隊博物館、潛艇博物館。

"海權之父"美國的馬漢先生，曾用一句非常經典的話概括了這場戰爭："在特拉法爾加海戰中的失敗者，並非法、西聯合艦隊司令維爾納夫，而是拿破崙；獲勝的不單是納爾遜，而是被挽救的英國。"這話說得太有海權意味了，它挑明了以法國為代表的陸上霸權，正敗給以英國為代表的新興海上霸權。這一仗，標誌著"陸權時代"即將退出歷史舞台，而"海權時代"通過各種海上紛爭，走上了歷史的前台。

無畏號

一曲帆船戰列艦時代的輓歌

從帆船史的角度講，透納的《被拖去解體的戰艦無畏號》比他的《特拉法爾加海戰》更具歷史意味。它好似終生未婚的老透納對歲月的一聲長嘆，沉重而悲傷。

透納一生都迷戀大海，畫了無數海景畫，在複雜的光影下，他以浪漫主義的手法描繪海船、海風、海浪、海霧⋯⋯這些另類的海景畫，使他無可爭議地與康斯泰勃爾一起，被尊為稱英國風景畫史上的兩座豐碑。不同的是，透納的風景畫已被提高到與歷史畫同等的地位，甚至，他的許多海景畫就是歷史畫的經典。

1839年，65歲的透納開始感到無可抗拒的時光正離他而去，他在縱90厘米、橫121厘米的大帆布上，畫了一團被夕陽染紅了的雲團，看上去正如中國人所說的"夕陽無限好，只是近黃昏"。值得注意的是，他畫的並不是一個人的黃昏，而是一個時代的黃昏——風帆時代的黃昏。

畫中一艘不起眼的小明輪蒸汽船，正拖著一艘落了帆的三桅大戰船，去西邊的船廠解體；蒸汽船高高的煙筒裏，勁頭十足地噴出被晚霞映紅的濃煙⋯⋯這是一幅淒美的海景。透納為這個作品起了一個實實在在的事件性標題《被拖去解體的戰艦無畏號》（也稱《戰艦特米雷勒號最後一次歸航》）。晚年的透納對歲月的慨嘆是沉重而悲傷的，讓人們想起這艘裝備著98門炮的戰艦的光輝歲月⋯⋯

1805年，無畏號參加了"特拉法爾加海戰"。法、西聯合艦隊敗北，使百年來的英法海上爭霸宣告結束，大不

透納 1839 年繪製的《被拖去解體的戰艦無畏號》。

列顛終於修煉成一個強大的海洋帝國。
這艘立下戰功的無畏號戰艦，一直服役
至 1838 年。退役後，它被從泰晤士河
口希爾內斯港拖曳至海斯港解體⋯⋯
畫中的蒸汽拖船，在無畏號面前顯得渺
小和平凡，但它高高升起的蒸汽與晚霞
相映，足以顯示老式風帆戰艦在蒸汽動
力出現之後日落西山的況味。透納以空
氣中奇特色彩與光影為風帆時代謝幕，

不經意間，又拉開了工業革命和世界變
革的大幕⋯⋯

　　《被拖去解體的戰艦無畏號》誕生
的這一年，即 1839 年，林則徐在虎門
燒了鴉片，拆除了廣州的外國商館。剛
登基兩年的 20 歲的維多利亞女王，決
定跟大清開戰，隨後，早期的明輪蒸汽
戰船，冒著透納畫的那種濃濃煙霧，開
進了中國海域⋯⋯

鐵甲艦競賽

08

蘇格蘭造船工匠的兒子詹姆斯·瓦特，
1784 年拿到英國政府頒發的製造蒸汽
機專利證書時，並沒想到這架生產機
器，同時也會是一架戰鬥機器，甚至引
發新一輪的軍備競賽。

英國海軍剛剛將蒸汽明輪船投入海戰，
法國隨後就造出了世界上第一艘以蒸汽
機為主動力裝置的戰列艦拿破崙號；法
國人沒樂多久，英國人就造出了第一艘
鐵殼裝甲戰列艦勇士號；歐洲人這邊戰
艦競賽不停，美國人在內戰中，又投入
了打不沉的炮塔鐵甲艦……

拿破崙號

法國建造世界第一艘蒸汽螺旋槳戰列艦

　　1784 年詹姆斯·瓦特獲得了英國頒發的蒸汽機專利證書。

　　1830 年英國皇家海軍將蒸汽明輪戰船投入海上戰鬥。

　　1837 年英國阿基米德號船底使用螺旋推進器，取得成功。

　　不過，近乎諷刺的是英國蒸汽船的所有發明，好像都是為老對手法國人準備的。1847 年，法國開始建造世界上第一艘蒸汽戰列艦拿破崙號（Le Napoléon），此艦改用了船底螺旋槳推進，成為世界上第一艘螺旋槳戰列艦。此艦水綫長 71 米、寬 16.2 米，吃水 7.72 米，排水量達 1870 噸，功率為 960 匹馬力。它不受風和海流的影響，在戰鬥中可以自由進行戰術機動，航速可以達到 12.14 節（約 22.5 公里 / 小時），如果加上面積達 2850 平方米的輔助風帆，航速可達 14 節（約 26 公里 / 小時），進入快速艦的行列。1852 年拿破崙號試航成功，標誌著蒸汽戰列艦時代的到來。

　　大約在 1860 年法國畫家巴特萊米·洛弗涅（Barthélemy Lauvergne）繪製了一幅油畫《1852 年拿破崙號在土倫》（巴黎國立海洋博物館），表現了這艘蒸汽戰列艦的風采。不過，拿破崙號還是一艘木殼戰艦，為了提高戰艦的防禦炮擊的能力，拿破崙號戰列艦在主要部位加裝了很厚的鐵甲，確保戰艦在海戰炮擊中，能夠應對各種挑戰。

　　然而，比戰艦更複雜的挑戰，是歐洲政治格局的不斷重組。1815 年 10 月 27 日，曾令整個歐洲戰慄的拿破崙被流放到大西洋中的聖赫勒拿島，法蘭西第一帝國徹底崩潰，歐洲重組政治版圖。西邊是不斷擴張的俄國，東邊是捲土重來的法國。1844年至1845年，隨著法國對大溪地和摩洛哥的干預，以及法國宣揚加強海軍力量的儒安維爾（Prince de Joinville）親王的《海軍部隊說明》小冊子的出版，英法協約關係破裂，導致了兩國的海上軍備競賽。

法國這艘蒸汽戰列艦原本不叫拿破崙號，最初就叫"儒安維爾號"。儒安維爾親王是法王路易·菲利普之子，法國海軍上將，蒸汽戰列艦的積極推動者。1848年法國二月革命爆發，路易·菲利普被迫退位，法蘭西第二共和國成立。1850年5月這艘蒸汽戰列艦被更名為"拿破崙號"。

1852年12月拿破崙的侄子路易·波拿巴奪取了法國1848年的革命果實，改法蘭西第二共和國為法蘭西第二帝國，當上了拿破崙三世皇帝。拿破崙三世雖然沒有拿破崙一世的雄才大略，但他仍然使法國再度成為歐洲強國，不僅在陸上，而且成為不容忽視的海上力量。

1852年拿破崙號試航成功後，拿破崙三世在1855年前後，接連建造了三艘與拿破崙號同型的蒸汽戰列艦，並以法國行省命名為：布列塔尼號、洛林號、普羅旺斯號。至此，拿破崙三世已有了展示海上實力的資本。

大約在1860年，法國畫家洛弗涅繪製了《1852年拿破崙號在土倫》，表現了這艘蒸汽戰列艦的風采。

布列塔尼號

令維多利亞女王憤怒的法艦布列塔尼號

歷史有很多相似之處，東西方不同地域發生的事，相互重演。

中國人都知道，甲午海戰前，李鴻章曾帶著北洋艦隊到日本去展示實力，定遠、鎮遠二艦到訪日本，不僅沒有嚇住對手，反而刺激了日本海軍"一定要打沉定、鎮二艦"的決心。這種事，更早的時候在英法之間也曾上演過。

1858 年 8 月 5 日，皇帝拿破崙三世和歐仁妮皇后先視察了法國西北部港口瑟堡，並在此迎接前來參觀新開放的"拿破崙三世盆地"的英國維多利亞女王和阿爾伯特親王。拿破崙三世身著法國海軍上將軍服，在位於瑟堡的旗艦布列塔尼號（Bretagne Class）上組織了一個盛大宴會接待女王和親王。

這是英法兩國外交上的大事件，自然少不了畫家的關注與表現。這幅現由國家海事博物館收藏的《維多利亞女王在法國旗艦布列塔尼號》是法國風景和海洋畫家儒勒·諾埃爾·阿希爾（Jules Achille Noël）1859 年創作的紀實作品。這位畫家原本是位製圖家，因為他父親是位繪圖員，他也就進入了繪圖學校。後來，興趣轉到了繪畫上，到巴黎改學繪畫。1840 年代活躍於一些沙龍活動，作品獲得路易斯王子的賞識和詩壇怪才波德萊爾的好評。

布列塔尼曾是他進行繪畫創作的基地，不知是不是對布列塔尼情有獨鍾，他創作了這幅以布列塔尼號為主體的海洋畫。巨大的戰艦布列塔尼號幾乎將畫面佔滿。此艦是 1855 年服役的一級風帆蒸汽三甲板戰列艦，基本航速 12.6 節，130 炮，滿載排水量 6875 噸，10 年後，改為浮動兵營，1880 年拆解。也就是説，它僅有 25 年的壽命，可見此時戰艦更新換代之快。

畫中的布列塔尼號以滿旗迎賓，船上還飄揚著代表法國皇家和帝國象徵的旗幟。甲板上有法國水手揮舞著帽子。

畫中心的前景，皇家駁船連同其他的法國和英國船隻和一些穿著整齊的海軍已到位。維多利亞女王的駁船右邊，是一艘懸掛帝國旗幟的駁船，裏面滿是揮舞帽子致敬的法國水手，還有一些小艇上也坐滿了觀眾，港口的其他船隻也發射禮炮。畫中身穿正式法國海軍上將軍服

《維多利亞女王在法國旗艦布列塔尼號》，阿希爾 1859 年繪製。

的法國皇帝，正站在舷梯頂部迎接乘法國皇家駁船到達舷梯底部的英國女王與親王。

畫的右側是瑟堡城和防禦工事，拿破崙三世似向英國客人證明，他的瑟堡海軍基地不會構成對英國的威脅，因此也不向英國人保密，所以，特別邀請

維多利亞和阿爾伯特與一些政治家和海軍軍官一起視察瑟堡海軍基地，以示信任。

在法國方面，大家都認為這次英國客人的訪問，氣氛是友好的。另一位法國海洋畫家莫雷爾·法蒂奧（Morel-Fatio）創作的同一題材的作品，畫名就

《瑟堡港向參觀布列塔尼號的維多利亞女王致敬》，法蒂奧約 1859 年繪製。

叫《瑟堡港向參觀布列塔尼號的維多利亞女王致敬》（現藏巴黎國立海洋博物館）。莫雷爾·法蒂奧曾在英國海洋貿易學校學習航海知識，後來在意大利和東方旅行，並開始學習繪畫。從 1830 年代起，他隨法國艦隊參加遠洋航行，途中創作了大量的海洋繪畫作品，1833 年時，已取得了廣受讚譽的藝術成就。1836 年，受法國國王路易·菲利普邀請為凡爾賽宮歷史博物館創作紀實繪畫作品，1840 年他創作了《拿破崙遺體返回法國》。1852 年莫雷爾成為盧浮宮海軍收藏館的館長。

這幅畫的基調熱烈而歡快，歡迎英國女王的場面宏大，但細看，滿眼都是法國巨大的戰艦和無處不在的法國三色旗，英國客人和米字旗已小到可以忽略不計了。這場訪問是法國人精心準備的，英國人也是乘興而來的，但最後的效果與預期完全相反。維多利亞女王參觀完瑟堡港與布列塔尼號之後，縮短了對瑟堡的訪問，不準備接著去見證拿破崙一世騎馬雕像的落成儀式，轉身回了倫敦。

法國之行，讓維多利亞女王感受到了法國海軍滿滿的優越感，回國後，她立即給英國首相寫了一封非常嚴厲的信，痛批英國皇家海軍建設的落後。法國威脅論的聲音再起，新的一輪英法軍備競賽又開始了。

光榮號

法國造出第一艘蒸汽裝甲護航艦

西方世界的海戰，在很長一段時間裏，沒有俄羅斯什麼事，因為俄國斯幾乎沒有出海口。它的周邊和國土內有四個海，波羅的海、白海、黑海、亞速海，還有兩個名為"海"的鹹水湖——里海和鹹海，只有一個出海門戶，即處在北極圈上的白海，這裏每年九個月冰凍期，等於一個出不去海的出海口。

伊凡雷帝深知在海洋時代，沒有出海口，俄國必將窒息而亡，但他至死也沒能在西邊打下一個出海口，奪取出海口的歷史重任落在了彼得一世身上。傳統上，沙俄自認是東羅馬帝國的繼承者，在尋求出海口的道路上，彼得一世首先選擇了衝出亞速海，奪取黑海出海口。1696 年 10 月，彼得一世下令組建俄羅斯第一支海軍——亞速海艦隊。此後幾百年間，沙俄的幾代沙皇都在為奪取這個出海口，與奧斯曼土耳其沒完沒了地打仗。

1854 年，為控制俄國通過博斯普魯斯海峽進入東地中海，英國與法國聯手幫助奧斯曼土耳其抗擊俄國，雙方在克里米亞上演了拿破崙帝國崩潰後規模最大的一次國際戰爭（1853—1856 年），同時，它也是世界海戰史上劃時代的"高科技"戰爭。

1855 年 11 月 30 日，俄羅斯黑海艦隊進入黑海南岸土耳其錫諾普港灣，要求土耳其艦隊升起白旗投降，土耳其指揮官拒絕投降並下令開炮，俄土第九次戰爭由此打響。俄國風帆戰列艦配備了法國炮兵軍官亨利·約瑟夫·佩克桑（Henri-Joseph Paixhans）發明的專門發射爆炸彈的長管身加農型平射炮（即佩克桑炮，俗稱轟擊炮）。這種炮發射爆炸力極強的開花彈。此炮有精度不足的弱點，但 59 磅重的開花炮彈只要落到船上，就可輕易摧毀風帆戰船脆弱的木殼，給軍艦造成毀滅性打擊。經過近 4 個小時激戰，在俄軍 76 門佩克桑炮大口徑爆炸彈轟擊下，土軍損失軍艦 15 艘，死傷 3000 人，唯一突圍的土耳其戰艦是一艘由英國人駕駛的蒸汽明輪巡航艦。

錫諾普一戰，讓佩克桑炮青史留名。從軍事史的角度看，它的最大貢獻不是終結了木殼風帆戰艦時代，而是直接催生軍艦的裝甲化，開啟了鐵甲艦的新時代。克里米亞戰爭的走向，很快就證明了這一點。當俄國人為他們爆炸彈威力得意洋洋之時，令人玩味的“黃雀在後”就顯現了。1854 年 1 月 4 日，英法聯合艦隊進入黑海支援土耳其，他們帶來了全新的海戰利器 —— 鐵甲艦，爆炸彈轉眼變為“明日黃花”。

英法投入的海軍力量異常強大，34 艘戰列艦（其中 4 艘蒸汽動力），55 艘巡航艦（其中 50 艘蒸汽動力），俄國海軍面對英法如此強大的海上力量，採取了避免海上作戰、退守岸上要塞的戰法。雙方都沒想到的是，正是要塞戰讓英法海軍的閃光點爆燃。

1855 年 10 月 17 日，英法聯合艦隊來到布格河、第聶伯河和因克爾河的共同入海口，對扼制尼古拉耶夫港入口

處的金伯要塞實施猛烈炮擊。這座要塞並不大，只有四座炮台，但地勢險要，易守難攻。英法聯軍派出一支由 10 艘戰列艦、80 艘其他艦船組成的炮擊艦隊。交戰之中，俄國人發現英法聯軍炮擊艦隊中，由法國蒸汽動力艦拖曳著三艘古怪的東西進入了戰隊的最前方。它們就是法國最新式的海上浮動鐵甲炮台毀滅號、衝擊號和雷鳴號。這是法軍錫諾普海戰發生之後，為了對付爆炸彈趕製出來的秘密武器。這種淺水炮艦排水量 1400 噸，長 55 米，寬 25 米，吃水 13 米，木質艦身，水綫上包裹 35 厘米厚的鐵甲，安裝了 18 門 50 磅舷側炮。

這三個鐵甲怪獸衝到距離金伯要塞不足 100 碼的地方開炮射擊，完全不懼岸炮攻擊，雷鳴號中彈 70 發，毀滅號中彈 64 發，絲毫不影響它們的戰鬥力。最終，金伯要塞被炸成一片廢墟，尼古拉耶夫港投降。這顯然不是對一個要塞的勝利，它直接引發了法國大型裝甲艦的製造。

法國人的鐵甲艦之夢，不是做了一天兩天了。早在 1834 年法國炮術專家貝桑將軍就提出裝甲艦的設想。既然風帆戰艦的木殼船無法抵禦越來越強大的火炮轟炸，應該考慮在戰列艦上覆蓋一層 180—200 毫米的鐵裝甲，為了防止在舷側加裝鐵甲後造成的船體重心上升，可以撤除上層甲板的火炮。時

隔 20 年後，特別是經歷了克里米亞海戰檢驗後，法國造船總監迪普·德·洛姆設計出了大型裝甲戰艦，解決了淺水浮動炮台速度太慢、裝炮太少的弱點，它就是世界上第一艘蒸汽鐵甲艦光榮號（La Gloire）。

光榮號於 1858 年建造，長 77 米，寬 17 米，排水量 5630 噸，裝 8 台鍋爐，載煤 665 噸，2500 馬力引擎，混和航速 13.5 節，載員 570 人。為了給船舷扣上 107—120 毫米鐵甲，撤除了主炮，最終只裝備了後裝式 50 磅炮 30 門，如此配置的光榮號還算不上戰列艦，它被劃為了護衛艦。1860 年 8 月，光榮號的正式入役，宣告了蒸汽鐵甲艦時代的到來。

當然，光榮號並不是純鐵製的，而是給木骨木殼戰列艦的船舷外包鐵甲而已，但它依然標誌著蒸汽裝甲戰艦在近代海軍艦隊中舉足輕重的統治地位和發展方向，風帆蒸汽混合動力戰艦在接下來的戰爭中，適應一段時間後，就進入到真正的鐵骨、鐵殼的全鐵甲艦時代。

1860 年 8 月，法國光榮號的正式入役，宣告了蒸汽鐵甲艦時代的到來。

勇士號

英國造出「第一艘真正的鐵甲艦」

雖然,英國與法國共同參加了克里米亞戰爭,幫助奧斯曼土耳其打敗了俄國,但英法之間的軍備競賽一刻也沒停止。1860 年法國第一艘蒸汽鐵甲戰艦光榮號入列,再度打破了兩國的海上力量平衡,此時,英國皇家海軍沒有任何一艘戰船能夠對付它。維多利亞女王質問海軍部:"皇家海軍是否能勝任戰時的任務?"

當然,英國海軍部也不是吃白飯的,在克里米亞戰爭中,英國負責監造戰艦的鮑德溫·沃克少將從法軍鐵甲淺水炮艦的防炮擊能力中得到啟發,在 1856—1857 年間,組織皇家海軍進行了相關實驗,發現 102 毫米的裝甲可以抵禦從 570 米處發射的 68 磅的炮彈。據此,在 1858 年提出建造 102 毫米裝甲,排水量 5600 噸,備炮 26 門的裝甲巡洋艦的計劃。當年 5 月,在得到法國建造光榮號裝甲護衛艦情報後,決定放棄木殼包鐵甲的方案,直接建造鐵殼護衛艦與之抗衡。這也是英國勇士號(HMS Warrior)與法國光榮號的最大不同,有人因此稱勇士號是世界上第一艘"真正的鐵甲艦"。

1859 年 5 月 25 日,勇士號在倫敦布萊克沃爾開工。它比"光榮"號的先進之處在於它的兩舷各有一條裝甲帶,從頭到尾長達 78 米,而勇士號僅在兩舷覆裝 54 米;裝甲水上部分 4.9 米,水綫下 1.8 米,共高 6.7 米;這種層狀結構用雙螺母螺栓固定在舷側鐵板上,比光榮號上將 120 毫米裝甲板釘在木製舷側上要牢固得多。從船首到船尾艦上所有的火炮裝在這個堡壘裏面。此艦配有 68 磅前裝式大炮 26 門,110 磅後裝來復炮 10 門和 70 磅的後

1987 年，英國勇士號裝甲艦駛入樸茨茅斯港，作為"國家歷史艦隊"的一部分，永久停泊在樸茨茅斯歷史船塢綜合基地。

裝式大炮 4 門，共計 40 門大炮。滿載排水量達 9210 噸。在蒸汽機推動下有 14.36 節航速，超過法國光榮號的 13.5 節航速。另外在 3 根大桅上還配備了一整套帆具。

1861 年 10 月 14 日，勇士號護衛艦開始試航，其姊妹艦黑親王號也在數月後服役。更為重要的是，從這時開始英國決定不再製造木殼戰艦了，全面迎接蒸汽鐵甲艦時代的到來。

滑稽的是，由於沒有戰事，勇士號服役的日子非常安逸。1863 年，為迎接來自丹麥的皇太子妃，女王派維多利亞號遊艇前往，令勇士號為其護航。同年 8 月，勇士號訪問了英格蘭、蘇格蘭等本土的幾大港口，受到地方官和百姓的熱烈歡迎。這一年，英國海軍先後有排水量 9820 噸的阿基理斯號和排水量 10700 噸的米諾陶級三艘新艦服役。勇士號就這樣在碼頭邊待了幾年，於 1871 年黯然退役。1875 年，勇士號又重新服役，但只是在樸茨茅斯港作為一艘預備艦，擔任水雷驅逐母艦，水雷學校訓練艦，直至 1923 年被解除艦籍，在米爾福德港被廢物利用當作加油浮橋。

1979 年樸茨茅斯市長瓊‧馬歇爾先生慧眼識珠，決定接"勇士"回家。經歷了 8 年艱難修復後，勇士號於 1987 年 6 月 16 日，在眾多船隻的簇擁下緩緩駛入樸茨茅斯港，結束了它一生中最後一次航行。此後，它作為"國家歷史艦隊"的一部分，永久停泊在樸茨茅斯歷史船塢綜合基地。這裏也是納爾遜的旗艦勝利號和亨利八世的戰艦瑪麗‧羅斯號的駐泊地。現已由皇家海軍國家博物館接管，每年約有 50 萬名參觀者，還有為數不少的婚禮團隊。

算起來，從下水之日到永駐樸茨茅斯港，"一百多歲"的勇士號沒參加過一次真正的海戰，但作為世界上第一艘真正意義上的鐵甲艦，它仍將被載入世界戰艦史冊。

莫尼特號和弗吉尼亞號

打成平手的首次炮塔鐵甲艦對決

歐洲列強在克里米亞混戰之際，美國因廢奴與蓄奴打起南北戰爭，參戰雙方為北方的美利堅合眾國和南方的美利堅聯盟國。南北戰爭主要是地面戰爭，也有一些海上戰鬥，個別小海戰因其獨特性成為海戰中的經典戰例。

1861 年弗吉尼亞州宣佈脫離美利堅合眾國，北方軍不得不放棄弗吉尼亞境內的戈斯波特造船廠。北方軍撤退時，為了不使造船廠落入南軍之手，破壞了造船廠，並把因港口被沉船阻塞而無法撤走的蒸汽戰船梅里馬克號（Merrimack）付之一炬。

缺少戰船的南方軍接管戈斯波特造船廠後，立即將沉沒的梅里馬克號打撈上來。他們將燒毀的上層建築移除後發現，水綫以下的船體和機械並沒有在大火中損壞，它成為整個切薩皮克灣地區唯一可用的大型蒸汽船。於是，南方軍動手改造這艘木殼風帆戰艦，並重新命名它為"弗吉尼亞號"。它的重建工程被海軍史專家 1887 年以繪畫的形式再現，並收入當年出版的《內戰中的戰鬥和領袖》一書。

在插畫上可以看到原來戰艦的上層建築，連同桅杆一同被切除，主甲板扣上了巨大的斜角炮室，外層覆蓋與水平船身成 36 度角的鐵甲，用以改變落彈的角度，船頭加上了舷牆，並配置了堅固的撞角。

據文獻記載，改建的弗吉尼亞號為鐵甲炮艦，長 53.4 米，航速 5 節，位於船首與船尾中軸綫上的兩門帶有旋轉支架的綫膛炮口徑為 178 毫米，可以射出 47 公斤的炮彈，其餘兩門炮的口徑為 163 毫米，被放置在船的左右

REMODELING THE
" MERRIMAC " AT THE GOSP
NAVY YARD.

[For a statement of the details o
vessel differing from them as show
this picture, see p. 717.]

1887 年出版的《內戰中的戰鬥和領袖》一書的插畫，描繪了大火燒毀的梅里馬克號
被南軍改建成一艘古怪的鐵甲炮艦弗吉尼亞號。

舷。還有 6 門口徑為 229 毫米的滑膛炮
也被放置在側舷，左右各 3 門，均可射
出 33 公斤的炮彈，仰角為 15 度時射程
可達 3070 米。誰也沒想到這艘改建的
裝甲炮艦，在不久之後的戰鬥中會創建
奇功。

1862 年 3 月 8 日清晨，為突破北
方軍的海上封鎖，南方軍率弗吉尼亞號
鐵甲炮船，連同其他 5 艘小型艦，由諾
福克經伊麗莎白河駛抵漢普頓錨地，向
停靠在那裏的北方艦艇發起進攻。

弗吉尼亞號首先遇到的是北
方軍的木殼風帆戰艦坎伯蘭號
（Cumberland）。在一輪激烈的炮擊

後，坎伯蘭號陷入癱瘓，最終被裝有鐵
甲的弗吉尼亞號撞沉。北軍趕來救援的
木殼風帆戰艦國會號（Congress）與弗
吉尼亞號對轟一小時後，也失去了戰鬥
力，向弗吉尼亞號投降。弗吉尼亞號在
與木殼風帆戰艦的對抗中，所向披靡，
戰果不俗。當年即有美國畫家畫了一幅
《弗吉尼亞號擊沉木殼風帆戰艦坎伯蘭
號》，記錄了這場鐵艦與木艦的劃時代
較量。

這天傍晚退潮之際，南軍的弗吉尼
亞號乘興而歸，它不知道，夜色中一個
對手悄悄駛入了漢普頓錨地，它就是北
軍的世界上第一艘配備炮塔的鐵甲艦莫

弗吉尼亞號擊沉木殼風帆戰艦坎伯蘭號，大約繪於 1862 年。

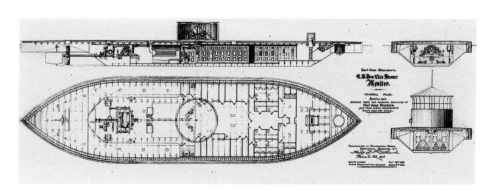

有設計師約翰·埃里克森簽名的《莫尼特號鐵甲艦平面圖》，至今存世。

尼特號（Monitor）。非常幸運，此艦設計師約翰·埃里克森（John Erikson）簽名的《莫尼特號鐵甲艦平面圖》至今存世，後人可以形象地了解這艘鐵甲艦：此船為橢圓形，長 54.6 米，寬 12.6 米，吃水 3.2 米，排水量為 776 噸，滿載排水量可達 1003 噸。最突出的特徵就是船中央有巨大的圓柱形炮塔，炮塔內裝有 2 門 279 毫米前膛炮。

3 月 9 日清晨，世界第一場鐵甲艦對決在漢普頓錨地拉開大幕：當弗吉尼亞號再次駛入漢普頓錨地時，守在錨地的莫尼特號接到命令，向對手衝了過去。弗吉尼亞號由於蒸汽機推進力不足，轉彎半徑為 1.6 公里，需要 45 分鐘才能完整地轉一圈。它在與靈活的莫尼特號接戰後，很快露出這一缺欠。但有鐵甲護身、靈巧快速的莫尼特號，不論怎麼轟擊，都沒能給龐大笨重的弗吉尼亞號以致命打擊。由於近距離接戰，雙方炮彈都是直接命中，但炮彈擊中鐵甲便反彈入水，雙方經過數小時對轟，最終以平局收場。

1886 年美國畫家路易斯普朗（Louis Prang）創作了一幅反映這一歷史性的鐵甲艦對決的海戰畫，海面上，簡直是兩個鐵甲怪獸在決鬥。不過，以戰略而言，北軍還是粉碎了南軍企圖通過弗吉尼亞號突破北軍的海上封鎖線的企圖。在這個意義上，北軍算是取得了勝利。

這場海戰史上的第一場鐵甲艦之間的戰鬥，對後來的戰艦發展產生了巨大的影響。1873 年，法國建成蹂躪號戰列艦，此艦拋棄了風帆傳統，成為世界海軍史上第一艘純蒸汽動力戰列艦。此後，戰列艦在主甲板的中央軸綫上，或者艦體兩側都裝配了能做 360 度全向旋轉的裝甲炮塔，這種戰列艦大多被直接稱作鐵甲艦。

弗吉尼亞號和莫尼特號鐵甲之間的戰鬥，1886 年繪。

奢華的沉沒與重生

09

魔咒，航海的人都相信，許多莫明其妙的或是陰差陽錯的因素，會令一艘堅固的、奢華的，甚至是無與倫比的大帆船，有的是大商船，有的是大戰船，一轉眼就搖搖晃晃地沉入海底。有些原因是可查的，有些原因是無解的。一大批聲名赫赫的名帆船，就這樣沉入了海底，成為風帆時代沉重的嘆息，也有幸運的，通過考古等方式得以重生。

瓦薩號

瑞典最為奢華的皇家級沉沒

到斯德哥爾摩旅行，不能不看那艘"後維京時代"的戰船傑作——瓦薩（The Vasa）戰船。巧得很，筆者選擇考察瓦薩戰船的日子是 8 月 10 日，1628 年的這一天，恰是瓦薩戰船下水的日子，它和後來的泰坦尼克號一樣在首航中沉沒了——這一天遂成它的祭日。

這個瑞典帝國的輝煌樣本，在海底一直睡到 1961 年，才被整體打撈出水。經過修復，瓦薩戰船 95% 的原始殘骸得以保留，世界不僅擁有了一艘 17 世紀的戰船實物；還在修復過程中第一次擁有了 17 世紀戰船的完整圖紙；而從水中撈出的萬餘件文物，則是人們了解 17 世紀北歐海軍生活的最佳解碼。

瓦薩戰船博物館是專為展陳這艘沉船而建，作為 380 多年前建造的戰船，它實在是太大了。從第一斜桅算起，船有 69 米長，12 米寬，主桅 52 米高，雙層炮位，裝炮 64 門，排水量 1210 噸，5 層甲板，船尾柱有 6 層樓高。展廳從船底一層一層展示，觀眾可以從船底一直參觀到船艉頂樓，在 7 樓這個位置，可以看到最華美的船艉雕刻，其頂部刻"GARS"，這幾個字母分別代表著"古斯塔夫·阿道夫、國王、瑞典"……

"王國的福祉，一靠上帝，二靠海軍。"這是古斯塔夫·阿道夫當上國王之後說的名言。靠著海軍，瑞典人保住了國土安全，封鎖了波蘭出海口，以增加自己的稅收；俄國仍然被封堵於大陸，沒能獲得出海口。但連年戰爭，海軍也損耗巨大，1625 年，僅這一年瑞典就損失了 10 艘戰艦。也正是這一年，奉國王古斯塔夫二世旨意，斯德哥爾摩船廠請來了最專業的荷蘭造船技師，用 1000 棵橡樹開始建造最豪華也最昂貴的瓦薩戰船。

經過三年的努力，1628 年夏天瓦薩戰船終於造好，並以瑞典第一位國王古斯塔夫·瓦薩的名字命名。8 月 10 日，風和日麗，瓦薩號在國王碼頭舉行盛大首航儀式，然而，只張開十張帆中四張帆的瓦薩號，在駛離碼頭僅 1000 多米，即在一陣海風吹襲下，船體傾斜，於一片尖叫聲中沉入海底。船上當時有 300 多人，約 50 人沒能逃脫。更不幸的是，它是瑞典海軍這個月裏損失的第三條戰船了。

正在海外征戰的古斯塔夫二世無法接受這樣的事實，下令調查，但火炮沒有脫鎖，風帆也未全張，無人醉酒……調查沒有結果。後世的說法

修復後保持了 95% 原始材料的瓦薩號，再現了後維京時代的瑞典戰船風采。

是，國王強行將炮位由一層加多到兩層，使船上層超重，失去平衡。這樣雙層炮位的戰船在當時並不是瑞典首創，但超大戰船畢竟不是當年成熟的技術，三層甲板戰艦的穩定性尚未得到解決。異常高大的瓦薩號，應當是上層建築過高導致的重心不穩而傾覆。

瓦薩號不過是一艘裝備了兩層炮甲板和 64 門火炮的三級戰艦罷了。為什麼要造這麼高大，因為它被當作了皇家與貴族們富貴與權力的象徵，再加上船尾採用了大量華麗複雜的雕塑，使得本來就已令人頭痛的穩定性問題更加嚴峻。沉沒也在所難免。

令人遺憾的是，三年後，也就是 1632 年，攻打德意志的古斯塔夫二世，也像瓦薩戰艦一樣沉沒了。

展覽館裏的瓦薩戰船當年沉沒的情景再現。

消失在 38 歲大好年華的古斯塔夫二世，沒能等到瑞典最輝煌的時刻，"三十年戰爭"在法國介入後，新教聯盟終於迎來了 1648 年的最後勝利。瑞典除了本土，還擁有芬蘭、德意志北部沿海地區、芬蘭灣、里加灣……是名副其實的北歐大國。在波羅的海扎扎實實地風光了一百多年，直到在"北方戰爭"（1700—1721 年）中被沙俄打敗，帝國地位被沙俄取代，靠打劫發家的瑞典人才開始老老實實地做海上貿易。

大航海以來，東方一直是西方殖民與貿易的主戰場：

1587 年葡萄牙建立東印度公司；

1600 年英格蘭建立東印度公司；

1602 年荷蘭建立東印度公司；

1616 年丹麥建立東印度公司；

1664 年法國建立東印度公司；

1731 年瑞典建立東印度公司；

1775 年奧地利建立東印度公司；

……

有意思的是，別的國家成立東印度公司，舉國上下都歡欣鼓舞，但瑞典想建立東印度公司時，其國會卻有一股保守勢力堅決反對。反對者認為，用瑞典的鐵、銅、木材和焦油，到中國換取並非用於大眾的茶葉、陶瓷和絲綢等奢侈品是一種浪費，不是為民謀利。於是，政府出面反覆解釋說，從中國運回的貨物絕大部分是轉手高價賣給外國人，可以得到很高的利潤，責難之聲這才慢慢消退。

在一片懷疑聲中，瑞典東印度公司（簡稱 SOIC），這個西方成立得最晚的東印度公司，才在1731 年宣告成立。這個公司大樓至今仍屹立在運河邊，現為市立博物館。為了追趕西方各國的東方貿易利益，瑞典東印度公司抓緊製造遠洋商船。

1731 年，以國王弗雷德里克一世名字命名的弗雷德里希斯號（Friedericus Rex Sueciae）正式卜水，由公司董事柯林坎貝爾擔任第一艘開往中國的商船貨運主管。這艘大船在1732 年 2 月 9 日啟航，它不負眾望，繞過好望角，跨過印度洋，終於開進了中國廣州的黃埔港。

緊接著，瑞典又造出第二艘以王后名字命名的大商船尤妮卡·奧利奧諾拉王后號（Cronprinsessan Lovisa Ulrica）。這艘商船於 1733 年下水，旋即駛往中國廣州。航行是順利的，在中國進行貿易也是順利的。令瑞典人氣憤的是，當這艘商船滿載貨物從中國返航

反映斯德哥爾摩號遇難的插畫，圖上還有作者 I.F 伯格的簽名。

奢華的沉沒與重生

時，在印度洋被英法聯軍戰船攔截，16箱銀子被"沒收"。後來，瑞典政府多次與英法兩國交涉，最終沒能要回被"沒收"的銀子。

從1731年到1821年，瑞典東印度公司一共建造了37艘大商船，其中有8條船，夭折於東方貿易的航路上。較早遇難的是斯德哥爾摩號（順便說一句，當時瑞典的遠洋船多數在斯德哥爾摩製造，因為沿岸有充足的橡木，但兩艘最大的船，包括哥德堡號，是在哥德堡建造）。當時的瑞典商船多選擇冬季乘北風南下，從波羅的海進入北海，經過蘇格蘭北部，而後進入英吉利海峽……1745年1月12日，斯德哥爾摩號恰在這裏誤入了孤懸於北海中的設德蘭群島，不幸觸礁；更不幸的是另一艘同行的船趕過來營救，也觸礁沉沒。好在所有的船員都安全上岸。這件事情發生不久，就有了反映斯德哥爾摩號遇難的插畫，圖上還有作者I.F伯格的簽名。從畫中可以看到，這是一艘配有火炮的三桅大商船，桅杆全部折斷，船員抱著船木逃上岸。

更為不幸的是，幾乎就是同一天，1745年1月11日哥德堡號裝好了貨物，從廣州黃埔港啟程，踏上返回家鄉的航路。船上的人無法知道，斯德哥爾摩號在設德蘭群島觸礁失事，更無法料到哥德堡號也將面臨觸礁的命運。這是哥德堡號第三次，也是最後一次遠航。

1738年瑞典東印度公司為遠航中國，專門建造了武裝商船哥德堡號，這是一艘三桅帆船，被稱為三桅護衛帆船，後來稱全裝帆船（全帆裝船一般是三桅，也有四桅、五桅的情況，所有桅杆均掛橫帆，之間一般有支索帆。標準風帆戰列艦均為全帆帆裝）。它是這家公司37艘遠洋商船中第二大的船隻，主桅和前桅有頂帆、中帆和主帆，後桅掛一張合桅帆和一張大三角帆，在艏部裝有船首斜桅，懸掛在下面的是兩張方帆及斜三角帆。船上還裝備有30門六磅（2.5公斤）火炮，射程200至300米，主要是用來抵防海盜船和私掠船的攻擊。五年之內，它先後三次遠航廣州，1739年哥德堡號第一次來廣州；1741年哥德堡號第二次來廣州；1743年哥德堡號第三次來廣州，成為瑞典的明星級商船。

哥德堡號從黃浦港啟程返國時，船上裝載著大約700噸的中國物品，價值約合2.5億瑞典銀幣。8個月後，哥德堡號終於航行到哥德堡港，大約再航行900米，離開哥德堡30個月的船員們就可以上岸回家了。然而，就在這個時候，由於領航員的失誤，哥德堡號觸礁。這艘有19張帆的大船，像醉鬼一樣晃了幾下，開始下沉。人們趕緊打撈船上的貨物，從沉船中撈起30噸茶

瑞典人花費約 3 億人民幣重建的哥德堡號，於 2006 年 7 月來到了廣州南沙客運港。

奢 華 的 沉 沒 與 重 生

葉、80 匹絲綢和大量瓷器，這些東西後來在市場上拍賣，所得不僅支付了哥德堡號東方之行的全部成本，而且還獲利 14%。

此後，瑞典東印度公司又建造了一艘這樣的商船，但它又沉沒在南非。沉船像一個惡夢纏上了瑞典。1813 年，瑞典東印度公司沒趕上列強瓜分中國的鴉片戰爭就倒閉了，所以中國人願意把哥德堡號歸為“古代海上絲綢之路”的平等貿易往來之列，瑞典人也願意將它看作是東西方海上交流的經典。

1984 年，瑞典民間考古隊發掘了沉睡海底的哥德堡號，但它沒有瓦薩號那麼幸運，已經完全爛了。這反而促生了一個大膽設想，瑞典人決定重建哥德堡號仿古商船，沿著先人的航綫重抵中國廣州，為此還專門成立了哥德堡號基金會和新東印度公司。

1993 年，仿造哥德堡號商船工程上馬，瑞典國王卡爾 16 世成為這項工程的監護人，從某種意義上講，它已成為皇家工程。重建哥德堡號花費約 3 億瑞典克郎，約合 3 億人民幣，幾乎就是造一艘木製的航母。經過十年的精心打造，2003 年 6 月 6 日瑞典國慶這一天，這艘使用 18 世紀工藝製造的 58 米長的哥德堡號順利下水。

2005 年 10 月 2 日，哥德堡號仿古商船正式遠航中國，並於 2006 年 7 月 18 日順利停靠廣州南沙客運港，瑞典國王和王后同時到訪中國。一年後，哥德堡號順利回到它的出生地哥德堡市。不過，筆者前些年到哥德堡，卻沒能見到它的身影。據説，這艘仿古船定期出海航行，平時停泊在埃里克山港口。

有一種讚美瑞典東印度公司的説法是，當年該公司船隊曾 137 次遠航到廣州，一艘商船往來的貿易額，相當於當時瑞典全國一年的國民生產總值。它從反面證明，此時的瑞典經濟是何等微不足道，瑞典慢慢從歐洲列強的名單上消失。

阿姆斯特丹號

在阿姆斯特丹乘運河遊船，看到的不僅是北方威尼斯的水城風光，同時，還會由縱橫交錯的河道進入荷蘭散發著海虹味的歷史。此刻，船上中文語音告訴筆者，前方停泊的那艘氣勢恢宏的古典大帆船就是著名的阿姆斯特丹號，久仰、久仰。

複製的阿姆斯特丹號停泊在荷蘭國家海事博物館前。

這是一艘"有故事"的古船。先說他的名字"阿姆斯特丹號"。"阿姆斯特"原指這裏最初的一條河。大約1100年前，住在河邊的人們在入海口處建起了大壩，慢慢在壩上發展出一個城市，即阿姆斯特丹城。這個"丹"，在古荷蘭語中就是河壩的意思。荷蘭是窪地國家，"丹"特別多，"丹"上發展出的城市也特別多。鹿特丹的"丹"，也是這麼來的。

當年，阿姆斯特丹號是代表荷蘭東印度公司遠航東方的名船。主桅旗即是荷蘭東印度公司的"司旗"，上有疊寫的公司三個縮寫字母"VOC"，尾桅上的旗為橙白藍三色國旗。首桅掛的是阿姆斯特丹市旗，旗上有三個"ＸＸＸ"，表示這個城市防水、防火、防瘟疫，它是此城安危的三要素。但阿姆斯特丹號，最終沒能逃出這個"ＸＸＸ"的魔咒。

阿姆斯特丹號是當時被稱為"東印度舵手"一類的大帆船，這類船在16世紀末用於遠東貿易。這些大帆船飄洋過海，從歐洲將鉛、銅、酒及其他貨物運到東方，而後從印度、錫蘭、中國、暹羅、日本和印度尼西亞運回絲綢、香料、傢具及陶瓷等。每年在阿姆斯特丹港口舉行四次拍賣會。由於商船可能會遭受颱風或海盜的侵襲，因此每艘船都造得同戰艦一樣。阿姆斯特丹號即是當年訂製的遠航東方的大型帆船，船配有雙層火炮。不過，這艘商戰兩用戰艦沒有毀於戰火，而是像當年許多商船一樣毀於迷航。

那個悲慘故事發生在1749年1月26日。

一年前，剛剛造好的阿姆斯特丹號首航東方，船上裝載著大量的貨物，包括布匹、酒和銀子等，準備販往爪哇島。但航行剛開始就爆發了避之不及的那個"X"——瘟疫。船上203人中，有50人死亡，40人患重病。此時，又來了一場風暴，船員要求33歲的船長威廉儘快靠岸。迷朦之中，阿姆斯特丹號撞上了英格蘭南部黑斯廷斯海岸的沙洲，很快沉入泥土中，被另一個"X"——海水，吞沒了。

此後的幾個世紀，不斷有探寶船搜索此船。1969年荷蘭的一些基金會開始打撈此船，並於1984年至1986年進行全面發掘。由於船體已無法整體出水，荷蘭方面決定籌集資金建立一個複本。1990年複製的阿姆斯特丹號建成，永久停泊在阿姆斯特丹的荷蘭國家海事博物館前運河邊的一個特殊碼頭內，船上展出打撈起來的原船殘骸和東印度公司的相關展品。現在，這裏不僅是博物館的一個特殊展區，重大節慶時，荷蘭王儲也會登船舉行各種儀式。

皇家喬治號

英國海軍最新戰艦在維修中沉沒

《德普福德船塢的皇家喬治號和劍橋號下水》是老約翰·克里夫利（John Cleveley the Elder）1755 年創作的油畫，但它並非像標題所表達的那樣是一幅紀實作品，事實上，作者為了畫面壯觀，而將兩個事件以虛構的方式組合於一個畫面之中。

倫敦東南部的德普福德船塢是英國著名造船廠之一。

老約翰·克里夫利 1755 年創作的油畫《德普福德船塢的皇家喬治號和劍橋號下水》，圖右為皇家喬治號。

1755 年 10 月 21 日，這個船塢完成了圖左邊的新船劍橋號（HMS The Cambridge），但圖右邊的皇家喬治號（HMS Royal George）則是第二年才在倫敦伍爾維奇船塢下水。老約翰·克里夫利將這兩艘船畫在一幅畫裏，時間和地點都"穿越"了，但畫中船卻真實而細膩，今天看亦有再現歷史之功。此畫現收藏在英國國家海事博物館。

伍爾維奇是倫敦南部的小鎮，早在 15 世紀，這裏就建有軍港。從 1471 年到 1793 年的三個多世紀裏，這裏先後建起伍爾維奇船塢、皇家兵工廠、皇家騎兵炮團等一系列"皇家"字頭的軍事設施。今天這裏還保留著一支皇家炮兵部隊。當然，今天最讓這個小鎮自豪的是阿森納足球俱樂部。"阿森納"（Arsenal）就是"兵工廠"的意思。

這是要說的是當年伍爾維奇船塢的驕傲之一，皇家喬治號（1831 年，伍爾維奇船塢還製造了另一艘名船——"貝格爾"號，它帶著達爾文發現了"進化"的秘密）。這艘 1756 年入列的一級列戰艦裝有 100 門火炮，是當時世界最大的風帆戰列艦。它服役後，參加過"七年戰爭"和"聖文森特角之戰"，可謂戰功赫赫。不過，誰也沒想到讓它最後"出名"的會是一次滅頂之災。

1782 年 8 月 29 日早上 7 點，錨泊在樸茨茅斯外海的皇家喬治號上的水手準備對船體外殼進行維修。當時，多數船員都在船上，還有一些前來探親和參觀這艘名艦的觀眾。常規維修水綫以下船體，要人為製造船體側傾，以便維修。通常就是把軍艦一側的火炮全部推到軍艦的中綫去，船體重心就會產生側傾。這一次，製造側傾的水手挪動火炮的幅度顯然大了些，位置越過了中綫，令船體傾斜度大大超過預料。於是，船長趕緊下令把火炮復原，讓軍艦恢復平衡。然而，在軍艦嚴重側傾的同時，偏偏迎水一側的下層炮窗蓋忘記關閉，導致海水快速湧入，側傾變得越發不可收拾，船沉沒的速度極快，以致 900 多人不及逃生，獲救者只有 255 人，其中包括 11 名婦女和 1 名兒童。

這就是著名的皇家喬治號沉沒事件。如同它當年下水入列，這起沉沒事故也成為著名的繪畫題材，如這幅版畫《1782 年 8 月 29 日皇家喬治號的沉沒》大約創作於約 1795 年。皇家喬治號沉沒後，英國政府多次試圖把它打撈上來，因為它沉沒在繁忙港口水下 20 米，這樣大的沉船嚴重阻塞了航道。直到 1840 年，皇家海軍終於成功地撈起了皇家喬治號。這一年約翰·克里斯蒂安·塞特基（John Christian Schetky）創作了一幅更為精彩的油畫《皇家喬治號的沉沒》。

皇家喬治號上岸後，人們用其船

體木料來製作了一批檯球桌，有些直到今天仍在使用；撈出來的幾尊銅炮被融化了，一部分銅被用作特拉法加廣場納爾遜紀念柱的基座，另一部分製作成銅炮模型，炮管刻上銘文："皇家喬治號之遺存，1782 年沉沒，1840 年打撈出水"——用皇家海軍退役解體船和沉船材料製作紀念品是皇家海軍一項重要傳統。

版畫《1782 年 8 月 29 日皇家喬治號的沉沒》，大約創作於約 1795 年。

約翰·克利斯蒂安·塞特基 1840 年創作了一幅更精彩的《皇家喬治號的沉沒》。

別以為 1793 年砍了路易十六的頭，法國就再沒有路易王了，其實還有。

1819 年走進巴黎沙龍繪畫展的正是復辟登基的路易十八（路易十五之孫，路易十六之弟）。路易一系的法王都酷愛藝術。此時，他駐足於一幅畫作前，鎖著眉頭對立在身邊的作者說："先生，你這幅畫，不止是一幅畫這麼簡單吧？"顯然，國王不是在表揚這件作品與它的作者。

這幅畫叫《美杜莎之筏》，畫縱 4.91 米，橫 7.16 米，是一件特大型布面油畫。作者叫西奧多·傑里科（Theodore Gericault），此畫的內容與形式都是路易十八不想見到的，它竟然以更加刺激的方式與公眾見面了。

路易十八說對了，這幅畫"不止是一幅畫這麼簡單"，甚至與路易十八有關。

1816 年英國將位於西非的聖路易港（現塞內加爾）歸還給法國。一年前，英國與反法聯盟共同打敗了法國，並將拿破崙流放到聖赫勒拿島上。為向復辟的波旁王朝示好，特意送了這個歐洲通往好望角的重要中途港給法國。這是件令路易十八高興的事。法國興沖沖地組織了一個艦隊前去接收港口。但艦隊旗艦有一個不祥的名字，叫"美杜莎"。它是希臘神話中蛇髮女妖的名字，誰看她一眼就會變成石頭，最後是帕修斯將美杜莎的頭砍下。艦隊還有一位從沒當過船長的子爵蕭馬雷（Chaumareys）任領隊。任用他的唯一理由就因為他是"保皇派"，政治上可靠（因為水手多是曾跟隨拿破崙的戰士）。

大海從來都不會對輕蔑它的人手下留情。1816 年 7

傑里科 1819 年創作的《美杜莎之筏》。

月 2 日，拋開其他四條船一路狂奔的美杜莎號，由於船長蕭馬雷判斷錯誤，在西非毛里塔尼亞附近的布朗海峽，觸礁擱淺。7 月 5 日，蕭馬雷船長不得不拋棄已大量進水的旗艦美杜莎號。當時船上有 400 多人，包括法國駐塞內加爾大使、政府官員和一眾貴族。蕭馬雷船長帶著這些達官貴人登上 6 隻救生船，剩下的 150 名船員，只能登上由隨船工匠臨時用船木打造的一個大救生筏逃生，此筏即後來出了大名的"美杜莎之筏"。

最初，這條木筏由蕭馬雷船長的救生船用繩子拖著走，但這樣就拖累了救生船，蕭馬雷船長後來下令砍斷拖繩，

木筏由此開始了 13 天的死亡漂流。沒幾天，木筏就進入了沒食物、沒淡水、沒希望的恐慌期。人們飢餓難耐，互相殘殺，甚至啃食死者的肉。傷病員被拋進大海。最終木筏上僅有 15 個人得救，上岸後又死去 2 人。

這宗海難激起人文主義的故鄉法國各界輿論一致譴責。剛剛復辟的波旁王朝當然不想擴大這一態勢，官方報紙（法國 1631 年已有教會創辦的最早報紙《公報》，1762 年它更名為《法國公報》，成為"皇家官方機關刊物"，1792 年改為日報）只發了一條小消息，軍事法庭悄悄判處蕭馬雷船長降職和服

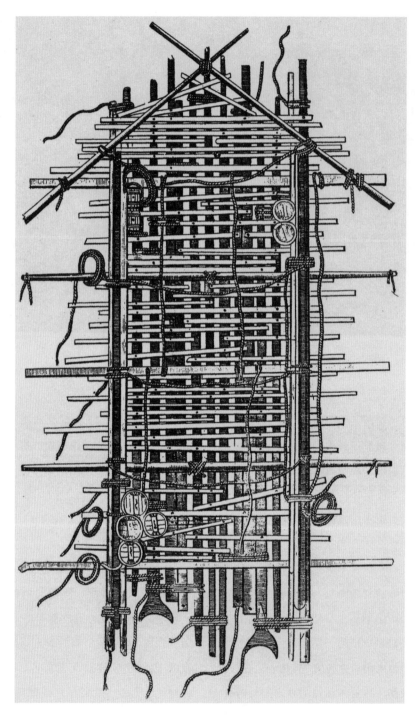

美杜莎之筏模型圖。

刑三年。但木筏上的幸存者不服，向政府上書，卻被解除公職。他們怒將這次海難真相印成小冊子公開發售。此舉令國內外輿論嘩然。深受人文主義影響的畫家西奧多‧傑里科（Theodore Gericault）決定以畫筆揭露這一慘劇，並向生命與希望致敬。

26歲的傑里科帶著一腔激情投入了這場歷時18個月的創作，他一絲不苟地走訪了生還的船員，去醫院觀察了死屍的狀態，到海邊觀察暴風雨與海浪翻飛的樣子，他甚至找到了那位船上的木匠——"美杜莎之筏"的建造者，請他做了一個原大的"美杜莎之筏"，並在這個模型上，讓黃疸病人做模特兒，擺出各種慘狀，重現那一歷史時刻的真實場景。

筆者有幸在盧浮宮看到了這幅名畫的原作，站在這幅特大型油畫前面，猶如踏上了這架動盪不安、危機四伏、希望與絕望在廝殺的美杜莎之筏，彷彿融入了連屍體在內的20位畫中人之間——這已是梅杜莎號之筏的最後時刻：

木筏張著一面簡易帆，在海浪中漂流；畫的右上角有一把帶血的斧頭，暗喻有人吃屍體求生；遠處海面上有個很不明顯的船隻。那個名叫吉恩‧查爾斯（Jean Charles）的非洲水手站在木桶上搖動布條，那手中飛揚的紅布預示著希望與自由。作者藉此婉轉地表達了對廢奴主義的支持。呆坐著的老者懷抱的可能是他死去的兒子，在絕望中等死神的降臨。最終是一條路過的船將他們救起來。

顯然，這幅畫不只是揭露一場當局想遮蓋的醜聞，還隱含了對路易十八復辟王朝的絕望和對未來社會改變的夢想。路易十八看出來它是一幅別有用心的諷刺之作，但又不敢公開壓制，於是買走這幅畫，將它捐贈給盧浮宮。

歷史老人早就洞悉一切，在盧浮宮悄悄埋下伏筆：出生於法國魯昂的傑里科，最初曾與德拉克洛瓦一起師從蓋蘭，接受新古典主義學院派的教育。後來，他離開蓋蘭的畫室，來到盧浮宮學習，在那裏他臨摹了提香、魯本斯、委拉斯凱茲、倫勃朗等名家的作品。傑里科知道盧浮宮是藝術的搖籃，但他不會想到自己的作品，會被尊為浪漫主義的開山之作，永久展示在這個殿堂裏。

32歲時，傑里科英年早逝，另一位畫家扛起了浪漫主義的大旗，比傑里科小7歲的同窗好友德拉克洛瓦，20年後在巴黎沙龍展上推出《自由女神引導人民》，引起轟動。幾十年後，這幅畫也被盧浮宮收藏——浪漫主義雙峰就這樣並立於盧浮宮，像神的昭示。

歐洲歷史上，有三位國王被處死，他們是：英王查理一世、法王路易十六和俄國皇帝尼古拉二世。說起來，1793 年被革命群眾送上斷頭台的 38 歲的路易十六，雖然酷愛製鎖，但也算不上一個昏君，甚至是一個"激進改革家"和海上擴張者。

1779 年 2 月 14 日，庫克船長在夏威夷海灘被土著殺死，英國的遠洋探險暫時停止。不甘被英國超越的路易十六，決定填補庫克留下的探險空白。於是將 28 歲的航海家康特·德·拉佩魯茲伯爵（Count de La Perouse）召到凡爾賽宮，命他率領船隊進行環球科學考察，法國科學院提出一份同行學者名單以及一長串科考課題，法國政府為了這一探險工程，投入了相當於今天的一千兩百萬歐元。

拉佩魯茲出生於法國貴族家庭，15 歲起在法國海軍服役，參加過七年戰爭和美國獨立戰爭，有著豐富的航海經驗和領導能力。拉佩魯茲為此次科考挑選了兩艘福康特船（屬荷蘭式的三桅運貨帆船），原名搬運工號和鴕鳥號，後改名為羅盤號（La Boussole）和星盤號（L'Astrolabe）。這種船並不尊貴，但載重量大，可載 500 噸貨物，船身長超過 40 米。拉佩魯茲對兩艘船進行了改造，加長加固了船身，在船尾為船長加裝了艉樓，巨大的內艙改建為科學家專用船艙，船上配備了當時最先進的測量觀察儀器和經度鐘，設立了一個科學圖書館。由於整個旅程計劃用時 3 年，預計 1789 年夏天返回法國，因此船上裝載了 700 桶食物，以及母雞、奶牛、綿羊，還有 1000 噸在中途停靠站用於交換的物資。兩艘船幾乎全塞滿了，所以載的人並不多，算上軍官、學者、海員共 110 人。

經過 6 個月的準備，1785 年 8 月 1 日，拉佩魯茲船長率領兩艘科考船從法國西部的布雷斯特（Brest）港啟航，開始環球考察探險。1786 年初，科考船繞過合恩角，進入太平洋，4 月停靠復活節島，而後北上考察了北美西海岸，抵達阿拉斯加。隨後向西航行來到菲律賓群島，此後北上來到澳門，繼而向東北方向航行，從日本海向東穿越了俄羅斯庫頁島與日本北海道之間的水道，並將這個海峽命名為拉佩魯茲海峽（即宗谷海峽）。1786 年科考船來到

約繪於 1787 年的水彩畫《1786 年星盤號和羅盤號到達堪查加海灣》。

堪察加半島東部的面對白令海的堪查加灣。1787年9月，科考船抵達堪察加半島的彼得巴甫洛夫斯克港。拉佩魯茲船長讓一個名叫雷賽布（Lesseps）的船員在此登陸，帶著科考船的航海日記、計劃和地圖（可能還包括了航行中繪製的圖畫），通過陸路返回法國，這是此次航行留下的唯一記錄。

這幅小畫《1786年星盤號和羅盤號到達堪查加海灣》，記錄了當時兩艘科考船在堪察加半島停泊的情景。注意，其中一艘船（可能是羅盤號）的艉樓上還描繪了小型的風車。這個裝備出發前就準備好了，長時間停泊時，將其安裝於艉樓上。風車帶動的小磨房，為船上眾多人的餐食提供服務。看上去兩艘科考船應是在這裏度過了冬天。

拉佩魯茲科考船離開堪察加半島後，一路向南航行，經過湯加群島，於1788年1月26日，在澳大利亞悉尼附近的植物學灣登陸。此地，英國探險家庫克船長在1770年4月29日，曾先行登陸，並宣佈該地為英國殖民地。法國科考船到達的這一天，英國第一艦隊運送的第一批移民（囚犯和居民）也抵達悉尼植物學灣。應該說，法國艦隊登臨了英國人的“地盤”。但英國第一艦隊只是確認了一下對方的身份，並未對法國艦隊採取驅離行動。因為從18世紀開始，海上從事海洋科學研究的船

隻，不論是否軍艦，只要沒有敵意行為，都享有豁免權，即不受敵方的拿捕或扣押。這已成為一項國際慣例。

六周後，拉佩魯茲船長率科考船踏上了返回法國的航程。但是，從1788年3月後，法國宮廷再也沒有收到有關拉佩魯茲船隊的消息。1791年，路易十六派遣了一支營救船隊赴太平洋搜尋，最終無功而返。據說，法王路易十六被送上斷頭台（1793年1月23日）的前一天，還在詢問拉佩魯茲的下落。

三十年過去，拉佩魯茲和兩艘科考船仍無消息。1817年，法國歷史畫家尼古拉斯·安德烈·蒙西奧（Nicolas-André Monsiau）受邀繪製了表現1785年法國航海家拉佩魯茲伯爵在凡爾賽宮受法王路易十六委派出海探險的歷史畫。

蒙西奧是一位法國歷史畫家，同時，他也是一位精湛的繪圖員，所以畫中的桌上、椅上和地上都是地圖，畫中央鋪在桌上的是一幅大尺寸的世界航海圖。路易十六似在向拉佩魯茲交代任務，他手指著的地方是澳大利亞，畫家似在暗示拉佩魯斯正是離開這裏之後，消失於澳大利亞東邊的海域。

這幅畫看上去似在紀念這次悲壯的探險，實際上是“別有用心”。1815年，拿破崙在滑鐵盧戰敗，宣佈退位，

隨後被流放到聖赫勒拿島，路易十八借機復辟稱王。為了重塑被送上了斷頭台的哥哥路易十六的榮耀，法國皇室訂製了這幅突出路易十六運籌帷幄的領袖形象的油畫。這幅著名的油畫至今仍掛在凡爾賽宮。

1826 年，英國航海家在所羅門聖克魯斯群島的瓦尼科羅（Vanikoro）島發現了羅盤號和星盤號的沉船纜索，此後，人們在沉船礁盤陸續找到科考船的大炮、船錨和考察隊的一些遺物。

1963 年澳大利亞新南威爾士州在植物學灣北岸的班克斯岬，建立了一座拉佩魯茲博物館（La Perouse Museum），館中陳列著從兩艘科考船殘骸中打撈出來的 2000 多件文物。

最後要說的是：當年法國軍隊中一位年輕軍官候補生拿破崙·波拿巴，曾申請參加這次探險遠航，但遭到了拒絕。此舉為法國挽救了一位未來皇帝，也為歐洲增添了一場巨變。

堅固號與印度斯坦號

戰列艦「轉世」成為舉世聞名的利伯蒂百貨

前邊講過，英國有一個傳統，即一艘歷史名船不得不解體時，他們會將船上的部分木構件，另做成紀念品保存下來，有的做成了傢具，有的做成了木船模型……筆者在這裏要講一個更有趣的例子：有兩艘皇家戰艦在解體路上，沒變成傢具和木船模型，而是華麗轉身，變為一幢世界著名建設——Liberty（利伯蒂）百貨大樓——倫敦首屈一指的商業地標。

逛倫敦商業街，那兩條相連的也是最熱鬧的牛津街（Oxford Street）和攝政街（Regent Street）是必去的商圈。筆者來到這裏不是逛街，而是專門參觀利伯蒂百貨大樓。在現代商業大樓林立的十字街口，筆者一眼就看到了它——白色牆壁上面鑲著黑色木條的木桁架式的古建築，帶著維多利亞甚至比之更遙遠的英倫古風，遺世獨立——利伯蒂百貨大樓，更像是一座船木博物館。

現在，要說說這家由半間店鋪起家的百貨公司。1862年亞瑟·萊森比·利伯蒂（Arthur Lasenby Liberty）來到攝政街的一家精品店打工。1874年，經過十幾年精品市場的累積後，利伯蒂向未來的岳父借了 2000 英鎊，在已是商業街的攝政街上租下半個店面，專門販賣來自遠東的高級絲綢、織物以及工藝品。僅僅八個月，他便還清借款，並拿下另外半邊的店面；第二年，利伯蒂用自己的名字成立了百貨公司。

這個百年老店最初是以"東方商場"的美譽名揚英倫，後來發展成倫敦最有名的精品百貨。現在走進鮮花迎客的大門，隨便掃上一眼，就會與世界頂級設計師的作品

兩艘被解體的古船被建築師父子魔術般地變成了著名的木桁架式的利伯蒂百貨大樓。

古船木架構的利伯蒂百貨大樓。

相遇，Balenciaga、Burberry、Chloe、Givenchy、Moncler、Raf Simons……但這已不稀奇，世界各國的大城市商場裏，都不缺這些東西。不過，全世界任何一家奢華商場都沒有的是——整整五層樓都是由近兩百年的古船木及船雕藝術所架構的古船空間——屋頂、地板、樓梯、樑、柱、窗、門，還有雕廊、雕柱、木獅、木猴，像一個華麗的古堡和仍在遠航的古船。

20世紀初，利伯蒂要建一座新百貨大樓，一對父子建築師 TEdwin T 與 Edwin S 共同設計了這幢大樓。他們獨具匠心地取古船木為建材，這是兩艘原本就像兩座大樓一樣的英國皇家戰列艦：

一艘是有98門炮的堅固號（HMS Impregnable）戰列艦，此艦完成於1810年，先為戰艦，1862年成為訓練艦，1888年更名為肯特號，10年後退役，1906年被出售。

一艘是有80炮的印度斯坦號（HMS Hindustan）戰列艦。此艦完成於1841年，1868年成為訓練艦，1920年退役，1921年出售。

這兩艘被解體的古船被建築師父子魔術般地變成了一幢大樓。他們選擇古船木的同時，也選擇了與之相應的都鐸式建築風格。今天看，他們當時沒走正在流行的現代建築路綫，這是多麼英明。利伯蒂大樓，外觀大氣典雅，內部設計三個天井，其餘空間劃分為數個廳房，每間內置精巧的壁爐，營造出中產階級的居家氛圍，讓顧客有賓至如歸之感。

遺憾的是利伯蒂於1917年逝世，未能親眼見證新樓落成。船木架構的利伯蒂百貨大樓1924年落成，兩艘皇家風帆戰列艦在利伯蒂締造的流金歲月中得以重生。

據說，現在皇室成員還常來利伯蒂，比如，引領時尚的凱特王妃。當然，說幾個文藝名流更吸引人，比如，英國大文豪王爾德，當年就讚嘆"利伯蒂是那些最具藝術氣質的購物者的天堂"；再比如，威廉·莫里斯還與利伯蒂合作設計過許多商品，作為拉斐爾前派的重要成員，威廉·莫里斯只留給後世一幅油畫，真是有點說不過去。不過，莫里斯設計的花卉壁紙圖案，卻對藝術史影響極大，大過許多宏大敘事的油畫，特別是他經典的花卉壁紙圖案做成的商品，已成這個店"鎮店之寶"性質的商品。

當然，這家百貨最了不得的還是這幢古船木樓房，它已是木帆船的絕唱，後人無法超越了。

海上競速

10

西方市場對中國新茶的需求，刺激了快
速帆船的發展。

1845 年美國船舶設計師約翰・格里菲
思設計出剪刀型首柱，船型瘦長，掛帆
面積最大的彩虹號，即後來所説的飛剪
船。很快就有了載入帆船史的 "偉大的
茶葉競速賽"，五艘英國飛剪船在福州
至倫敦的航綫上跨洋競速。

這是帆船航速最快的時代，也是蒸汽風
帆混合船起步的時代，海面不斷上演速
度與力量的競賽。

卡洛琳號

王室遊艇英國快速帆船的母型

18 世紀造船技術引入了更多的科技元素，先是法國造船領域引入了數學家，嘗試採用數學運算，設計最佳船體，而此時英國造船界仍然採用經驗式造船法，英法艦船海上較量，至少在航速上，英國落後於法國。1740 年代法國的信譽號滿帆時，已跑出 15 節的當時最快航速。

英國為追趕法國，不得不以海上劫掠來的法國快速帆船為樣板，再結合英國船的優點，仿造新式快速帆船。1747 年，英國以法國的泰格號為母型，仿造了獨角獸號和萊姆號。它們被認為是英國皇家海軍真正的快速帆船。正是在這種建設快速帆船的大背景下，英國皇家海軍總部為皇室設計了一艘非戰鬥型的皇家遊艇卡洛琳號。

前些年，筆者到上海拜訪船史專家沈毅敏老師，聊完中國帆船，又聊外國帆船，臨別時，他拿出一本自行翻譯和印製的《皇家遊艇卡洛琳號》小冊子。我問他為何對這艘船和這本書情有獨鍾，他至少講出四個理由：

一是，這艘船在製造時極為難得地留下了三套圖紙，是船模愛好者賞玩與學習的絕佳樣本，原作也是為帆船模型愛好者而寫的解讀此船的專業著作。二是，這艘船在西方船史中很有地位，它是第一艘三桅大型遊艇，也是當時最大的遊艇。三是，這艘船是一艘極奢華的遊艇，總造價 1.2 萬英鎊，其中 1100 英鎊用於雕刻，1521 英鎊用於包金和繪畫；船首是天使給女王加冕的雕飾，船舷兩側是古希臘神話傳說，其中有波塞冬乘著海馬飛車巡視大海的精美場景，船尾雕刻有聖母和天使的雕像，中部牆壁上雕飾著象徵皇室的獅子徽章，是帆船雕刻藝術的巔峰之作。

四是，這種船型也是英國快速帆船的先行者，近半個世紀，它一直是英國快速帆船的母型，是新造船技術的代表作。

這本書有很多黑白插畫和精細的圖紙，為船模愛好者留下了重要的製造信息。更有意思的是，這艘船1750年下水時，前邊講皇家喬治號時提到的老約翰·克里夫利，也為它繪製了一幅油畫《皇家遊艇卡洛琳號》。

這個老約翰·克里夫利原本不是一位畫家，父親從小就培養他當細木工，並做家族貿易。大約在1742年，他如父親所願，來到著名的德福福特船塢，當上了造船木匠。他熱愛這份工作，將整個生命都投入到造船工作中，其出

Caroline Yacht.

老約翰·克里夫利1750年繪製的《皇家遊艇卡洛琳號》。

色手藝贏得了"國王陛下的艦船木匠"稱號。

克里夫利有一定的藝術天分,在造船同時也學習繪畫;他的畫藝大部分是自學的,但船塢也給他一些藝術培訓的機會,比如,曾派他參觀了東盎格魯,那次旅行中,他確實製作了一些海景畫。克里夫利畫畫,並不是想當畫家,而是用來記錄這個船塢生產的大帆船。從1745年開始,他除了擔任造船工匠外,還擔任船塢畫家一職,主要是繪製船畫,也畫一些海景畫。從1778年皇家海軍上將給他的遺孀的信中,人們得知克里夫利是在皇家海軍拿薪水。

克里夫利造船有功,畫船畫也有功。比如,這幅畫中架在遊艇中部的小艇,就是歷史上留下來的圖紙中所沒有的,後人在複製皇家遊艇卡洛琳號時,其小艇的複製全靠這幅畫。此外,承載小艇的是備用桅杆和桁材,通常含有主中桅、前中桅和桅杆的下桁,有時還要加帶兩根方料,以備不時之需。同時,為了應對海上敵人,這艘皇家遊艇還配備了火炮。其中,主甲板兩側,各4門8磅火炮;船尾和船頭舷牆,各4門半磅旋轉炮。

"遊艇"一詞起源於荷蘭語"Jught",原意為"追逐"。16和17世紀時,荷蘭人用這種單桅、縱式帆裝小艇進行私掠。後來,它才被用來描繪擺渡、郵遞、娛樂船。17世紀晚期,英國人開始建造雙桅的大型遊艇和快速風帆戰艦。

這艘皇家遊艇是英王喬治二世為了紀念逝去的妻子卡洛琳而建造的,所以命名為"皇家遊艇卡洛琳號"。此船長31.米,水綫長27.5米,有三根桅杆,掛橫帆,船殼鋪板皆用英國橡木建造,它於1750年下水,於1820年拆解。

卡洛琳號在海上度過了奢華的一生,它的船長也身價極高,且加官進爵:有記錄可查的是,第一任船長5個月的工薪為45英鎊;歷任船長多數被授予爵士稱號,有幾位船長在此"鍍金"後,升為海軍少將、中將和上將。

不過,這艘著名的快速帆船除了海上遊玩,並沒產生什麼軍事與經濟方面的效用,真正將快速帆船功用發揮到極致的是美國人。

浩官號

以中國商人命名的美國準飛剪船

今天的人，除了度假，沒人能接受乘船這種旅行方式了。實際上，古人對帆船的航速也有忍受不了的時候。19世紀中葉，西方對中國茶葉的需求大增。1817年至1851年間，英國進口茶葉的價格漲了7倍。此時已學會品茶的西方人，不僅需要大量的茶葉，而且需要更新鮮的茶葉。但老式帆船從中國運茶葉到英國，或到美國，都要航行半年多，新茶到岸時，都變成了舊茶。這樣的航速讓人實在無法忍受，對風帆快船的需求越來越迫切。

有一則故事將 A.A. 勞 · 兄弟公司（A.A.Low & Brother）描繪為開啟快船時代的先驅。那是1843年的某一天，這個造船公司駐廣州的貿易代表威廉 · 勞（William Low）和他正懷孕的妻子乘船從廣州返回紐約，同行的還有保羅 · 瓊斯號船長納撒尼爾 · 帕爾默（Nathaniel Palmer）上尉。這是一段緩慢得令人沮喪的旅程，為了發洩沮喪之情，帕爾默上尉將一塊木頭雕刻成他心目中遠洋商船應有的樣子，並將其定位於 "比任何漂浮東西都航行得快的帆船"。他將自己的平底船創意和著名海軍建築師約翰 · 威利斯 · 格里菲斯（John Willis Griffiths）有關剪刀型首柱的創意結合於一體，完成了一艘新型快船船模。當船到達紐約後，他就帶著新設計船模去了 A.A. 勞 · 兄弟公司，他設計的快船在那裏被進一步完善，最終於1844年由 "布朗與貝爾" 船廠建造出來。A.A. 勞 · 兄弟公司為了紀念一年前去世的廣州貿易夥伴、廣州富商浩官，特將此船命名為 "浩官號"。

這個 "浩官" 非同小可，他就是廣州十三行的總商

（實際兼任"海關總管"）、怡和行的老闆伍秉鑒，當時的"中國首富"。伍秉鑒乳名叫亞浩，其父伍國瑩，早年在廣州潘家同文行做賬房。乾隆四十八年（1783 年），在英國東印度公司的扶持下，伍國瑩建立起自己的商號——怡和行，並以兒子乳名起了"浩官"這個商名，後來被伍秉鑒沿用。當時"官"作為人名的一部分，也是一種尊稱，代表一個人的社會地位。西洋商人誤以為"浩官"是伍秉鑒的真實姓名，就稱其為"Howqua"，而後約定俗成。這個名字後來進入了外國人的諸多商業文件之中，加上"浩官"和怡和行在國際商圈的名氣，"浩官"成了發財致富的同義詞。A.A. 勞·兄弟公司將最新快船命名

大約是 1850 年，一位畫家創作了這幅《浩官號快船》油畫。

為"浩官號",也是引以為豪。

浩官號下水後,第一站就是廣州。這首艘新型快船打破了以往商船從紐約到廣州的航行紀錄。大約是 1850 年,一位畫家創作了這幅《浩官號快船》,這是人們能看到的浩官號最早的形象,船首與首柱採用了剪刀型,船頭斜首桅扯起了三角帆。1864 年 8 月 15 日,浩官號從橫濱啟航前往紐約,此後就沒了消息,據說是在颱風中沉沒了。

雖然浩官號消失了,但它直接催生了快船時代的到來。1845 年,約翰·威利斯·格里菲斯在浩官號的基礎上,設計出彩虹號(Rainbow)在紐約下水。它從廣州到紐約只花了 88 天,打破了以往的航行紀錄。這種快船即是後來人們所說的"飛剪船",彩虹號被公認為世界上第一艘真正飛剪式帆船。

"飛剪船"得名於它獨特的剪刀型首柱,能在海上劈浪,遂有"飛剪"之名;它的最大特徵也在於船頭,船頭是空心的;首柱向外伸出的斜首桅,可在船頭多懸幾面支索三角帆。它的第二個特徵是船型瘦長,長寬比一般大於 6：1。其三是船帆面積特別大(1853 年美國製造的大共和國號,全船風帆面積達 3760 平方米),船上多採用 3 根至 4 根高桅全裝備帆裝,高桅一般為全船長度的四分之三左右,最高的達 60 米,船兩側還有外伸帆桁,可掛翼帆,使得帆的橫向尺寸遠遠超過船寬。其四是,船噸位都不大,船上不加裝火炮。這幾項硬指標都是為保障船舶乘風"剪"浪而設定。

世界上第一艘真正飛剪式帆船彩虹號沒能留下任何歷史圖像,所以,這幅浩官號油畫就成了一份難得的快船文獻。

瞪羚號和塔平號

飛剪船海運茶葉的跨洋比賽

世界上第一艘真正飛剪式帆船在美國問世後，紐約很快迎來"紐約時代"。1850年代，每年有50艘快船往來廣州與紐約，紐約每年接收來自150個海外港口駛來的超過3000艘商船，成為美國首席大港口。

航海大國英國當然不甘人後，也迅速搶建飛剪船。飛剪船大大提高了海上運輸的速度，甚至上演了載入帆船史的"競速比賽"。這場比賽的起點在中國福州，終點在英國倫敦，開賽時間是1866年5月30日。這一天，有5艘英國飛剪船參加了比賽。這幾條船的船名譯法頗多，船史專家建議這五艘船譯為：塔平（Taeping）、瞪羚（Ariel）、泰興（Taitsing）、火十字（Fiery Cross）、絨金龜（Serica）更準確一些。這是當年記錄這場比賽的插畫，畫面上記錄了兩艘跑得最快的船《塔平號與瞪羚號在比賽中》。

有5艘船參加了比賽，包括以前曾得過茶葉船競速賽冠軍的火十字號，但真正較上勁的是瞪羚號和塔平號。瞪羚號是當時最先進的飛剪船，天氣好時可掛30面帆，其帆布總面積有2400平方米，比以前的老式帆船高出一倍還多。但比賽開始後的第10天，塔平號便追上了它。

飛剪船對航行中的平衡姿態要求很高，所以，平艙工作是個技術活，瞪羚號船長除了把茶葉箱擺放得密密實實，防止貨物滑動外，還專門準備了一個裝滿金屬的大箱子，讓水手按他的指令在甲板上拖來拖去，直到他對平艙水準滿意。

當比賽船進入到印度洋之後，趕上了強勁的季風，按

這是 1866 年記錄這場比賽的插畫，畫面表現的是兩艘開得最快的船，
塔平號與瞪羚號駛過英國西南端的利澤德島，它們之間的差距一直很小。

瞪羚號航行日誌的記載，1866 年 6 月
26 日，它幾乎飛了起來，一天"飛"
行了 330 英里（530 公里），而且接下
來的一周，每天至少"飛"行 200 英里
（330 公里）。這樣駛過了有驚無險的好
望角後，基本上就是瞪羚號、塔平號和
火十字號 3 艘船在比拚了。而過了赤道
繼續向北行駛，就只剩下瞪羚號與塔平
號比肩而行了。當抵達英吉利海峽，漸
漸靠近泰晤士河口時，兩船的差距不到
一英里了。

這時，瞪羚號和塔平號都沒了風的
助力，它們都必須僱拖船才能進入泰
晤士河，溯河而上到達比賽終點 ——
倫敦。大帆船進入河道後，失去風的助
力，寸步難行，這是快帆船最大的弱
點。最終，因塔平號的蒸汽拖船快了
一點，比瞪羚號提前 20 分鐘到達了終
點。幾個小時後，追上來的絨金龜號來

到終點，而火十字號和泰興號則是兩天
以後才進入泰晤士河。

最後的結局很公平，因為瞪羚號、
塔平號是同時到達泰晤士河口的，所以
兩艘船達成一致，獎給第一名的每噸茶
葉可以多收 10 先令的優惠，由雙方共
同享受，獎給冠軍船長的 100 英鎊，也
由兩位船長平分。據記載，當時塔平號
上裝有 767 噸茶葉。

1866 年 9 月 12 日，倫敦《每日
電訊報》以"1866 年的偉大茶葉競速
賽"為標題，報道此次比賽的結果。5
艘飛剪船，跨過中國南海，穿越巽他海
峽和印度洋，繞過非洲好望角，航行大
西洋，進入英吉利海峽，來到倫敦，用
99 天時間到達英國。福州到英國的航
行時間從 270 天縮短到 100 天，這是
帆船時代最快的航速。它使新鮮優質的
中國茶葉運到歐洲成為可能。

　　2016 年在倫敦考察海洋文化時，中國駐英使館文化三秘方昕小姐一再叮囑筆者，參觀英國國家海事博物館後，一是不要錯過皇家海軍學院的彩繪廳（Painted Hall），那裏有詹姆斯·桑希爾爵士（James Thornhill）的壁畫；二是從彩繪廳出來後，一定要去看停在泰晤士河旁的卡帝薩克號（Cutty Sark）博物館。

　　皇家海軍學院彩繪廳裏桑希爾爵士歷時 19 年創作的巨大壁畫，美輪美奐，但卡帝薩克號（Cutty Sark）卻怪怪地被圍板圍著，沒有特別了不起的樣子。經過介紹，才知道它曾是一艘 3 桅飛剪式帆船，是存世的最古老的飛剪帆船。

　　卡帝薩克號（Cutty Sark）船名來自蘇格蘭著名詩人羅伯特·伯恩斯（Robert Burns）的詩句，Cutty Sark 意指漂亮女巫的白色“短襯衫”，所以它也稱“短襯衫”號。但這不是它出名的原因，卡帝薩克號的重要功績是在 1870 年至 1878 年期間往來中國與英國兩地，作為茶葉貿易的遠洋運輸工具。後來，它遠赴澳大利亞，改做羊毛貿易。這是它在海洋貿易中的地位。

　　此外，它還是當時最快的帆船。此船長 64.7 米，寬 11 米，風帆動力，它有著 2790 平方米超大面積的帆。此前英國東印度公司帆船面積比較大的也就 1200 多平方米。可以想見，當時它的動力是超一流的，唯一可以與它比個高低的是塞莫皮萊號帆船。這兩條船還真就於 1872 年 6 月 18 日，同時從上海駛往英國，途中展開了一場激烈的比賽。

這是卡帝薩克號 1916 年的 "老照片"。

這場比賽持續了整整 4 個月，它是這類比賽的最後一次，標誌著帆船傳統的結束與一個新紀元的崛起。比賽開始後，塞莫皮萊號率先抵達爪哇島。但在印度洋上，卡帝薩克號駛到了前面。但 8 月份卡帝薩克號遭到了一場特大風暴，失去了一隻舵。船身左右搖晃，無法操縱。跨越赤道後，船長將船停靠在一個港口，在那兒換了一隻舵。卡帝薩克號抵達英國時，比塞莫皮萊號晚了 1 個星期。但人們仍堅持認為，如果中途沒有失去舵，卡帝薩克號定能奪冠。

卡帝薩克號下水的 1869 年，世界航運史上發生了一件驚天動地的大事 —— 蘇伊士運河開通了，地中海與印度洋的航道打通，世界航運格局由此改變。飛剪帆船雖然是帆船中最快的船，但蘇伊士運河無風，所以，帆船走不了這條最新最便捷的航綫。正是此時，蒸汽船走向成熟，開始投入遠洋航運，卡帝薩克號這種快船，漸漸退出歷史舞台……

卡帝薩克號先後轉賣給了葡萄牙和英國的輪船公司，後來又被轉移到泰晤

停泊在泰晤士河上的卡帝薩克號，如今作為一座展覽館對公眾開放。

士河航海培訓學院，到 1954 年時，它不再作為訓練船了，被轉移到格林尼治倫敦的永久性幹船塢，作為國家歷史船舶，供公眾參觀。按航海習慣重新改造和修復的船，會廢掉舊船名，改用新船名。但這艘歷史名船依然保留了它的原名——卡帝薩克號。

卡帝薩克號這個名字，對於中國人來說，還有一個另類"亮點"，它是新概念英語課本中的一節課文，對眾多學英語的中國人來說，它比庫克船長的奮進號還有名。不經意之間，英國人的海洋業績，通過英語教材植入了中國人心中，所以許多學過新概念英語的中國遊客到格林尼治都要一睹它的尊容。

近幾年，這艘船命運多舛：2007 年和 2014 年兩次失火，眼前這艘修復的卡帝薩克號，幾乎是個"複製品"了。拍了它現在的照片，和 1916 年它的"老照片"比較一下，覺得它還是有點古怪了。但景點介紹仍說：登上這條古船仍能感受當年海上商人們的生活狀態，和東西海上貿易的歷史。

飛剪船的改良熱火朝天之際，一股終結五千年風帆舊夢的"蒸汽"革命悄然興起。

1776 年，蘇格蘭造船工匠的兒子詹姆斯・瓦特（James Watt）製造出第一台有實用價值的蒸汽機，幾經改進後，於 1784 年得到英國政府授予的製造蒸汽機專利證書。海洋立國的英國很快將蒸汽機引入帆船革新之中，世界造船業進入"蒸汽時代"。

不過，英國人還是保守了一點，1783 年他們用蒸汽明輪船在河道中試航後，一直沒有將這種新船投入海運。但在歐洲遊蕩的美國人富爾頓，自從 20 多歲時結識瓦特後，就愛上了蒸汽機。1803 年他在巴黎塞納河上初次試驗了他的蒸汽明輪船，但走了不多遠，就開不動了。雖然，第一次試航失敗，但富爾頓聽說拿破崙要越過英吉利海峽對英國作戰時，就滿腔熱情地向拿破崙建議，建立一支即使在惡劣天氣也可在英國登陸的蒸汽明輪船隊。拿破崙不想使用尚在傳說中的"汽船"去冒險。1804 年拿破崙指揮 1300 多艘平底帆船滿載著 10 萬法國大軍，浩浩蕩蕩向英國進發，但英吉利海峽惡劣的氣候和海浪很快就把這個船隊趕跑，登陸英國再成泡影。

1807 年，富爾頓回到美國，在紐約建成了另一艘蒸汽明輪船克萊蒙特號。這艘船長 45 米、寬 4 米。8 月 17 日，他在哈得遜河試航，明輪在蒸汽機帶動下，使船慢慢離開了碼頭，向前駛去，最終，以每小時 9 公里的速度破浪前進。富爾頓成功了，也因此被譽為"輪船之父"。

美國人在紐約近海用蒸汽明輪船進行海運之後，英國皇家海軍才在 1821 年啟用蒸汽明輪船參與海上航運。1830 年英國皇家海軍開始將蒸汽明輪船投入海戰。

蒸汽明輪戰船有巨大的動力優勢，也有很多弱點：一是遇到風浪會左搖右擺；二是露在外面的槳輪若被擊毀，轉向與動力會同時失靈；三是由於槳輪佔據兩舷重要位置，甲板載炮數量大大減少。所以，從 1836 年開始，英國

工程師嘗試在阿基米德號船底使用螺旋推進器，並於 1843 年建成世界上第一艘螺旋槳推進的大不列顛號客輪，它曾經用 14 天的時間，從英國航行到紐約。1845 年英國皇家海軍又造出了世界第一艘螺旋槳推進的軍艦響尾蛇號巡洋艦。

不過，這一新生事物並不被公眾看好，為了消除人們的誤解，喚起大眾對

H.M. STEAM SLOOPS "RATTLER" AND "ALECTO" TOWING STERN TO STERN.
for the purpose of testing the relative powers of the Screw Propeller and the Paddle Wheel

《明輪汽船阿萊克托號與螺旋槳汽船響尾蛇號對決》，1840 年代晚期的插畫作品。

新型螺旋槳動力船的支持，1845 年英國皇家海軍舉行了一場載入世界船舶史的明輪汽船與螺旋槳汽船的對決。這幅紀實畫《明輪汽船阿萊克托號與螺旋槳汽船響尾蛇號對決》（大約是 1840 年代晚期作品，作者佚名，現藏英國國家海事博物館）形象地記錄了 1845 年 4 月那場有趣的“海上拔河”。畫的左側是螺旋槳驅動的汽船響尾蛇號（HMS Rattler），畫的右側是槳輪驅動的明輪汽船阿萊克托號（HMS Alecto），兩艘馬力相同、規格相等的汽船的船尾用很粗的纜繩連接起來，在一聲號令下朝相反方向齊開，展開一場別開生面的“海上拔河”比賽。需要說明的是機械動力船誕生之初，技術不成熟，還不能完全擺脫風帆動力，所以，這兩艘船都保留著兩桅和三桅的大帆船混合動力，只是在比機械動力時雙方都落下了帆。

畫面上，兩條船的英國旗已飄往一個方向——螺旋槳汽船響尾蛇號逆著明輪汽船阿萊克托號的引擎方向，以 2 節（3.7 公里 / 小時）的速度將對手拖走。後來，雙方又來了一次航速比賽，螺旋槳船再次完勝明輪汽船。

事實上，比賽之前，英國皇家海軍早已知道這場比賽的勝負，而且，也打定主意在海軍應用螺旋槳汽船了。1846 年，英國人將老式戰列艦阿賈克斯號換上螺旋槳，但它只是一艘用於港口防禦的封鎖船，沒機會遠航。1849 年法國建造了世界上第一艘蒸汽戰列艦拿破崙號，排水量 1870 噸，功率為 960 匹馬力。英法兩國的海上軍備競賽方向，開始轉向螺旋槳蒸汽戰列艦。

不過，此時的螺旋槳仍是無風時和進出港口時的後備動力，船上的主動力仍是風帆。值得注意的是，此後蒸汽機工程師開始成為蒸汽船上的一員，相當於隨船木工，工資比木工高，但沒有軍銜。

雖然，明輪船隻風光了半個世紀就被淘汰了，但“輪船”這名字卻被保留至今。

普魯士號

世界第一艘五桅全帆裝鋼質帆船

德意志在大航海時代沒有什麼出眾的帆船，直到帆船時代將要結束的 19 世紀末，才開始在造船業瘋狂起來……

1871 年普魯士土國統一了除奧地利帝國外的德意志全境，建立德意志帝國（也被稱為德意志第二帝國，因為神聖羅馬帝國被算為第一個帝國。第一次世界大戰結束後，1918 年德意志共和國成立）。德意志首次有了國土和國家相一致的政治地位後，迅速在歐洲崛起。

1888 年 29 歲的威廉二世即位，成為末代德意志皇帝和普魯士國王。這位後來發動第一次世界大戰的禍首，上任後即拋棄了俾斯麥的"大陸政策"，推行以艦隊為手段的"世界政策"。正是在這樣的背景下，1902 年德國造出了世界第一艘五根桅杆的全帆裝鋼質帆船普魯士號。

普魯士號的五根桅杆皆用鋼管建造，主桅從龍骨到桅杆頂，高達 68 米〔"摩天"（skyscraper）大樓這個詞，就來源於高高的桅杆〕，全部桅杆均掛橫帆，船上共有 47 張帆，包括五根桅杆上的 30 張橫帆、桅杆之間的 12 張支索帆、4 張船艏三角帆和 1 張小的後桅縱帆，風帆總面積達到 6806 平方米，是一艘純粹的全帆裝帆船；它的兩台小型鍋爐和蒸汽機只是用來帶動四個蒸汽風帆絞盤、一台蒸汽錨機、液壓舵機、水泵和發電機。有了這些蒸汽動力的協助，駕駛和操縱這樣一個龐然大物僅需 45 名船員，而不是先前的 245 人，它被稱為"海上女皇中的女皇"。

19 世紀後期，曾縱橫四海的帆船受到蒸汽船挑戰，迅速衰落，但續航能力無限的風帆動力船，在跨大洋遙遠航綫上仍然保持優勢。普魯士號就是在蒸汽輪船早已統治大海的 20 世紀初，完成了傳統西洋帆船的巔峰絕唱。

普魯士號船體長為 131.9 米，船寬 16.4 米，吃水 8.3 米，載重量 8100 噸，滿載排水量為 11330 噸，最高航速可達 20.5 節，並可在 9 級大風中航行。1903 年 2 月 2 日至 5 月 1 日，普魯士號創造了從英國最南部的康沃爾郡蜥蜴角到智利北部太平洋港口伊基克僅用時 57 天的航行紀錄。

普魯士號不僅速度快，而且有強大的續航能力和載重量，美國標準石油公司正是看中了這一點，租用它進行了 12 次往返於漢堡與智利的硝石（火藥的主要原料）貿易。美國標準石油公司還租用它從紐約向日本運油，僅用 112 天就抵達了橫濱。它無疑是飛剪船時代之後，最大最快的貨運帆船。

當然，快有快的麻煩，帆船沒有車。1910 年 11 月 5 日，正在進行第 14 次遠航的普魯士號，藉著強勁的西風穿越英吉利海峽，向北海行駛。這時，一艘小型英國蒸汽輪渡布萊頓號（Brighton）違規搶在普魯士號前面，橫渡海峽，由於低估了普魯士號當時 16 節（約每小時 30 公里）的航速，結果與普魯士號相撞。普魯士號船首斜桅和前桅頂桅折斷，由於沒有輔助動力而無法繼續航行，普魯士號只能靠拖船拖行，它被拖到了螃蟹灣，兩條錨鏈都斷了，無法停泊，結果被大風吹到岸邊擱淺。最終，普魯士號龍骨斷裂，無法修復，宣告報廢。

飛剪大帆船就這樣落下帷幕。

20 世紀初，普魯士號全速航行的照片。

冰海航船

水星號
前進號
文森斯號
堅毅號

11

地球"北極"和"南極"最初的傳説，
都來自古希臘。

古希臘人認為，北極地區有一片永久溫
暖、遍地陽光的土地，並稱它為"北方
樂土"；還認為，大地是球形的，北半
球有歐亞大陸，南半球一定有相同的
"南方大陸"存在。歐洲人自古就相信
這兩塊"樂土"的存在，也前赴後繼地
駕著帆船，向未知的深海探索。即便知
道"北極"和"南極"是一片冰海，那
些向冰海進軍的帆船，仍冒險前行，在
這片與世隔絕的冰原雪蓋，揮灑一個個
地理大發現的悲壯畫卷。

巴倫支用生命探索「北方航綫」

馬可·波羅的中國之行，使西方人相信中國是一個黃金遍地、珠寶成山、美女如雲的人間天堂。西方人在開拓印歐航綫和環球航行之時，也在尋找通向亞洲和中國的最短航綫——北極圈裏的"北方航綫"。

1527 年在西班牙從事商貿活動的英格蘭商人羅伯特·索恩斯提出：大西洋與太平洋向東繞行和向西繞行的航綫，已經被葡萄牙與西班牙人開通；但是，在北方還有一條繞北極圈的"北方航綫"沒有開通。當時的歐洲人相信，只要從挪威海北上，然後向東或者向西沿著北極圈海岸一直航行，就能到達東方的中國。也有人認為，在紐芬蘭有一條通往亞洲的海峽。所以，發現與開拓北冰洋的"東北航綫"和"西北航綫"，一直就是歐洲人的重要航海任務。

最早進行這方面探險的是葡萄牙人考特雷爾兄弟。他們早在 1500 年就開始沿歐洲西海岸往北一直航行到了紐芬蘭島。第二年，他們繼續往北，向高緯度進發，希望尋找那條通往亞洲和中國的航路，但卻一去不復返，成為"西北航綫"的第一批捐軀者。

16 世紀中期，英格蘭人在高緯地區尋找通往東方的"東北航綫"失敗之後，正在爭取國家獨立的荷蘭，接續了探索"東北航綫"的偉大使命。荷蘭人的北冰洋探險是一種合資式的商業競爭，伴有荷蘭與澤蘭兩個商業集團的利益。航海家范·林斯霍滕在剛剛完成著名的亞洲航行之後，又作為澤蘭的代表投身北極探險；航海家威廉·巴倫支則率領荷蘭團隊。

1594 年，巴倫支第一次北冰洋探險，最後抵達北緯 77 度 15 分，創造了當時人類抵達最北點紀錄。在抵達新地島後，探險隊補養告罄，不得不折返。1595 年，巴倫支再次出海，但這一次沒有什麼重大發現。在兩次探險沒有取得什麼成績之後，范·林斯霍滕率領的澤蘭船隊，宣告退出北極航行，而樂觀的荷蘭巴倫支團隊，則堅持繼續探險。

1596 年，巴倫支第三次出征"東北航綫"，船隊有三條船，一是巴倫支所乘的水星號（Mercury），另外兩條為信使號（Messanger）和天鵝號（Swan）。他們相繼發現了熊島和斯瓦爾巴德群島（意思是"寒冷海岸的島嶼"），並到達了 79 度 49 分人類抵達最北點的新紀錄。

在熊島附近，三艘船被浮冰分開，巴倫支在尋找另外兩艘船時，指揮著水星號航行到東北方向的新地島。8 月 26 日，探險隊成功地繞過新地島的最北端，再次回到新地島，準備前往瓦加奇島時，巴倫支的船被浮冰撞毀，很快被封凍於港內。從 1598 年阿姆斯特丹出版的傑拉德·德維爾（Gerard De Veer）一幅版畫《巴倫支的探險船被冰封在北極》來看，巴倫支的水星號類似一艘小型三桅蓋倫船，船員上岸，用從船上取下的木材，在冰上建造了一間小房子，這十幾位船員被迫成為第一批在北極越

冬的歐洲人。他們靠捕獵北極熊生活，雪地上立著的十字架，祈禱早日脫離冰海……這是巴倫支探險船隊的最早描繪。

巴倫支探險船隊一直等到 1597 年 6 月 13 日，冰仍然沒有放鬆對船的封鎖。壞血病纏身的巴倫支和另外的幸存者帶著兩個小漁船出海。這時的巴倫支已病入膏肓了，仍清醒地寫下 3 封信，兩封分開交給同伴，一封信藏在他們越冬小房子的煙囪裏，以防回程遭到不測，也留一點文字記錄傳給後人。1597 年 6 月 20 日，體力不支的巴倫支死在一塊浮冰上，時年 37 歲，還有四名水手也病死了。後來是俄羅斯商船救起了船上幸存的 12 個人。

兩個世紀後的 1871 年，一位挪威航海家卡爾森來到巴倫支當年越冬的地方，果真從煙囪裏找出了那封信。除此之外，巴倫支還留下了兩個重要遺產，一是 1597 年繪製的北極精準海圖，二是詳細的航海日誌，這為後來的北極探險提供了重要依據。

巴倫支死後第二年，即 1598 年，荷蘭製圖家根據巴倫支的原始地圖描繪出繪精美闊大的北極投影地圖，圖上有北極海區與巴倫支航海綫路，同心緯度綫分別間隔 5 度，並會聚經度綫，間隔 10 度。為了紀念巴倫支，製圖家將新地島與斯瓦爾巴德群島之間的陸緣海命

傑拉德 · 德維爾 1598 年在阿姆斯特丹出版的《巴倫支的探險船被冰封在北極》。

名為"巴倫支海"。

1601 年荷蘭范 · 林斯霍滕出版了《威廉 · 巴倫支的航行地圖》。這幅北極航海圖繪出的鯨魚比北極的船隻還多，它反映了那裏的鯨魚豐富多產，已有熱熱鬧鬧的漁獵生活了，它將為荷蘭和英格蘭帶來更多的利潤，相比之下，鯨魚貿易要好於與俄羅斯的羊毛貿易。

這裏還要交待一下，1596 年巴倫支最後一次北冰洋探險時發現的斯瓦爾巴德群島，17 世紀成為歐洲重要的捕鯨中心，各國捕鯨船都開到這裏爭奪漁業資源，糾紛也由此產生。歐洲

人在吵鬧聲中走入了 1920 年，這一年由 18 個國家在巴黎簽訂了《斯瓦爾巴德條約》，1925 年法國邀請中國等國加入了這個條約。它是迄今為止北極地區第一個、也是唯一的國際性政府間非軍事條約。根據該條約，斯瓦爾巴德群島（疆域定為北緯 74 度到 81 度）的主權歸屬挪威，實際經濟開發由各國共享。各締約國的公民可以自由進入，在遵守挪威法律的範圍內從事正當的生產、商業以及科學考察等活動。中國首座北極考察站黃河站建於此地，就是得利於這個條約，而未來中國開啟"冰上絲綢之路"，也能用上這個條約。

前進號

挪威研製的抗冰封北極探險船

在地圖上，從巴倫支海向北緯 80 度圈看去，又會看到另一個人的名字命名的海 —— 南森海。正是這位勇敢且聰明的探險家，給後人開闢了進入北極核心區的航路，他從北極的冰封船上活著回來，後來成為一位傑出的外交家。

荷蘭探險家巴倫支死後，兩百多年裏沒有人敢再進入北極核心區。1845 年 5 月 19 日，英國又派出富有經驗的北極探險家約翰·富蘭克林，試圖進入北極圈更北的西北航綫。全隊 129 人在 3 年多的艱苦行程中，陸續死於寒冷、飢餓和疾病，最終無一生還，成為北極探險史上最大的悲劇。

1884 年，挪威氣象學家亨里克·莫恩在格陵蘭島西南海岸，發現美國北極探險船珍妮特號的碎片。此船 1881 年 6 月在北極的另一邊 —— 新西伯利亞群島海域沉毀，為什麼會跑到這一邊的海岸？莫恩認為，珍妮特號一定是跨越北極漂移而來，它表明北極不是大陸，而是一片海洋。莫恩的理論引起了挪威的動物學家、海上探險家弗里德特喬夫·南森的高度關注。南森相信，只要造一艘特殊的船，可以被凍結在浮冰中，沿著珍妮特號相同的軌道漂行，就可以到達北極附近。

於是，南森請挪威最好的海軍建築師科林·阿切爾，為他訂製一艘可以抗冰封的北極探險船。從被保存下來的設計圖上看，這艘船最重要的外部特徵就是船體的圓度，船頭、船尾都被磨圓了，船舵也可收上來。船建成首尾對稱的碗型，大海結冰時，冰的擠壓會使船漂浮在冰面上……南森説這艘船"會像鰻魚一樣滑出冰的懷抱"。此外，為了提供非凡的強度，船體分為三層，最外層為綠心硬木，裏面兩層為橡木，三層板材之間充填瀝青和木屑，以利於緩衝和防腐。構成船體的三層木材厚度在 60 到 70 厘米之間，船頭增加到 1.25 米，同時用一根突出鐵杆加以保護。此船長 39 米，三桅縱帆，加裝了 220 馬力的輔助引擎，能夠達到 7 節（約每小時 13 公里）航速。當然，極地探險速度並不重要。南森提出的幾條最重要標準是：可

持續幾年的漂移，能承受來自冰蓋的長期壓力，堅固而且保溫。

這是一艘異常短粗的船，像一座冰海堡壘，能容納 13 個人和夠 5 年用的燃料和食物，船上還備有一台可由輪機、手搖或風車帶動的發電機，供北極圈過冬時使用。這艘探險船於 1892 年 10 月 26 日下水，南森妻子伊娃將它命名為"前進號"（FRAM）。

1893 年 6 月 24 日，南森率領 12 名探險隊員乘前進號從奧斯陸出發。這艘探險船在沿俄國北部海岸行駛了一大

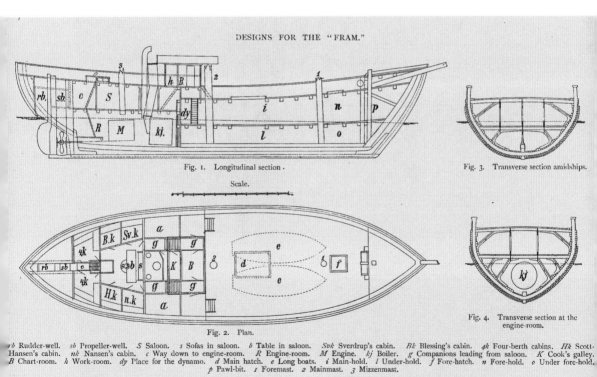

DESIGNS FOR THE "FRAM."

Fig. 1. Longitudinal section.

Scale.

Fig. 3. Transverse section amidships.

Fig. 2. Plan.

Fig. 4. Transverse section at the engine-room.

*b Rudder-well. *sb* Propeller-well. *S* Saloon. *s* Sofas in saloon. *b* Table in saloon. *Svk* Sverdrup's cabin. *Bk* Blessing's cabin. *4k* Four-berth cabins. *Hk* Scott-Hansen's cabin. *nk* Nansen's cabin. *e* Way down to engine-room. *R* Engine-room. *M* Engine. *kj* Boiler. *g* Companions leading from saloon. *K* Cook's galley. *B* Chart-room. *h* Work-room. *dy* Place for the dynamo. *d* Main hatch. *e* Long boats. *i* Main-hold. *l* Under-hold. *f* Fore-hatch. *n* Fore-hold. *o* Under fore-hold. *p* Pawl-bit. *1* Foremast. *2* Mainmast. *3* Mizzenmast.

南森與科林·阿切爾共同商定的前進號的設計圖。

1894 年 3 月前進號被閉塞在浮冰中，船上那個專門設計的帶動發電機的風車清晰可見。

段路程後，按計劃掉頭向北，從浮冰群中找到一個缺口，向北極駛去。9 月 24 日前進號到達了北緯 78 度海域後，在冰裂中緩緩前行。1895 年 3 月，前進號漂流到北緯 85 度 57 分海域，冰蓋使其寸步難行了。這是北極探險史上，還沒人到達的高緯度。從保存下來的歷史照片看，前進號被閉塞在浮冰中，船上安裝的那台可帶動發電機的風車顯得十分威猛和怪異。

接下去，抵達北極點的唯一選擇，只能是駕馭狗拉雪撬了。南森對此早有準備，他在徵召探險隊員時，專門招收了一位駕馭狗拉雪撬的專家。他們率領一個小分隊告別其他隊友，靠著狗拉雪撬，向北極點方向前進。

1895 年 4 月 8 日，南森的狗拉雪撬小分隊到達北緯 86 度 13 分的地方，距北極點不到 400 公里。但前方一座座高大冰山和難以逾越的冰障，擋住了前進的路，南森只好返回。他們又走了 4 個月，於 1895 年 8 月來到法蘭士約瑟夫地群島。此時，又一個冬季到來了，他們只好在島上越冬。另一小分隊，在

前進號漂浮在浮冰上。

斯維爾德魯普帶領下繼續駕駛前進號，隨浮冰漂流，1895 年 11 月 15 日竟也到達了北緯 85 度 55 分，這也是當時船舶到達的最北位置。

1896 年初，恰好英國探險家弗雷德里克·傑克遜的船經過法蘭士約瑟夫地群島，南森的狗拉雪撬小分隊幸運地踏上了回家的路……顏具喜劇色彩的是，1896 年初夏，英國《自然》雜誌根據南森出征北極探險 3 年未歸的事實，在該雜誌上刊登悼詞，對他"獻身"北極探險事業表示深切的懷念。悼詞刊出不久，即 1896 年 8 月 13 日，南森和夥伴們奇跡般地返回家鄉，8 天之後，另一隊夥伴駕著前進號也返回挪威，在經歷三年的航行和長期冰封之後，這艘異常短粗的帆船竟然毫髮無損地回來了。

不能遺漏的是，這艘前進號後來又創造了另一個奇跡 —— 1910 年 8 月 9 日，挪威探險家阿蒙森率領它，又奔向了南極。1911 年 1 月 4 日，前進號到達通往南極點的基地鯨灣；10 月，阿蒙森和四個夥伴乘坐 52 條愛斯基摩犬拉的雪撬向南極點衝刺；12 月 14 日，阿蒙森終於成為抵達南極點的第一人 —— 這次探險，也使前進號成為世界上唯一進入南北兩極的最堅固的木質帆船。後來，挪威人專門為這艘創造歷史的船，在奧斯陸建造了一座前進號極地船博物館（POLAR SHIP FRAM），前進號實現了偉大且永垂不朽。

文森斯號

這是一幅描繪"文森斯號在南極洲失望灣"的版畫，沒有標注作者名字和創作時間，專家推測應是 1842 年到 1850 年之間的作品，文森斯號是查爾斯·威爾克斯（Charles Wilkes）南極探險船之一。

地理學家和航海家描繪完澳大利亞和新西蘭海岸圖之後，越發想知道更南邊冰封南極圈裏是個什麼樣子。19 世紀，各國航海探險的科學目的已經大於以往對"未知土地"的佔領。南極探索正是在這樣的背景下展開，最先嘗試描繪南極大陸的是查爾斯·威爾克斯中校。

查爾斯·威爾克斯 1798 年 4 月 3 日出生在紐約，從哥倫比亞大學畢業後進入美國海軍，1826 年當上中尉。雖然，他還不是一個經驗豐富的海軍軍官，但在航海調查方面已顯示出卓越才能，從 1839 年到 1843 年，他對南極海域進行了多次探險。1841 年初，威爾克斯勘察了位於今天的東經 100 度—160 度之間（澳大利亞正南方）2414 公里的南極海岸綫，並繪出了這一地區的海岸綫圖。它不僅確定了海岸綫的長度，還確認了南極存在陸地的事實——這是人類首次使用"南極大陸"稱謂的南極地圖。

遺憾的是威爾克斯發現南極大陸的事實長期受到質疑。當時的探險家都已有了為科考留下證據的準備，隨船帶上職業畫家做記錄。大約在 1840 年，探險隊指定肖像和植物畫家托馬斯·蘇利（Thomas Sully）曾為威爾克斯畫了一幅珍貴的肖像。但這一幅晚些時候創作的版畫《文森斯號在南極洲失望灣》是不是馬斯·蘇利的作品，還無

《文森斯號在南極洲失望灣》，佚名作者，繪製於 1842 到 1850 年之間。

法確定。不過，這幅畫顯然也在證明威爾克斯這次偉大的探險。這幅畫後來又被改為油畫，至今廣為流傳。文森斯號也由此成為"看得見"的著名冰海探險船。

1844 年，從南極大陸回來的威爾克斯發表了美國探險南極的專著和地圖集。1866 年 7 月 25 日，他被提升為退役名單上的海軍少將。但他在世時，這一探險成果一直沒有得到承認。直到 1940 至 1950 年代，美國和澳大利亞等國科學家先後到達南極上空進行航空勘測後，人們將威爾克斯地圖與航空勘測進行比對，發現兩者有多處相對應的點和重疊處。威爾克斯南極大陸地圖，最終得到了它應有的榮譽。這條為威爾克斯正名的新聞登上《紐約時報》頭條。後來，為了紀念和尊重威爾克斯的歷史功績，人們將那塊冰蓋覆蓋的南極大陸命名為"Wilkes"，即威爾克斯地。

地理學者通常這樣講：南極大陸是最後一塊被畫上地圖的地方。

它被稱為"南極洲"，四周為太平洋、印度洋和大西洋所包圍，邊緣有別林斯高晉海、羅斯海和阿蒙森海等；包括大陸、陸緣冰和島嶼，總面積1405.1萬平方千米，約佔世界陸地總面積的9.4%；大陸幾乎全被冰川覆蓋，佔全球現代冰被面積的80%以上；全境為平均海拔2350米的大高原，是世界上平均海拔最高的洲。

堅毅號

沙克爾頓南極史詩之旅

挪威人阿蒙森於 1911 年 12 月 14 日到達地球最南點的消息，不僅令對手英國探險家斯科特失望，同時，也讓另一位英國探險家沙克爾頓不得不改變他的創造紀錄方向：將創造首個到達南極點的紀錄，改為創造首次穿越南極大陸的紀錄。

沙克爾頓 1874 年出生在愛爾蘭，在十二個兄弟姐妹中排行第二，他從小愛動，16 歲即離開學校，成為一名海員。1901 年到 1904 年，沙克爾頓隨從著名探險家斯科特和醫生威爾遜開始第一次南極探險，因在南極內陸都出現了壞血病症狀，最後不得不返回。1907 年他親自組織並帶隊，開始第二次南極探險，那一次，沙克爾頓最終把英國國旗插在了南緯 88 度 23 分，此地距南極只有 180 公里了。這次探險歸國後，沙克爾頓被授予爵士稱號。

1914 年是沙克爾頓第三次南極探險，他依家族格言："堅毅制勝"，將探險船命名為 "堅毅號"。這次探險公開徵招隊員，報名者竟達 5000 人之多，最後有 27 人成為沙克爾頓的探險夥伴，每個人的名字都寫入了歷史，連 99 隻雪橇犬也都起了名字，並記錄在案。

1914 年 8 月 8 日，堅毅號離開倫敦，駛往布宜諾斯艾利斯，12 月 5 日，離開南喬治亞島，1915 年的 1 月到達南極邊緣的威德爾海，隨後身陷冰川之中。

此時已是攝影時代，探險隊專職攝影師弗蘭克‧赫爾利，特意在船艏斜桅上安裝了工作平台，用來拍攝這條船。他拍下堅毅號的很多珍貴鏡頭，包括這幅堅毅號被封

1915 年 1 月，堅毅號到達南極邊緣的威德爾海，隨後身陷冰川之中。

死在冰中的照片。這幅後來經過人工著色的照片，看上去很漂亮，此時它還升著帆。不幸的是，這是堅毅號最後的身影。

堅毅號原本是一艘用於極地狩獵的郵輪，為了極地航行，造船師專門將它設計成極堅固的蒸汽木帆船。它的龍骨有 2.2 米厚，船舷平均厚 0.7 米，船頭有 1.3 米厚，它像攻城錘一樣，可以破開堅冰。只是它與另一艘極地探險船弗拉姆號船底有所不同，弗拉姆號有一個碗形船底，受到浮冰擠壓時，可以不斷地上升，從而避免被卡住，而堅毅號是尖船底。沙克爾頓從一時財務困難的朋友手裏以 1.1 萬英鎊的低價買下了這艘堅固的極地船。不幸的是，堅毅號最終被冰川圍困，隨冰川漂移了 10 個月，10 月 27 日，這艘起航前曾做過最完美加固的船體，還是被數百萬噸冰的壓力擠得粉碎，沉入冰冷的海底。

棄船的沙克爾頓和船員們只能在零下 57 攝氏度的浮冰上生活。此後的 6 個月裏，隨著天氣變化，這塊巨大的浮冰不斷碎裂，到了 1916 年 4 月 9 日，浮冰徹底碎裂了。沙克爾頓率領船員乘 3 艘殘存的艘救生船，在冰海中漂了 7 晝夜之後，登上了荒無人煙的象島，此時，距探險隊出發已過去 497 天。

為了尋找救援，沙克爾頓挑選了 5 名最強壯的船員乘上最大的救生艇，向東南偏東橫渡。他們在天氣極端惡劣的海上漂泊了 16 天，划行了約 1300 公里，憑藉航海經驗和運氣，終於抵達了來時曾駐足過的南喬治亞島。隨後，他們又翻越南喬治亞山脈，去尋找捕鯨站以尋求幫助。1916 年 5 月 20 日下午，沙克爾頓走到最近的一個捕鯨站。3 天後，他們登上了一艘捕鯨船，返身解救圍困在象島上的同伴。8 月 30 號，沙克爾頓終於找到了一條從浮冰上穿過的路，在象島找到了留守於此的 22 個同伴，將他們全都從南極解救回來。後來，探險隊員們都稱他為“世間最偉大的領導者”。

雖然，沙克爾頓沒能創建人類橫穿南極大陸的紀錄，但堅毅號全部探險隊員能從冰海中死裏逃生，這仍然是歷史探險史上一個了不起的、值得百年頌揚的“紀錄”。

沙克爾頓躲過了一次劫難，但像許多探險家一樣，最終還是倒在了探險路上。1921 年，沙克爾頓又進行了一次極地探險，此次探險的目標是環遊南極洲以繪製其海岸綫圖。1921 年 9 月 18 日沙克爾頓的探索號離開英國，於 1922 年 1 月 4 日到達南喬治亞島，1 月 5 日凌晨，沙克爾頓因心臟病發作去世。應他妻子的要求，他被安葬在南喬治亞島上。今天，這裏已成為進入南極旅行和探險的人要拜謁的一個重要“碼頭”。

朱印渡海

12

16 世紀末至 17 世紀初，日本幕府頒發
"朱印狀"，鼓勵海商開拓異國貿易，
遊走於東南亞海面、船型奇特的"朱印
船"，一時成為獨特的海上風景。

託神社寺院的"繪馬"之福，後世才有
了幾件朱印船的歷史圖像。朱印船"繪
馬"是掛在神社寺院祈福航行平安，或
感謝神明保祐航行順利的一種船畫，也
是後世考證幾百年前"日本大航海"的
珍貴文獻。

暹羅船

日本和中國一樣也有很長的海禁史，不過，16 世紀末至 17 世紀初，短短的三十幾年間是個例外。這個例外，因西洋人而起，也因西洋人而終。

1553 年，葡萄牙人通過賄賂廣東海防官員，取得在澳門“暫住”的便利後，以此為據點於 1571 年開闢了澳門－長崎貿易航綫，葡、中、日之間的三角貿易由此開始。1582 年（天正十年），也就是織田信長掌握幕府的最後一年，日本九州地區吉利支丹（日本天主教徒）大名大友宗麟、大村純忠、有馬晴信向羅馬教廷派遣以四名日本少年為中心的“天正遣歐少年使節”，搭乘葡萄牙商船遠赴歐洲，1590 年返回日本。這是日本人首次赴歐洲，也是日本最初的“對外開放”。

1588 年，豐臣秀吉平定日本戰亂後，頒佈《海賊停止令》，要求各地水軍停止海上爭鬥；1592 年，為區別海商船與海盜船，豐臣秀吉給長崎海商頒發了“異國渡海朱印狀”。雖然，歷史上沒留下豐臣秀吉頒發的“異國渡海朱印狀”實物，但歷史文獻記載了 1592 年日本曾有 9 艘商船航行到呂宋、澳門、安南、占城、柬埔寨、北大年等地進行貿易，其中有 5 艘從長崎出發，即末次平藏 2 艘，船木彌平次、荒木宗右衛門、系屋隨右衛門各 1 艘；自京都航行的 3 艘，分屬茶屋四郎次郎、角倉與一、伏見屋某；由堺港出航的伊豫屋某 1 艘。所以，學界通常以此為日本對外貿易之發端。

“朱印”原本是日本神社與寺院授予的一種參拜證明，傳統來自中世紀的“納經”，是授予寫經人的信物，江戶末期變為信眾參拜的證明。"異國渡海朱印狀"延續了寺院朱印憑證的傳統,以"朱印"之名,製作了海上貿易官方執照。持有此執照的船被稱為"朱印船"。

德川家康一統天下後,於1604年將"異國渡海朱印狀"制度化:將長崎納入幕府直轄領,規定所有朱印船都由長崎出航及歸航;根據頒發不同的朱印狀,限定商人只能跑指定的貿易航綫;德川家康甚至與安南國大都統阮潢約定:"本邦之舟,異日到其地。以此書印可為證據。無印之舟者,不可許之。"朱印狀貿易制度正式確立。

史學家分析德川家康熱心朱印狀貿易,至少是一舉三得:一是可以動搖葡萄牙人的壟斷貿易地位;二是可以通過發放朱印狀防止對手大名利用海外貿易加強自身實力;三是通過控制外貿攫取巨額利潤,穩固幕府政權。

朱印船並不特指某個船型,而是指持有朱印狀的貿易船,但在那個特殊的歷史時期,確實出現了世界帆船史上值得一說的日本海上貿易船。

大明朝廷實行嚴格的海禁,使中國帆船與日新月異的歐洲帆船迅速拉開了距離,但在亞洲,中國帆船仍處於領先地位,也廣受歡迎。此時的"和船"還不具備遠洋航行能力,日本海商只能購買中國帆船投入到朱印狀貿易之中。日本文獻中有記錄的最小的朱印船是薩摩島津氏購入的480石(折合72噸)中國帆船;最大的朱印船是因幡國(今鳥取縣)龜井氏購入的3200石(折合480噸)中國帆船。

朱印狀貿易之初,日本購入的中國帆船多是廈門或潮州製造的帆船,特別是在暹羅建造的改良中國海船,成為日本租用或訂購的朱印船首選,日本人稱其為"暹羅船"。這種暹羅船到底什麼樣,中國沒有圖像文獻記錄,只能到日本去找。

筆者赴日本考察朱印狀貿易的第一站,即是日本最早的貿易港長崎和平戶,這裏也是日本海上貿易文獻的大本營。其平戶松浦史料博物館收藏有18世紀初日本畫家繪製的著名的《唐船之圖》,共有12幅船畫,其中的"暹羅船圖",或許是目前能查到最早的暹羅船歷史圖像。

這幅"暹羅船圖"突顯了此船的特殊身份,通體紅色塗裝,這種塗裝也是朱印狀貿易船隻的塗裝標誌。早期暹羅船是中國工匠在暹羅為日本訂造,融入了一些西洋船的元素,中式船的雙桅船制,改為了三桅,或準三桅船,船首加了斜首桅,從畫中可以看到日語標注西式軟帆為"木綿帆",也就是布帆,主桅上加掛了西式頂帆"木綿帆",但主桅仍掛中國硬帆竹帆,畫中日語標注為"笹帆"。除了帆裝東西式的軟硬帆結合之外，船上還普遍設置了桅杆前後支索與幾根側支索，但船殼仍全部取中式結構。為防禦海盜，朱印船多配有完備的武裝，但從這幅暹羅船圖看，船舷仍按中國模式，畫了幾個方形的嚇唬海盜的假炮窗。

朱印船主要前往台灣、安南、暹羅、呂宋、柬埔寨等東南亞國家和地區進行貿易活動；對外輸出銀、銅、鐵、硫磺等礦物，還有刀劍、工藝品等商品；再從海外輸入生絲、絹織物、棉織物、毛織物等中國商品，還有鯊魚皮、水牛角、象牙、胡椒、藥材、鉛等東南亞商品。

此時，德川家康已將當時世界最大

的銀礦日本的石見銀山，納為江戶幕府直轄領，作為世界上屈指可數的產銀國之一，日本有著相當的購買力，而大明朝廷厲行海禁，中國海商無法走出國門，一時間，日本海商成為東南亞貿易中亞洲商家的主導力量。據說，連暹羅王室的海外貿易都操縱在日本商人手中。

短短 30 多年，日本從事朱印狀貿易的人數超過 10 萬，西南大名、幕府官員、內外豪商等許多上層人士都參與其中；在東南亞一些地方，甚至出現了有數百甚至上千的日本人定居的日本町，並實行自治制的"準殖民"；所以，也有人將這個時期稱為"日本大航海"時代。

18 世紀初日本畫家繪製的《唐船之圖》中的"暹羅船圖"。

末次船

祈福「繪馬」留住了朱印船圖

中國自北宋起，船家有在媽祖廟擺放船模、祈求航海平安的傳統。那麼，古代日本船家在什麼寺廟裏，以什麼方式為航行祈福呢？

日本是個島國，對海神的信仰遠遠早於崇拜神武天皇，但多神教的日本，一直沒有固化的海神，比如，宗像大社、嚴島神社主要祭奉的是三位海洋女神（《古事記》記為多紀理毗賣命、市寸島比賣命、多岐都比賣命三女神；《日本書紀》記為田心姬、湍津姬、次市杵島姬三女神），而日本知名的三大海神廟之一香川縣的金刀比羅宮神社，以供奉"金毗羅"海上守護神而聞名，此神是藥師十二神將之一。

日本船家為航行祈福，既在祭奉海神的神社，也在供奉其他神靈的寺院。其中有一項特殊的祈福方式，就是奉獻繪馬。

日本神社與寺院有三種祈願方式：神籤、禦守和繪馬。神籤，就是抽籤解命，大家都懂；禦守，就是護身符；繪馬，就是在木板畫上和寫上祈福內容，掛在寺院裏。神道教認為，馬是神明的代步工具，故有奉獻馬匹給神明的習慣，後演化為獻上畫著馬的木板，再後來畫的內容擴大，祈願什麼就畫什麼。通常的繪馬，底長為 14 厘米，高 8 厘米。大約在 15 至 16 世紀，寺院出現了大繪馬，大繪馬又稱"匾額"，一般高 180 厘米左右，長 220 厘米左右。16 至 18 世紀前期，是大繪馬鼎盛時期。

奉獻畫有船舶的繪馬，興起於德川幕府初期。日本各寺院神社保存的古船繪馬有千餘幅，但稱得上"朱印船繪馬"的極少。朱印船繪馬也叫"渡海船額"，是祈福航行平安的一種船畫。日本的朱印船繪馬，僅有十餘件存世，分別供奉於長崎鍛冶屋町清水寺、大阪市的杭全神社和京都清水寺。正是託了朱繪船繪馬這一特殊載體的福，後世才得以見到朱印船的歷史圖像。

朱印船繪馬一般由四個內容組成，以長崎鍛冶屋町清水寺末次船繪馬（原作畫面都已模糊不清，沒有當初的模樣，筆者在此選用的是常被媒介選用的

長崎博物館所收藏的摹繪本）為例：祈願文字，如"奉掛御寶前，諸願成就，皆令滿足"；祈願時間，如"寬永十一戌七月吉日"等；祈願人，"豐後氏、石本氏及大賀氏等"；還有祈願船名號，如"末次"船。日本的繪馬祈福與中國的寺廟祈福差不多，有祈願，也有還願。此寺的本尊為十十觀音。

長崎"末次"船船主是末次平藏，原名政直，通稱平藏。父末次興善是博多巨商末次氏之一族。1571年長崎開

長崎鍛冶屋町清水寺的末次船繪馬，船上還立著一面末次平藏的"平"字尾旗。

港後，末次家族從博多（福岡）移居長崎，以私財開闢新的街鎮興善町。1592年平藏一族從屬豐臣秀吉集團，豐臣秀吉死後，於1604年從屬德川家康集團。平藏一族也因從屬關係，兩度獲得幕府授予的朱印狀，派船隊到呂宋、安南、暹羅各地進行海外貿易。

此時，長崎代官（幕府駐長崎的最高長官）是村山等安。村山等安出身於名古屋的微賤家庭，輾轉來到長崎，受洗成為天主教徒，教名為安東。1592年，豐臣秀吉征伐朝鮮時，他因機智而被選為長崎市的使者，謁見豐臣秀吉。豐臣秀吉將他收入帳下，為其改名為等安，任命他為長崎代官。村山等安由此成為長崎最高長官，與往來長崎的英國、荷蘭、中國商人交往，很快成為巨富。德川家康統一日本後，村山等安從屬德川幕府，1617年，奉命派次子村山秋安率領船隊征台，最終行動失敗。

1618年，末次平藏為爭奪南洋利益，向幕府告發村山等安家族未依法律而擅自殺害十多名日本人，而且信奉天主教，違反國策。7月，村山等安財產被沒收，全家被處死刑。1619年末次平藏當上了長崎代官。長崎的海上生意，被平藏一族掌控，迅速成為一方巨賈。1630年末次平藏病逝。

長崎市鍛冶屋町清水寺的本尊為千手觀音，奉獻於此的末次船大繪馬，長185厘米，寬206厘米，畫面上標注時間是"寬永十一年"，即1634年。人們推測，應是末次平藏的後人仍沿用前輩的名號和朱印狀，繼續從事朱印船貿易。此朱印船繪馬應是末次家族從海外平安歸來，感謝神護佑其朱印船而奉獻的大繪馬，從畫上的名錄看，為船東和客商聯名奉納。

長崎鍛冶屋町清水寺的末次船繪馬，畫面極具寫實性，是學者談到朱印船船型時引用最多的歷史圖像。末次船是西班牙蓋倫大帆船與中國帆船的混合型大海船，船尾採用的是拉丁式斜桁三角帆，這是朱印船中少見的，通常暹羅船、荒木船等朱印船的尾帆都是方形軟帆。末次船除了和多數朱印船一樣將船塗成紅色，還立著一面末次平藏的"平"字船尾旗。

末吉船

不可多得的風俗畫史文獻

　　京都清水寺建於公元 798 年，是全京都最古老的寺院，1994 年被列入世界文化遺產名錄。參觀清水寺，一定要去本堂，從本堂西側入口進入，先看到的一定是 "出世大黑天"。它是印度神話中的破壞神，傳入日本後，變成了財神。但此神不是清水寺的本尊，清水寺的本尊為千手觀音。本堂正殿供奉的十一面千手觀音立像為國寶，每隔 33 年才開放參觀一次。

　　清水寺是遊客到京都必看的景點，人們通常去本堂拜 "出世大黑天"，看懸在山崖上的大舞台，很少有人知道本堂裏還掛著朱印船繪馬這樣的寶貝。京都清水寺保存的朱印船繪馬最多，有末吉船圖繪馬 3 件、角倉船圖繪馬 1 件。1633 年德川家光捐資重修了京都清水寺，此寺名望大增，代表德川幕府做海上貿易的朱印船，自然將朱印船繪馬奉掛於此。這 4 件繪馬集中奉掛於 1632 年至 1634年，那是朱印船貿易最為活躍的時期。

　　京都清水寺保存的朱印船繪馬，早在 1970 年代就被日本政府定為 "重要文化財"（重要文化遺產），並進行過一次全面修復。2019 年春，筆者專程來此考察這批繪馬，不巧的是清水寺本堂在維修，4 件朱印船繪馬也再次進入修復中，沒能看到原件。好在清水寺刊行了 4 件朱印船繪馬的明信片，其清晰的畫面提供了很好的朱印船細節。

　　先說說奉納多次的末吉船繪馬。奉納人是大阪貿易商末吉家族，是接受委託的朱印船主。

　　現存末吉家族最早奉納的末吉船繪馬在大阪市杭全神

社。畫縱 64 厘米，橫 76 厘米，厚 2.7 厘米。上面墨書"諸願成就皆令滿足，奉掛御寶前， 永丁卯四曆，平野屋源左衛門尉，敬白"。這幅製作於 1627 年的末吉船繪馬，在船與人物的表現上，都不如後來奉納於京都清水寺的末吉船繪馬。

京都清水寺奉掛的 3 件末吉船繪馬，以額面尺寸而論，皆屬大繪馬，畫縱 197 厘米，橫 245 厘米；其奉納時間分別為寬永九年、十年、十一年（即 1632 年、1633 年、1634 年），表明奉納人的海上貿易活動十分頻繁。一般情況下，從事朱印船貿易的人，並不親自出海，他們只是負責籌集船隻、資金、船貨，召集交納船租、搭船出海的客商。船主中既有大名委派之人，亦有各地商人。這 3 件末吉船繪馬，即是大阪海商末吉孫左衛門長方奉納。

這 3 件末吉船繪馬，作為船舶史料，信息極為豐富。末吉船佔滿整個畫面，畫中的末吉船船型基本相同，都是 3 桅船；船首為西式斜首桅，2 主桅，掛中國竹帆，日語稱"笹帆"；頂帆為西式"木綿帆"；船後方桅杆上掛"木綿帆"；船艫有唐代破風式屋簷，分為上下兩層，這裏是船主居室；船尾有遊廊，"末吉"尾旗，迎風飄揚。這是一艘將日本、中國和西洋三種船型融為一體的朱印船。

這 3 件末吉船繪馬，也是不可多得的風俗畫史的寶貴文獻。

雖然，日本不乏江戶初期肉筆風俗畫遺存，但年代與畫師如此明確的畫作，實為稀有。如寬永十一年奉納的末吉船繪馬就清楚的記有"寬永十一甲戊曆霜月吉日，畫師北村忠兵衛"。下方的墨書"末吉舟中，客家中"，並寫有"宿坊執行"，這是寺廟接收普通百姓留宿的一種表示，"宿坊"放在這裏不知是不是一種客貨雙功能的表示。

這 3 件末吉船繪馬，都繪有 30 多個人物，當時的町人、武士風俗盡現，其服裝和生活用品都被饒有趣味地展現出來，有人在下日本將棋，有人在彈三弦琴，西洋人面前擺著由新大陸傳來的香煙與煙具，還有諸多漆盤漆盒，最為活躍的是在船上多個位置忙碌的西洋水手⋯⋯畫面使用了多種礦物顏料，有的畫上還留有金粉。

上｜1632 年（寬永九年）奉納於京都清水寺
的末吉船繪馬。

下｜1633 年（寬永十年）奉納於京都清水寺
的末吉船繪馬。

1633 年（寬永十年）奉納於京都清水寺
的末吉船繪馬（局部）。

角倉船

主營安南貿易的超大朱印船

角倉船與末吉船的貿易航綫都寫在繪馬上——"東京"（今越南北部大部分地區，首府河內）。角倉船繪馬的左邊，注明了奉掛日期為"寬永十一年（1634年）九月吉日"。一年前，德川家光剛剛捐資重修了京都清水寺，所以，從越南完成朱印狀貿易平安歸來的角倉家族，特別製作了大繪馬奉獻於此，感謝神的護佑。

史載，角倉家的朱印船規模最大。當時的朱印船載貨量最小為排水量70—100噸，最大為排水量600—800噸，平均排水量為300噸。1626年遠航暹羅的角倉船，據日本文獻記錄，船長二十間，寬九間（長約36米，寬16米，日本的"間"約為1.8米），乘員597人，排水量800噸，近於當時西班牙的中小型蓋倫船，是朱印船中巨大的一種。

角倉船繪馬除了明確繪出角倉家紋和"角"字尾旗外，著重突出了角倉船之巨大，這是重要看點：像舞台一樣寬廣的甲板上，正在進行歌舞伎表演。觀看表演的人眾多，人種複雜，首先是船尾官廳坐著的兩位，一個應是日本船東，另一個大概是西洋合夥人，或貿易顧問；甲板上有歌舞伎一類的女人，或表演，或陪酒。甲板上的日本人中，有商人、也有梳月代頭的武士……據史料記載，從1604年到1635年，德川幕府總共發出350多張朱印狀，分別被賜予105家，即：大名10家，武士4家，商人68家，中國人11名（其中就有著名海商海盜李旦，他是第一位到台灣進行朱印船貿易的商人），歐洲人12名，幕府首腦亦以投資或掛名的方式參與其中……西式的船艉樓裏的領航員是兩位西洋人。曾有一段時間，日本法律強制規定，一切前往東南亞的日本帆船均需僱傭葡萄牙或荷蘭領航員，所以，朱印船上除了船長以外，還有外國按針（領航員）、書記、水手等主管航行的洋員；後來，取得了更多的航海經驗後，日本人才逐漸解僱其葡萄牙老師⋯⋯角倉船繪馬所描繪的正是那樣一個海商大舞台，聚集了那個時代的各色"弄潮兒"。

角倉船尾官廳裏的日本人是不是角倉了以，還説不準。但角倉了以確是角倉家朱印船的領頭人。角倉了以算是出身名門，其祖父是京都專營衣帶的商人，1544 年擔任了京都帶座座頭。父親角倉宗桂是名醫，曾作為日本遣明使兩次到達北京。角倉了以繼承家業後，經營當鋪，因其弟角倉宗恂是德川家康侍醫團成員，角倉了以獲得了一紙千金

的"朱印狀"，開始了遠航安南、暹羅的海上貿易，很快成為京都豪商。

角倉了以不僅通過朱印狀貿易使家族成為京都豪富，同時，也完成了他熱心疏浚河道、發展水運的夢想。1606 年，也就是角倉家族通過海上貿易獲得財富不久，他就把部分所得投入到疏浚河道的事業中，成功疏通大堰川；此後，他一邊拓展朱印狀貿易，一邊又挖通富士川、天龍川，並開鑿高瀬川運河，溝通了京都三條至伏見的水上交通；據傳，他還計劃疏浚琵琶湖，但未實現而離世。角倉了以因疏浚河道而深受人們的愛戴，從一個側面表明了朱印狀貿易為日本的城市建設也帶來了好處。

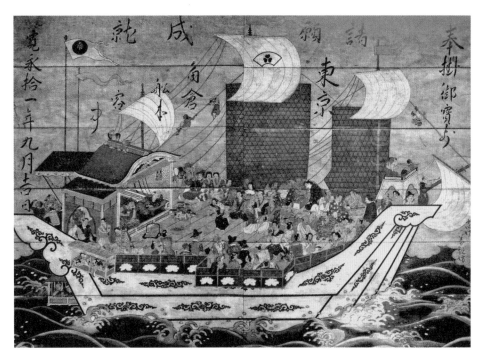

1634 年奉納於京都清水寺的角倉船繪馬。

荒木船

掛著「VOC」標誌的日本商船

　　長崎的歷史開始於 1570 年，這一年吉利支丹（日本天主教徒）大名大村純忠將長崎浦開放給葡萄牙人作為貿易港，德川幕府實行鎖國政策後，這裏是唯一對外港口，長崎也由此成為日本港口味道最濃的城市。

　　筆者赴長崎考察朱印船時，還沒走出長崎站，就被站台裏擺放的十餘米長的紅彤彤的荒木船"曳山"（祭祀活動中拉著走的彩車）所吸引。這個大船模旁邊立著一塊說明牌："這是當年從長崎出發的荒木宗太郎的朱印船，它曾航行到暹羅、安南進行海上貿易。"此朱印荒木船"曳山"是長崎市本石灰町用來參加已有幾百年傳統的"奉納踊"活動的祭祀彩車，由三菱重工長崎造船所製造。後來，在旅遊畫冊上，筆者見到了長崎市本石灰町"奉納踊"的熱鬧場面，一眾青年拉著朱印荒木船"曳山"，一邊舞蹈，一邊走向寺院，有儀式感，又喜氣洋洋——長崎人對朱印貿易史念念不忘，一直保持著歡快的紀念。

　　這裏選刊的荒木船畫，出處不明，應是日本古船冊頁中的一幅，原畫是否出自寺院繪馬，還說不清，但它至少記錄了荒木船作為朱印船的基本樣貌。朱印狀貿易晚期，日本工匠以福船和廣船為藍本開始建造了一批"原創"大海船。這些船的船體構造、帆裝、上層建築融入了中國和西方的許多技術，變為奇怪的混合型帆船。

　　這艘荒木船有著奇特船頭，它是一個四角型屋倉，其功能是用來在船頭搬運貨物；船的主桅撐中式竹席硬帆，船首十字斜桅是西班牙蓋倫船樣式，首尾兩桅都掛著西式方形軟帆；在白色吃水綫上，有三角形排水口 18 個，可見此船之長；荒木船的船底採用福船結構；船尾有廣船式的遊廊；船舷外側架有一個四方形坐籠，這是船員的廁所。這種裝置可能來自福建趕繒船，中國船家稱它為廁櫃，大船由於人多，有時要在船舷前後各掛一個廁櫃，大的廁櫃設兩個蹲位。在清初的《閩省水師各標鎮協營戰哨船隻圖說》更有圖文並茂的詳記：廁櫃"安於船頭小官廳艉邊，以木植板片鋸剩碎木配用"。這是最早的船上私密生活設施的史料記載。

特別顯眼的是荒木船的安宅戰船（近海大型戰船）式高舷，其紅色塗裝代表它擁有"異國渡海朱印狀"，是合法商船。不過紅色塗裝只能表明日本幕府對它的認可，並不能保證它的海上安全。請仔細看畫中的船尾旗，它並不是荒木氏的"牡丹"家紋。這個圖案是稱霸南洋的荷蘭東印度公司的縮寫字母標識"VOC"，朱印船冒用這個旗幟，一是防止船隻被外國扣押，二是減少海盜的襲擊。有趣的是，日本人不識"VOC"的正確用法，把標識的"V"字畫倒了。這一錯就是幾百年，現在長崎市本石灰町"奉納踊"遊行用於"御朱印荒木船"上面的"VOC"旗幟，仍是"V"字顛倒，也算是一種"歷史真實"吧。

荒木船的船主荒木宗太郎，本姓藤原，名一清，是肥後國熊本的一名武士，後來移居到長崎，從這裏開始，他從武士轉變為商人。1592年末，荒木宗太郎與末次平藏等人取得豐臣秀吉的"異國渡海朱印狀"，前往暹羅、安南進

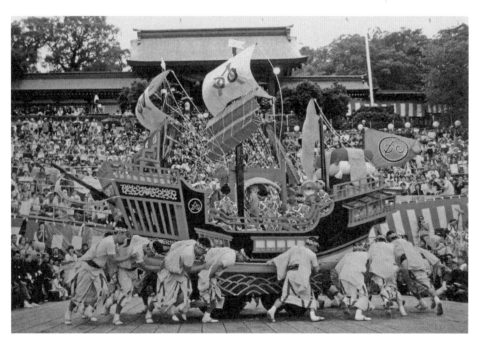

長崎市本石灰町奉納踊之御朱印荒木船。

行朱印船狀貿易，一做就是 30 多年。

德川家康的朱印狀貿易，不僅是經濟活動，還想通過貿易活動改變豐臣秀吉武力恫嚇周邊國家的外交形象。德川家康一直保持與越南、柬埔寨、馬六甲、暹羅、爪哇等多個國家互通書信，互贈禮品。據統計，保留至今的外交文書尚有 101 件，其中與柬埔寨有關的最多，達 19 件，其次是越南，13 件。德川家康送給東南亞國家的禮品是日本名刀，得到的回贈幾乎都是各國的珍貴土特產。

據統計，朱印狀貿易大繁榮的 30 多年間，大約有 1 萬名日本人移居呂宋、安南、柬埔寨、暹羅、馬來亞、爪哇及其他地區。他們在菲律賓的馬尼拉、越南的會安和沱瀇、柬埔寨的金邊、暹羅的阿瑜陀耶等地建造"日本町"，其繁榮程度不亞於當地的唐人街。

荒木宗太郎自然也是積極推進德川親善策略的一分子，他的朱印船生意主要在安南，由於生意越做越大，不論在日本，還是在安南，他都是令人仰視的巨富，連安南王也給他三分面子。後來，安南王賜荒木宗太郎安南王室之姓阮氏，並將一位王族的女兒許配給他為妻。這段姻緣也成為朱印狀貿易中的一個傳奇。

荒木船朱印船冒用荷蘭東印度公司的縮寫字母標識"VOC"，一是防止船隻被外國扣押，二是減少海盜的襲擊。有趣的是把標識的"V"字畫倒了。

伊達丸

支倉訪歐使節團與朱印船落幕

　　德川幕府的朱印船貿易集中於西太平洋，但不止於西太平洋，甚至想把生意做到大西洋，並且選定當時的海上強國西班牙為貿易夥伴。

　　德川幕府與西班牙的交往始於 1609 年，這一年西班牙大帆船聖弗朗西斯科號，在菲律賓馬尼拉至新西班牙（今墨西哥）阿卡普爾科港的途中，遭遇惡劣天氣，在江戶（今日本東京）附近的千葉失事。西班牙船員們被救起，並受到熱情款待，船長羅德里戈・德比維羅（Rodrigo de Vivero）與德川家康會面，雙方不僅有了初步的貿易約定，還決定派遣幕府使者到西班牙王室進行訪問。

　　既然要訪問歐洲，就要準備有遠洋能力的大帆船。德川幕府把造船與訪問的雙重任務交給了東北陸奧國仙台藩主伊達政宗。此人曾受豐臣秀吉之命派三千兵出征朝鮮，秀吉死後，加入德川家康陣營，其領地得以保留，並成為德川幕府的近臣。

　　1613 年，持有朱印狀的日本海商，或在暹羅訂製中國改良帆船，或自行打造中、西、日融合的帆船。伊達政宗約請西班牙人塞巴斯蒂安・比斯卡伊諾（Sebastian Vizcaino）負責建造一艘純正的西班牙蓋倫大帆船。需要說明的是，這不是日本人第一次建造蓋倫大帆船。

　　1598 年英格蘭探險家威廉・亞當斯（後定居日本，日文字為"三浦按針"，他和中國人李旦，後來成為少數幾個拿到朱印船牌照的外國商人）在太平洋遇險，一路漂行，於 1600 年 4 月來到日本九州豐後縣。德川家康得知他的航海經歷後，啟用他為日本建造了第一艘西洋

1993 年，為紀念伊達丸首航歐美 380 周年，宮城縣費時 3 年終於按 1：1 比例復建成伊達丸，將它停泊在當年的出發地——仙台石卷市牡鹿半島的月浦灣，並在海岸邊建了一個"宮城縣慶長使節船博物館"。

大船。

亞當斯 1607 年為日本建造了一艘小型蓋倫帆，排水量僅為 120 噸，命名為聖布宜納文圖拉號（The Santa brenaventura）。德川家康把此船借給西班牙商人羅德里戈赴新西班牙（墨西哥）進行貿易，並派了一批日本人隨同去美洲訪問。新西班牙總督熱情款待了日本人，卻找個罪名沒收了聖布宜納文圖拉號。日本生產的第一艘蓋倫船就這樣消失了。

伊達政宗督造的這艘船是日本建造的第二艘蓋倫大帆船。

據《伊達治家記錄》（伊達氏正史，全書 529 卷 578 冊）一書載：伊達政宗召集了 800 名造船工、700 名鐵匠鍛冶以及其他 3000 名工匠，花了 45 天建造出這艘蓋倫大帆船。此船全長 55.35 米，船體外殼長 47.10 米，船內部長 34.28 米，主桅杆長 32.43 米長，前桅杆長 28.05 米，後桅杆長 18.19 米，龍骨長 26.06 米，船寬 11.09 米，船深 4.55 米，吃水深 3.80 米，龍骨底部到主桅杆高 48.80 米。此船分為船艙、主甲板、上甲板和船尾樓甲板四部分。船艙用來放置預備用的帆布、纜繩、木桶裝的食品與水以及各種壓倉物。上甲板的船頭部分，是船員吃飯的地方；船尾兩邊是用來放航海用具的地方，排水量達到 508 噸，是一艘小型蓋倫船，但

比起之前的亞當斯督造的蓋倫船大了許多。雖然這並不是一艘戰艦，但在主甲板上仍裝有 8 門火炮用以自衛。1613 年 9 月 15 日，這艘船正式完工，依藩主伊達氏之名被命名為“伊達丸”。

為了一睹這艘日本造的蓋輪船“真容”，筆者特意趕到仙台石卷市牡鹿半島的月浦灣。因為，這裏有一艘按 1：1 比例復建的伊達丸，岸邊還建了一個“宮城縣慶長使節船博物館”，詳細介紹了伊達丸的前世今生。

1993 年宮城縣費時 3 年終於復建成伊達丸，這一年恰是伊達丸首航歐洲 380 周年。1613 年，即日本的慶長十八年，伊達丸從月浦灣出發，遠赴歐洲去執行比其他朱印船更為遠大的任務。因這一事件發生在日本慶長年間，伊達丸也被稱為“慶長使節船”，但當年西班牙將此船命名為“聖胡安·包蒂斯塔號”（San Juan Bautista）。

伊達政宗選派的特使是家臣、藩士支倉六右衛門常長（通稱支倉常長）。為何要選他做特使？因為支倉一族是平家的後代，先祖曾從屬陸奧伊達家之祖伊達朝宗，和伊達家的淵源很深。此外，出使之前，支倉常長曾參加 1597 年侵略朝鮮的部隊擔任足輕及鐵炮組頭（步兵及火槍隊長），有擁有海上航行、異國作戰和領導的能力。

支倉常長帶領的使節團有將軍武士

10 人，仙台藩士 12 人，日本商人、水手、僕役 120 人，西班牙、葡萄牙外國水手 40 名，共 182 人。這是繼 1582 年 "天正遣歐少年使節" 到羅馬晉見教皇之後，日本第二次派出使團訪問西洋。

日本造的西洋船伊達丸，由熟悉蓋倫船和西洋航路的西班牙傳教士路易斯·索提洛（Luis Sotelo）擔任船長；經過 90 多天的航行，伊達丸成功橫渡太平洋，登陸美洲新西班牙阿卡普爾科港。隨後，支倉常長又帶訪歐使節團轉乘歐洲帆船，橫渡大西洋到達西班牙。於 1615 年 1 月 30 日，在馬德里謁見了西班牙國王菲利普三世，並轉交了藩主伊達政宗請求通商的信；2 月 17 日，支倉常長由菲利普三世的私人神父授予洗禮，教名為菲利普·弗朗西斯科·支倉。

其後，支倉常長又帶使節團乘三艘西班牙的三帆快速戰船駛向意大利，由於天氣不佳在法國聖特羅佩停留。日本使節團到訪法國被記錄在當地的編年史中，其條目為 "菲利普·弗朗西斯科·支倉，出使教宗的使者，陸奧國王伊達政宗家臣"，許多奇特的細節也記錄在案：比如，"他們從不用手指觸及食物，而是用三隻手指夾住兩根小棍子來夾食物"，"他們用手掌大小的柔軟的絲綢似的軟紙擤鼻涕，並且一張紙絕不

使用兩次，所以用過後就扔棄在地。他們很欣喜地看到我們的人圍過去把紙撿起來"，"他們的劍鋒利無比，吹紙得過"。這是日本與法國最早的外交記載。

1615 年 11 月，支倉常長訪歐使節團終於到達羅馬，拜見了教皇保祿五世，並呈遞了伊達政宗的信，其中，含有日本和新西班牙通商的請求，以及要求教皇派遣傳教士去日本。教皇同意派遣傳教士，但卻把要求通商的決定轉給西班牙國王。隨後，支倉常長又返回西班牙，再次覲見了國王，但菲利普三世拒絕簽署通商文件，因為支倉常長只是仙台藩主伊達政宗的特使，並不是代表日本政府的德川家康的使者。

支倉常長訪歐使節團到訪，是一件東西方交流的大事件，當時沒有攝影術，畫師自然要做歷史性的記錄。於是，有了這幅至今保存在羅馬博蓋斯美術館（原博蓋斯宮）的《支倉常長肖像》。此畫作者是意大利畫家阿奇蒂·里奇（Architi Ricci），他一直在羅馬為熱心資助藝術事業的紅衣主教博蓋斯（Borghese）服務。此畫是阿奇蒂·里奇 1615 年至 1616 年間為教廷而作，畫縱 196.0 厘米，橫 146.0 厘米，真人一樣大，可見教廷對東方客人的重視。

在仙台市博物館 "慶長遣歐洲使節" 廳，筆者看到了日本畫家高田力藏複製的《支倉常長肖像》，得以貼近

觀看畫中細節。顯然，紅衣主教御用畫家是以讚美而不是醜化與獵奇的筆調描繪了這位日本特使。畫中的支倉常長身著華麗的武士服裝，腳登日本特有的木屐，右手扶案，左手叉腰，腰間佩帶一大一小武士雙刀，十分威武。"背景"中的那扇窗戶，也值得細讀：天上部分，描繪了日本訪歐使節團跨越大洋的航行得到了聖母的護佑，十字架閃著耀眼的靈光；海上部分，描繪了日本伊達丸的背影。或許是受歐洲紋章文化影響，作者在畫中多處描繪了日本客人的家紋，一是桅頂飄飛的支倉氏"右旋卐字雙箭"家紋旗，二是船尾的伊達氏"九日紋"家紋，還有長刀護手上的"九日紋"家紋。從突出顯示日本家紋的角度看，這幅畫更像一幅"外交畫"。

支倉常長訪歐使節團於 1617 年 6

這幅肖像畫不僅留下了伊達丸最後的身影，還記錄了支倉氏的"右旋卐字和雙箭"家紋和伊達氏的"九日紋"家紋。

月從塞維利亞啟程，返回美洲的新西班牙。1618 年 4 月在新西班牙換乘日本的伊達丸，跨越太平洋到達馬尼拉。在這裏伊達丸被西班牙政府強徵為抵抗荷蘭的戰船。支倉常長訪歐使節團只好換乘其他船返抵日本。

讓支倉常長始料不及的是，1620 年 9 月 22 日，當他率訪歐使節團回到仙台藩時，德川幕府的對外政策已發了巨大變化。由於在日本的西方傳教士和一些大名關係緊張，直接影響了德川家光對西洋人的看法，1633 年、1635 年、1639 年、1641 年德川幕府接連頒佈"鎖國令"。其實"鎖國"之名是日本蘭學（荷蘭學，即西學）家志築忠雄 1801 年才提出的，當時德川家光實行的是"海禁"，先是禁止"朱印船"、"奉書船"以外的船隻渡航；其後，禁止明朝、荷蘭以外的船隻進入長崎，並禁止所有在外國的日本人回國。國門關上了，支倉常長訪歐使節團多年努力化為泡影，朱印狀貿易也終止了……國門是開是關的歷史追問，最終留給了末代德川幕府。

1853 年美國"黑船"，叩擊日本國門。

西船東侵

13

大航海先天地糅和著擴張的欲望，人類
藉助航船認識了周邊世界，在船來船往
中確立了各自的利益關係，進而明確了
各自的勢力範圍。中世紀之前，這種交
往方向是由東向西，而大航海之後，則
變成了由西向東⋯⋯貌似公平交易的
"西船東進"，最終是在血與火的洗禮
中，鋪排出新的殖民地格局。

中國皇后號

向大清皇室致敬的美國商船

大家知道，1776 年 7 月 4 日是美國建國的日子，但美國真正獨立卻經過了漫長的"獨立戰爭"。從 1775 年至 1783 年，美國和英國打了 10 年仗之後，英國政府才不得不承認美國獨立。為走出 10 年戰爭造成的經濟危機和英國貿易禁運的困境，美國銀行家、商人羅伯特·莫里斯建議政府派船到中國尋求新的商機，幫助美國渡過難關。

這是一個發展中國家對一個發達國家的期盼。

莫里斯聯合紐約商界著名人士，投資 12 萬美元，共同購置了一艘排水量約 360 噸的木製小軍艦，配上各種新式航海設備，為討好中國特將這艘改裝商船命名為"中國皇后號"（The Empress of China）。雖然這是一艘商船，但為防海上意外，仍配有 10 門 9 磅火炮和 4 門 6 磅加農炮。莫里斯將從海軍中挑選出來的格林聘為此船船長，並邀請山茂召作為他的商務代理人。

1784 年 1 月 30 日，美國政府給該船頒發加蓋了美利堅合眾國印章的航海證書，因為無法估計到當時中國的國體政情，美國人在證書上寫了多個頭銜：君主、皇帝、國王、親王、公爵、伯爵、男爵、勳爵、市長、議員……為隆重起見，甚至連起航日期也精挑細選，最後選定一個當時公認的"黃道吉日"：1784 年 2 月 22 日——首任總統華盛頓的生日啟航。此時是大清乾隆四十九年正月，乾隆也在乘船，他從京師出發第六次南巡，和前五次一樣，仍乘坐安福艫，沿運河南下。閏三月，乾隆帝到達江寧（今南京），在這裏接見了安南國（今越南）使臣黃仲政等人。

今天的中國人了解中國皇后號，多是通過美國人的一部專著——1984年美國費城海事博物館在紀念中國皇后號首航廣州200周年的時候，出版了菲利普·查德威克·福斯特·史密斯《中國皇后號》一書。此書引起了早就忘了中國皇后號這件事的中國人的興趣，2007年廣州出版社出版了《中國皇后號》的中譯本，公眾這才知道，"海上絲綢之路"還有一段中美貿易傳奇。

那麼，大清國與美國當時相互都有什麼貿易需求呢？

據記載，1784年8月，中國皇后號載著473擔西洋參、2600張毛皮、

1876年在南澳大利亞州皮里港哈特碼頭停泊的中國皇后號。

1270 匹羽紗、26 擔胡椒、476 擔鉛、300 多擔棉花及其他商品，先停靠到澳門，在取得了一張蓋有清廷官印的"通行證"後，在大清領航員帶領下，又經過一天的航行，抵達廣州黃埔港。中國皇后號鳴禮炮十三響（代表當時美國的十三個州），向這個口岸致敬。據格林船長的手記載："中國皇后號榮幸地升起了在這海域從未有人升起或看見過的第一面美國國旗，這一天是 1784 年 8 月 28 日。"

曾有一位西洋畫家創作了一幅《中國皇后號到達廣州》，再現了這一中美海上貿易的重要場景。很多時候，大家

雷蒙德·馬塞 1960 年代繪製的《1784 年抵達黃埔的中國皇后號》。

都把它當作是 18 世紀的紀實畫，並反覆引用。筆者也曾在過往的文章中引用過這幅畫。後來，在海外資料中發現此畫的作者叫雷蒙德‧馬塞（Raymond Massey），1938 年生於美國，這是他 1960 年代的作品，也很珍貴，美國凱爾頓基金會收藏有此畫的石版彩印本。

那麼，真實的中國皇后號是什麼樣子呢？又過了很長時間，筆者在西方史料中見到了它的“真容”——“1876 年，在南澳大利亞州皮里港哈特碼頭停泊的中國皇后號”的照片，也就是說，它首航中國 90 年後，又去了澳洲，還拍照留念了。

1785 年 5 月 11 日，中國皇后號回到紐約，往返歷時 15 個月。

中國皇后號在廣州採辦了一大批中國貨：紅茶 2460 擔、綠茶 562 擔、瓷器 962 擔，還有大量絲織品、象牙扇、梳妝盒、手工藝品等等，船長格林本人，還購買了男士緞褲 300 餘條、女士長袖無指手套 600 副、象牙扇 100 把。中國皇后號回到紐約後，立刻刊登出售中國商品的廣告。結果，12 萬美元購得的中國貨，立即銷售一空。華盛頓本人也購買了 302 件瓷器及繪有圖案的茶壺、精美象牙扇等中國貨。這些物品仍有部分保留在美國賓州博物館和華盛頓故居內（中國皇后號的第二次中國之行，華盛頓夫人特別點名要買一批中

國白瓷）。

這次航行的美國商人獲利只有 3 萬多美元，但它開啟了新的貿易窗口，掙脫了英國的經濟封鎖，對於當時的美國實在是太重要了，相關人士紛紛被提拔：莫里斯一躍成為美國邦聯政府第一任財政部長；船長格林則成為後來與中國通商的著名顧問；商務代理人山茂召被任命為美國駐廣州領事。

山茂召任美國駐廣州領事期間，美國不僅有大商船不斷前往中國，連一些小商船也載著有限的貨物駛向廣州。在通往中國的航綫上，美國商船綿延不斷，成為一大奇觀。1794 年 3 月山茂召乘坐華盛頓號返回美國時，因肝病惡化，客死途中，時年 39 歲，從而結束了他 10 年間往返中美的輝煌貿易生涯。此時，中美海上貿易已經迅速超過荷蘭、丹麥、法國，僅次於英國，排在世界的第二位。

因當時中國僅允許廣州“一口通商”，廣州幾乎成了發財與繁榮的代名詞，令沒能來中國的美國人艷羨不已，很多美國城鎮就以“坎頓”（Canton，英語裏的廣州舊稱）命名，而顯其時尚。不過，與美國的“廣州熱”相反的是，大清最有學問的“一代碩學”、兩廣總督阮元，在嘉慶二十二年（1817 年）編著的《廣州通志》中，竟然把美國説成是“在非洲境內”。

英使「朝貢船」

從馬戛爾尼到阿美士德使節團

大航海打開了東西方的海上通道，新興殖民國家設立東方貿易機構，在 17 世紀達到高潮。英語和法語裏隨之出現了"遠東"（far east / estrem-orient）這個詞，西方人開始用它代指中國；明朝末年，徐光啟、李之藻等人發明了"泰西"一詞，中國人開始用它代指歐洲。

這時的"遠東"被"泰西"人看作是財富的代表，是他們嚮往的國度。

這時的"泰西"被"遠東"人看作是野蠻之"夷"，是不受歡迎的國家。

1793 年，法國正處在"大革命"之中，英國工業革命也在火熱進行中，為了擴大貿易，英國希望打開中國市場大門。這年 8 月，英國正式派出第一個訪問中國的國家使團，以賀乾隆皇帝壽誕為名出使中國。使團以馬戛爾尼為正使，老司當東為副使，船隊最大的船是由英國海軍提供的排水量 1378 噸的軍艦獅子號（HMS Lion）。

這艘軍艦由樸茨茅斯造船廠建造，1777 年服役，艦上三層列炮甲板共裝有 64 門火炮（其中 26 門 24 磅炮，26 門 18 磅炮，10 門 4 磅炮，2 門 9 磅炮），屬三級戰列艦。1779 年此艦曾赴美洲與支持美國獨立的法國海軍交戰。

1793 年 7 月下旬，獅子號載著英國大使馬戛爾尼勳爵前往中國。英國畫家製作了這幅蝕刻板畫《1794 年 7 月航行中的英國皇家海軍獅子號》（現收藏於英國國家海洋博物館），從時間上看，作者畫的應是從中國返航時的獅子號。畫中獅子號迎風航行，背景中的帆船，可能是同行的印度斯坦號、豺狼號和途經巴達維亞（今雅加達）時買的小帆船克拉倫斯號。

據記載，裝載於印度斯坦號上的訪華禮品共有 19 宗，590 餘件，有天文儀器、君主號戰船模型、紡織用品和西洋畫等，英國人還將他們最新的發明介紹給中國，如蒸汽機、棉紡機等。他們猜想中國人看到後一定會感到驚奇和高興。可惜，清朝官員認為英國"朝貢"的這些東西都是奇技淫巧的小玩藝，沒什麼了不起，大清國不缺這些東西，所以，乾隆皇帝拒絕了英國在中國駐泊、經商的請求。

馬戛爾尼使團也不想就此無功而返，事實上，除了貿易，他們也想藉此搜集中國情報。馬戛爾尼注意到了清朝軍隊還在使用刀、矛、弓、箭等冷兵器，軍事落後顯露無遺。1794 年 1 月，當馬戛爾尼的獅子號通過虎門要

《1794 年 7 月航行中的英國皇家海軍獅子號》，繪於 1794 年。

马戛尔尼船撤离虎门情景，清兵送行（西洋画，1796 年）。

塞時，特別記錄了這裏的海防：只要漲潮和順風，任何一艘軍艦"可以毫無困難地從相距約一英里的兩個要塞中通過"，隨團畫家畫下了"馬戛爾尼船隊駛離虎門"的情景。畫中可以看清兩岸的要塞，還有中國水師落後的帆船。此畫繪於 1796 年，原畫框上曾記有"這是珠江河口虎門的景色，馬戛爾尼特使正乘坐獅子號往澳門，岸上的清國炮台鳴炮致敬"，説明此圖右側虎門炮台是放禮炮，而非開戰。

1815 年，以英國為首的反法同盟在滑鐵盧徹底擊敗了拿破崙統治的法國，急切想恢復經濟並確立世界霸主地位的英國，決定再派一個使團與大清商談租借一塊地駐泊經商之事。1816 年，阿美士德勳爵率領英國使團，經大沽口進入北京。這一次，嘉慶皇帝乾脆拒見英國使節團，對他們提出的要求更是一概回絕，退還其呈送的禮品，並派人將英國使團送到廣州，令其回國。

廣州地方官員聽説阿美士德一行是朝廷逐出的外國使團，拒絕英國使節團的阿爾塞提號、赫威特號艦船進入廣州。英國人也不甘心就這樣離開清國，強行駕船逆珠江而上。此時，經嘉慶一朝重修海防，虎門炮台已由虎門南山炮台與橫當島上的永安炮台、橫當炮台組成了封鎖江口的火力網。英國兩艘戰艦想要進入廣州，將面對這樣的海防火力網。

英國人也不想硬闖，於是在 1816 年 11 月 16 日夜裏偷偷溜進虎門江口，但被虎門炮台上的大清守軍發現，守軍對準英艦連續發炮。這幅飛塵蝕刻版畫《1816 年阿爾塞提號攻擊虎門炮台》，畫的就是當時夜戰的場景。畫面上，兩軍在黑夜中交戰，火光衝天，炮火映照江面。處在畫面正中即兩岸炮火中心的是英艦阿爾塞提號。這幅畫上留有繪製時間"1816 年"，也就是說這是一幅當時繪製海戰的紀實作品。畫家為英國使節團的軍醫約翰·麥克勞德，也是一位業餘畫家。

雖然，英國兩次派國家使團赴中國"朝貢"，都沒能與大清談成通商協議，但是兩國民間貿易一直在進行。當時的廣州外貿基本掌握在兩大貿易壟斷組織手中：外方是英國東印度公司，中方則是廣州十三行。雙方執行"公行"貿易制度，共同議價，禁止私販私賣。這種局面一直保持到 1834 年。這一年，英國決定取消東印度公司對華貿易專營權，英國委派律勞比為首任駐華商務總監督，來華洽談清英貿易由民間轉入到政府層面的"通商"事宜。接下來，開往中國的英國船隊和官員，換成了另外一副面孔……

《1816 年阿爾塞提號攻打虎門炮台》，繪於 1816 年。

復仇女神號與廣東米艇

兩個世界、兩種文明的生死對決

據《舊唐書·李皋傳》載，唐代李皋設計槳輪船“挾二輪蹈之，翔風鼓浪，疾若掛帆席”。最早設計出明輪船（也叫槳輪船）的中國，在近代卻遭遇了尷尬與悲涼的一幕：發明了蒸汽機的英國人將蒸汽明輪船開進了珠江口，炮轟大清戰船，攻克穿鼻要塞，侵佔香港……此間，一個並不重要的角色——復仇女神號（HMS NEMESIS，音譯尼米西斯號，也譯為復仇者號）在歷史舞台上頻頻亮相。

復仇女神的希臘語原意是“憤怒的人”，任務是追捕並懲罰那些犯下嚴重罪行的人，無論罪人在哪裏，她們總會跟著他，使他的良心受到痛悔的煎熬。在古羅馬與古希臘神廟中可以看到她長有翅膀、一手持劍的女神形象。不過，大清與英國在鴉片戰爭前，並無仇恨，大清皇帝甚至弄不明白英國在哪裏，一切皆來自於英國殖民者貪妄的擴張之心。

1840 年秋，道光皇帝將林則徐革職，任琦善署兩廣總督兼海關監督。此時，英國在華代表懿律已因病辭職，堂弟義律接任其職與清廷交涉通商。1841 年 1 月 6 日，道光皇帝收到琦善第三份奏摺後，下令：“逆夷要求過甚……即當大軍撻伐……逆夷再或投字帖，亦不准收受。”龍顏不悅，逆夷也不悅。1 月 7 日上午，未及聖旨到廣州，義律便利用琦善裁撤海防和談之利，悍然派出 7 艘軍艦、4 艘輪船和 10 餘隻舢板，載英軍與印度兵 1500 餘人，突襲虎門外的穿鼻洋。

珠江海口，東岸有香港，西岸有澳門；再向內是兩個海角守護的穿鼻洋，東岸為東莞縣的沙角，西岸為順德縣的大角；兩角相距30里左右，為虎門外的第一道鎖鑰。早些時候，琦善怕與英軍生是非，在海口處撤下守軍，大角、沙角兩炮台僅有數十兵力駐防。虎門形勢緊張後，才由副將陳連升率兵600餘名，臨時加強兩個炮台的防禦。

從當年英軍海戰地圖上所標注的艦名來看，參加穿鼻洋海戰的都是載炮20至40門的護衛艦、巡航艦級別的小型戰艦。戰鬥由印度馬德拉斯土著步兵第37團陸軍少校伯拉特統一指揮，他將艦隊分為兩個支隊：東邊，英軍出動3艘軍艦攻打沙角炮台（亦稱穿鼻炮台），3艦為裝備26門火炮的加略普號、裝備20門火炮的海席新號和裝備20門火炮的拉呢號；西邊，英軍派出4艦攻擊大角炮台，4艦為裝備26門火炮的薩子蘭號、裝備44門火炮的都魯壹號、裝備20門火炮的摩底士底號和裝備20門火炮的哥倫拜恩號。

此戰，復仇女神號只是東路進攻沙角炮台助戰的小角色，因其是第一艘繞過好望角並抵達中國的蒸汽明輪，也是蒸汽明輪船首次在海戰中亮相，所以，許多當年的海戰畫中都有它獨特的身影。最早見於報端的是英國隨軍畫家的戰場速寫《東印度公司復仇女神號汽船在廣州河（珠江）摧毀中國戰船》，刊於1842年11月12日出版的《倫敦新聞畫報》上，後來它還被製成油畫，廣為流傳。

需要指出的是，這幅畫經常被誤認為是表現1839年11月3日關天培擊退英國艦隊的"穿鼻之戰"。實際上，此畫右側的復仇女神號，1839年11月23日才下水服役，1840年6月剛剛從其服役的東印度公司調來參戰，它不可能參加1839年的"穿鼻之戰"。

畫面右側冒著巨大蒸汽的復仇女神號，此時參加的正是1841年1月7日的穿鼻海戰。此戰中，復仇女神號由威廉·霍爾中尉指揮，由於船兩邊裝有巨大的槳輪，船舷已沒有更多空間裝炮，僅裝有7門炮。雖然如此，作為輔助戰船參戰的復仇女神號憑藉動力上的優點，靈活機動地炮擊大清戰船。英軍文獻稱，復仇女神號在戰鬥中，接連發炮擊中清軍戰船，引起船上威力巨大的爆炸。它從一個側面證明，畫中央巨大的爆炸場面，並非藝術誇張。

那艘被炸斷雙桅的大清戰船，原為廣東運米船，也稱"米艇"。廣東水師發現該船型吃水淺，速度快，清初就已採用其作為戰船。這些戰船上配有火炮，但多為實心彈，破壞力不強，無法對抗英軍艦炮和蒸汽明輪船的爆炸彈轟擊。這是東西方兩個世界、兩種文明的生死對決。

勝負很快見了分曉，海面上的清軍

戰船不久就被英國軍艦打敗。隨後，復仇女神號等幾艘蒸汽戰船載著海軍陸戰隊，由漢奸引領從沙角炮台側後登陸。由於清兵大多守在炮台周圍，側後要隘和山頂兵力薄弱，炮台又受到英艦火力壓制，敵軍得以繞到山後搶佔了制高點。然後，居高臨下俯擊炮台。守兵兩面受敵，傷亡其眾。英軍衝進炮台，陳連升父子領兵拚殺，先後壯烈犧牲。沙角炮台失陷。

同時，大角炮台也受到英軍艦炮猛烈轟擊，清軍千總黎志安雖負傷多處，仍指揮士卒將未損的 14 門大炮推翻，落入海中，然後突圍而出。大角炮台失陷，泊於三門口的 10 艘清軍戰船也被敵艦炮火擊毀。

1841 年 1 月 20 日，義律與琦善簽訂了《穿鼻草約》，1 月 26 日義律私自派英艦硫磺號在香港水坑口登陸，強行佔領了香港，香港從此成為英國殖民地。其後，道光皇帝因琦善擅自割讓香港，令鎖拿解京問罪。

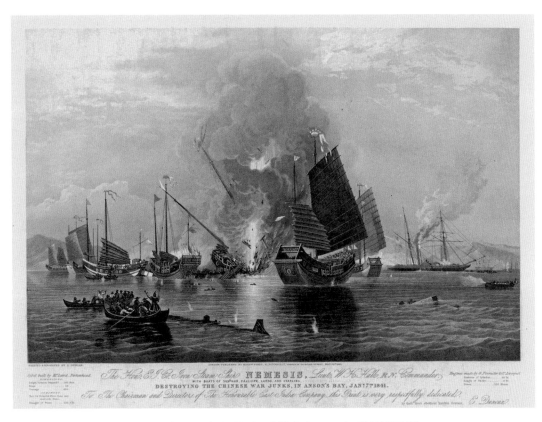

《東印度公司復仇女神號汽船在廣州河（珠江）摧毀中國戰船》版畫，1842 年《倫敦新聞畫報》。

甘米力治號

中國第一艘引進現代戰艦被擊毀

　　林則徐到達廣州後，一方面禁煙，一方面積極推進海防。為對抗英軍的“船堅炮利”，1840年（道光二十年），林則徐從廣州的美國旗昌洋行購買了一艘武裝商船，中國文獻音譯為甘米力治號，譯意為劍橋號。

　　這艘船原本是英國東印度公司1799年在加爾各答建造的一艘商船，船名為波徹號（Porcher），1802年法國私

掠船將其劫獲，新主人給它取名為波爾多號。1804 年英國人又奪回了它，用作貿易船。1810 年它再次易主，新船主將它命名為劍橋號（Cambridge）。1818 年它再次被賣掉，新船主叫道格拉斯。

1840 年劍橋號從孟買販運鴉片和棉花到廣東，在新加坡停留時，道格拉斯購買了 28 門 6 磅炮和 4 門 12 磅炮，以補充此船原來攜帶的 6 門大口徑短炮的火力裝備，使它成為一艘擁有 34 門

炮火的武裝商船。隨後，船長道格拉斯說服了英國在廣華貿易總監查理·義律（Charles Elliot），租用劍橋號作為在華貿易的護衛艦。後來，東印度公司派來大量戰艦進入中國海域，義律不再租用此船。無力經營此船的道格拉斯將它賣給了廣州的美國旗昌洋行。賣船時義律要求把劍橋號的大炮全部撤下來，運回印度。所以，林則徐買下這艘戰船時，船上已沒有武器。

英國方面的資料顯示，此船是一艘三桅大帆船，三層甲板，長度為 43 米，橫樑 10.8 米，吃水深度 4.3 米。大清水師為它重新配置了多少大炮，沒有相關記載，但重新裝飾的戰艦，其風格完全中國化了，船頭塗上了兩隻船眼，主桅上懸掛著一面水師提督的紅旗子，其他桅杆掛各色各樣的中式旗幟——有"勇"字旗、"八卦"旗。這種"外中內洋"的戰艦風格引起了西方人的好奇，英國人賓漢（Bingham, J. E.）的《英軍在華作戰記》有關於它的描述。

劍橋號是中國引進的第一艘現代軍艦，重新改裝後，更名為截殺號。不過，截殺號並沒有出海"截殺"英軍戰

插畫《在攻打廣州炮台戰役中劍橋號被炸毀》最初刊於愛德華·卑路乍（Edward Belcher）1843 年在倫敦出版的《環球航行》。

船，最初用來作訓練艦，戰事吃緊後，它被安排在烏涌炮台前的江面上，作為江面“炮台”，攔截逆流而上的英軍艦隊。

1841 年（道光二十一年）2 月 27 日，英軍組織加略普號、先鋒號、阿里耶打號、硫磺號、摩底士底號及明輪蒸汽船復仇女神號、馬達加斯號，共 7 艘戰艦，溯珠江水道而上，中午到達烏涌炮台前面的頭道灘。

為阻擋英國艦隊逆流而上，清軍在烏涌炮台臨江一側架設了 47 門大炮，同時，在江面用排木筏和沉船構築了一條橫貫江面的封鎖綫，包括架設一條橫江鐵鏈。在這條封鎖綫的上游，還泊有 40 多艘戰船，形成一道水上的火力網。其中最大戰船就是英國人熟悉的劍橋號。

劍橋號沒有留下什麼歷史圖像，現存文獻中，只有這幅《在攻打廣州炮台戰役中劍橋號被炸毀》的插畫，記錄了劍橋號最後的身影。此畫刊於英國皇家海軍軍官愛德華·卑路乍（Edward Belcher）1843 年在倫敦出版《環球航行》一書中。這個愛德華·卑路乍是皇家海軍的水道測量軍官，1840 年英軍專門調他來參加鴉片戰爭。當年，就是他率硫磺號率先登陸香港，並在香港升起第一面米字旗，同時，還繪製了第一幅香港水道專圖。1842 年愛德華·卑路乍返回英國，並受封爵士。

此畫沒有留下作者的名字，但看得出這是一幅戰地紀實畫，畫中劍橋號中彈，引爆船上火藥，發出巨大爆炸聲。據英國通訊社報道，“肯定在廣州都能聽得到”。畫面中央是清軍精心排佈的攔江防綫，前景為英國海軍陸戰隊的幾艘小船。衝破清軍攔江防綫後，英軍乘小船登上劍橋號，發現船體已嚴重毀壞，便縱火焚燒了它。

中國引進的第一艘現代戰船就這樣一戰而亡了。

康華麗號

中國人最熟悉的英國殖民者戰艦

有兩艘英國船的名字在中國知名度最高,一個是古代戰艦康華麗號,一個是現代郵輪泰坦尼克號。後者除了作為好萊塢大片與中國票房發生關係外,郵輪本身與中國沒有任何關係;但前者就不一樣了,它是近代中國恥辱的印證,歷史教科書長久保留著這一頁。

"HMS Cornwallis"有許多漢譯名稱,舊譯皋華麗號、康沃利斯號,現在多用康華麗號。它是第一次鴉片戰爭後期進入中國的三級戰列艦(戰爭初期先行來華參戰的有三艘三級戰列艦白蘭漢號、麥爾威厘號、威厘士厘號),是後來的英國侵華部隊總司令兼海軍艦隊司令威廉·巴爾克海軍少將的旗艦。

中國人比較熟悉的是康華麗號中廳:中國近代史上第一個喪權辱國條約 —— 南京條約即在這裏簽訂,並留下了一幅著名紀實畫《清英簽署南京條約》。雖然是紀實畫,但不是當時創作的,而是前孟加拉志願者隊長、畫家約翰·伯內特(John Platt)於 1846 年,也就是清英簽署《南京條約》4 年後完成的作品。

此畫再現了 1842 年 8 月 29 日,清英簽署《南京條約》的歷史場景。簽約地點為康華麗號中廳。清政府簽約代表是欽差大臣耆英、兩江總督牛鑒和四品頂戴的乍浦副都統伊里布。此畫右邊坐在英國人中間的老者應是伊里布,據史料記載,71 歲的伊里布當時生病,一直坐在旁邊的椅子上,坐在中央桌子前的是耆英和牛鑒。他倆中間的青年人,不是幾次參加議約的伊里布僕人張喜(清廷認為家丁出面與夷人談判,"國體不失"),他沒參加簽約儀

《清英簽署南京條約》是前孟加拉志願者隊長、畫家約翰·伯內特於 1846 年，
也就是清英簽署《南京條約》四年後完成的作品。

式。他應是另一位重要議約人，並參加了簽約儀式的江蘇按察使、代理南京政務的黃恩彤。桌子另一邊的是英國全權代表璞鼎查。

值得關注的是畫左側那排坐著的英國軍人身後那個著便裝的英國小男孩。他就是第二次鴉片戰爭中帶領一隊水兵抓住兩廣總督葉名琛的英國廣州代理領事巴夏禮。5 歲成為孤兒的巴夏禮，13 歲隨表姐瑪麗·郭士立一家來到中國，先是為英國駐華商務監督處中文秘書兼翻譯官馬儒翰（著名傳教士馬禮遜博士的長子）當秘書，學習漢語，充當翻譯。長江戰役時，作為璞鼎查的隨從，一直在康華麗號上工作。當人們反對這個小孩子出入外交場合時，璞鼎查常對外人說，"他是我兒子，必須跟著我"。巴夏禮在《南京條約》簽約現場"露臉"時，只有 14 歲。1885 年，巴夏禮病死在北京，算是一位長在中國、死在中國

的"知名殖民者"。

畫中央圓桌上是雙方簽署的條約文本，當時準備了 4 份，每份均為漢文、英文合璧，並用絲帶綁在一起。前景中的那個黃錦盒子，應是裝清廷瑪瑙大印章的，那個大印蓋上後，耆英、伊里布和牛鑒分別在條約上簽字，他們對英國的條件沒有提出任何異議，覺得總算辦完了差，英國人可以撤走了。他們當然不會意識到，這是近代中國第一個喪權辱國的不平等條約，標誌著封閉了兩千年的中國大門就此打開。

紀實畫《清英簽署南京條約》讓康華麗號出了大名，但那幅畫表現的是船中廳，很少有人知道康華麗號外觀是什麼樣。知名度不高的油畫《康華麗號和英國艦隊南京城牆下向和平條約致敬》算是補上了這個缺憾。它表現了康華麗號橫在南京下關城外的霸氣形象。這幅畫是英國海軍軍官、畫家朗德爾·

伯吉斯‧沃森（Rundle Burges Watson）1844 年的作品。

1809 年 3 月，康華麗號在印度巴納德‧德特福造船廠動工建造，排水量為 1751 噸，雙層甲板，裝有 72 門炮，航速 8 節左右，艦員 600 餘人。此艦建成後編入英國海軍駐印度艦隊，並以當時英國海軍著名將領威廉‧康沃利斯（William Cornwallis）命名。1813 年 5 月，康華麗號下水。

1842 年 8 月 4 日，英國軍艦駛抵南京江面，隨後英軍從燕子磯登陸（1937 年 12 月，日軍在燕子磯江灘集體屠殺 5 萬中國人），迫使清政府在靜海寺坐下來與英國人議約。《康華麗號和英國艦隊南京城牆下向和平條約致

敬》表現的是，當時停在南京下關城外江面上的英國艦隊，在清英簽署《南京條約》後，英國皇家海軍旗艦康華麗號和其他艦船上的海軍都站在桅杆橫桁上，致"升桅禮"，也稱"站桅禮"。它是古代海上兩國軍艦相遇時的禮節，雙方海員都站到橫桁上，寓示該艦戰鬥人員都不在戰鬥位置，顯示和平之意，而後，一起單臂脫帽揮舞三次，同時三呼致意。這裏主要是表現英軍的歡慶，軍艦上與城牆上同時鳴炮慶賀。

康華麗號在鴉片戰爭後，1855 年將動力改為螺旋推進，艦炮減少為 60 門，隨後投入克里米亞戰爭，由未來的海軍上將和第一海務大臣喬治‧韋爾斯利指揮。

英國海軍軍官、畫家朗德爾‧伯吉斯‧沃森 1844 年繪製的《康華麗號和英國艦隊南京城牆下向和平條約致敬》。

「黑船」

打開日本「鎖國」之門的美國艦隊

日本近代史從"黑船來航"開始——1853年7月8日，橫須賀雲淡風輕的久里濱海面上，伴隨著一股股黑雲般的濃煙，4艘漆成黑色的美國軍艦抵達久里濱浦賀海面。漁民迅速向浦賀奉行報告："黑船"來了。日本近代史上一系列重要的事變，從這一刻拉開了序幕。

神奈川縣的橫須賀緊鄰江戶，也就是後來的東京。筆者從東京乘新幹綫列車只用40分鐘就到橫須賀。在這個城市，到處都能見到"黑船"，候車大廳裏擺有"黑船"模型，街上隨處可見以黑船命名的商店，如"黑船漁具店"，還有四處張貼的關於"黑船"的海報……"黑船"已然是橫須賀的文化圖騰了。

先轉到佩里艦隊當年登陸的海灣。這裏建有一座佩里紀念公園，公園中央聳立著一個高大的佩里紀念碑，上面刻有"北米合眾國水師提督佩里上陸紀念碑"，題字是日

日本畫家仔細地描繪了第二次黑船來航的所有艦戰，7艘戰艦和2艘補給艦。

本第一位首相伊藤博文。1901 年建立紀念碑的費用，得到明治天皇的賜金。公園裏還有個佩里紀念館，訴説著 150 年前的歷史⋯⋯

1842 年英國人簽下了《南京條約》，再度激起西方列強東方冒險的欲望。在英國人忙於打開中國市場時，美國人則看卜了日本。早在 1846 年，美國準將詹姆斯·比德爾就曾率領三艘美國軍艦來到江戶，要求開國，但被德川幕府拒絕了。1852 年美國總統菲爾莫爾寫信給德川幕府，再次要求開國通商，幕府方面猶豫不決。一年之後，美國政府決定再派美國軍艦前往日本、琉球等地商談開國問題。

1853 年，美國東印度艦隊的幾艘戰艦在上海完成編隊，美國東印度艦隊司令官馬修·佩里（Matthew C. Perry）奉命率領 4 艘戰艦，開至扼守江戶灣要衝的浦賀近海。由於美國軍艦皆漆成黑色，日本人稱其為“黑船”。日本人似乎被載有大炮的“黑船”嚇住了，沒有貿然開炮。於是，佩里率 300 名全副武裝的美國士兵，輕鬆登陸。美國人帶來了美國總統富蘭克林·皮爾斯的國書，正式要求通商。

此時江戶的德川幕府最高首長為征夷大將軍德川家慶。從德川家康時代起，幕府已閉關鎖國 200 多年了，德川家慶也不敢貿然“開門”，只能客客氣氣地讓佩里先回去，容幕府商議後再作答覆。

佩里離開日本後不久，德川家慶一病而亡，繼任將軍德川家定是一個病秧子。因此，作為幕府老中的年僅 26 歲的阿部正弘就成為幕府的掌權者，他自然不敢承擔“變更祖制”的責任，幕府在開國與禦敵之間模棱兩可，莫衷一是。

1854 年美國艦隊再次來到東京灣，日本地方官在岸上準備迎接。

美國人並沒有等到第二年的 7 月，而是在第二年元旦過後，就開著"黑船"直奔日本而來，這一次，他們一定要拿到打開日本國門的鑰匙。

前些年，英國發現了反映第二次"黑船來航"的日本繪卷。此卷長 15 米，寬 29 厘米，用 14 個畫幅詳細描繪了美國海軍準將馬修·佩里 1854 年第二次率艦隊來到日本簽訂通商條約這一重要歷史事件。筆者通過蘇格蘭的朋友從大英博物館購得此卷的高清電子版和使用授權。這個繪卷形象地記錄了 1854 年的日美談判。

繪卷最搶眼的就是長卷中的"黑船"部分。1854 年，佩里集結了剛從美國駛來，加入美國東印度艦隊作戰序列的 3 艘戰艦和 2 艘補給艦，於 2 月 13 日來到東京灣，再扣日本大門。這一次，日本人見到的是 7 艘戰艦和 2 艘補給艦組成的更為強大的"黑船"艦隊：

Powhatan（波瓦坦號），風帆蒸汽混和動力木殼巡洋艦，旗艦，排水量 2415 噸。

Macedonian（馬其頓人號），風帆木殼護衛艦，排水量 1726 噸。

Vandalia（溫達里亞號），風帆木殼護衛艦，排水量 770 噸。

Lexington（列克星屯號），風帆補給艦，排水量 691 噸。

Southampton（南安普敦號），風帆補給艦，排水量 567 噸。

加上第一次赴日的 4 艘戰艦：

Susquehanna（薩斯喀那號），風帆明輪木殼護衛艦，排水量 2450 噸。

Mississippi（密西西比號），風帆明輪木殼護衛艦，排水量 1692 噸。

Plymouth（普利茅斯號），風帆木殼護衛艦，排水量 989 噸

Saratoga（薩拉托加號），風帆木殼護衛艦，排水量 882 噸。

在"接應場"上，美艦先是在海上放禮炮，而後派插著美國旗的 28 艘駁船滿載美國官兵陸續在橫濱海邊登陸，登陸美軍在岸邊整齊列隊，四周有日本武士維持秩序，也有漁民在一起圍觀，氣氛祥和。

美軍再度兵臨城下，德川幕府不得不坐下與美國人談判。雙方選在神奈川的橫濱村談判。從圖畫上看，宴席是分餐式，每人一個小桌。考慮到美國人不會跪坐，坐席特意設計成高台式，讓美國人可以坐下，僕人從高高的坐台下，彎腰上菜，設計周詳。當然，吃飯不是目的，談判才是正事。所以，雙方負責談判的人員都在席間。日方負責談判的五名個人：儒學大師林復齋，幕府談判員兼大學寮長官井戶覺宏，江戶城奉行官伊沢正義，浦賀奉行官鵜殿鳩翁，旗本監察員松崎（旗本是江戶時代的一種直屬於將軍的武士）。美國方面為海軍準將馬修·佩里，指揮官亨利·亞當，

薩繆爾·威爾斯·威廉姆，佩里的兒子喬爾·阿伯特（作為佩里的秘書），翻譯安東·普特曼，荷蘭語翻譯奧利弗·海瑟德·佩里二世。

談判從開始到終了大約進行了 1 個月之久，3 月 31 日雙方終於在神奈川簽訂了《日美修好條約》（即《神奈川條約》），內容包括漂流民的救助、引渡。隨後，又在 5 月 25 日，對條約進行了最後的刪改，修正為 13 條的《下田條約》。條約中規定，日本開放下田港（靜岡縣內）和函館港（北海道內）給美國，用於做生意、船隻停靠補給等事務，並且在兩地建立領事館和美國人居住區。條約中還規定美國享受和日本單方面的貿易最惠國待遇等事項。條約是日美兩國綜合國力對比懸殊的產物。尤其是下田、函館兩口岸的開放，一舉突破了以長崎為唯一對外聯繫港口的鎖國體制。西洋各國聽聞日本開國後，接踵而至，短短幾個月的時間裏，日本又先後同俄、英、荷等國簽訂了類似的"和親條約"。

日本帝國思想的集大成者福澤諭吉更是寫道："美國人跨海而來，彷彿在我國人民的心頭上燃起了一把烈火，這把烈火一經燃燒起來便不會熄滅。"此後，日本改弦更張，開始了明治維新，用 30 年的時間走完了西方二三百年才走完的道路。

窩爾達號

馬江海戰大出風頭的法國旗艦

　　窩爾達號（La Volta）不是什麼了不起的軍艦，只是一艘木殼輕巡洋艦，排水量為 1323 噸，比福建水師旗艦揚武號要小一些。正因為小巧靈活，適合進入內河作戰，法軍遠征軍總司令孤拔才將吃水較深的排水量 5915 噸的旗艦巴雅號（Bayard）放在閩江口外"斷後"，而選擇窩爾達號作為馬江海戰的旗艦，令其出盡風頭。

　　1884 年法國《畫刊》登出的《1884 年 8 月 24 日法軍炮擊福建水師》插畫中，突出表現的就是向福建水師開炮的窩爾達號。

　　1884 年上海《點石齋畫報》刊載的《法犯馬江》（乙集）插畫，畫右正發炮的黑色船是福建水師旗艦揚武號，圖左白色軍艦正是法軍旗艦窩爾達號。

　　這兩幅畫在後世清法馬江海戰研究中曾被廣泛引用。

　　在這些歷史圖像中，窩爾達號都是氣勢洶洶地行進在馬江水面上，船上的帆都已收起，船尾冒著巨大的黑煙，此時它靠著兩座鍋爐單軸推進。窩爾達號航速最高可達 12.5 節。不過，在馬尾港裏不需要開得太快，它的主要任務是炮擊福建水師旗艦揚武號。

　　現在簡單說一下這場戰役。

　　1856 年法國以"西林教案"為由，與英國聯手進攻大清之時，法國遠東艦隊，同時以越南處死法國傳教士為由，攻擊中國傳統屬國越南。1882 年法軍佔領越南河南，並不斷北進，清軍與法軍在越北地區時有交戰。1884 年 6 月 23 日，法軍依 5 月剛剛在天津簽訂的《清法會議簡明條約》，衝進諒山清軍管轄的北黎地區"接防"，兩

軍再度開火。法國以此為藉口，於 7 月
12 日向大清朝廷發出最後通牒：7 天
內滿足“從越南撤軍”、“賠款”等要
求，否則法國將佔領福州港口作為“擔
保品”。

　　清法戰爭就這樣由越南陸地擴大到
福州海面。

　　1884 年 7 月中旬，法國海軍中將
孤拔率艦隊以“遊歷”為名，駛進馬
江，停泊在著名的羅星塔下方，伺機攻

擊福建水師軍艦。8 月 23 日上午，閩
浙總督何璟接到法方送來的戰書。下午
1 點 45 分，法軍率先發炮 —— 馬江海
戰爆發。

　　福建水師最應明白：上午漲潮時受
海水上湧的影響，船頭會擺向下游方
向；午後退潮時受下退海水的扯動，船
頭會轉向上游方向。然而，這個規律
反倒是被“遊歷”而來的法國艦隊所
掌握，並將它作為戰術來使用。下午

刊於 1884 年法國《畫刊》的插畫《1884 年 8 月 24 日法軍炮擊福建水師》。

西船東侵

退潮時，清軍艦首主炮受潮水影響轉向上游，而處於清軍下游的法艦船頭恰好轉向上游，多是蒸汽風帆混合動力的法艦，此時都以蒸汽動力推進以穩定方向。

窩爾達號作為此戰的法軍旗艦，艦上裝備有 M1864 式或 M1866 式 163mm 炮 1 門，M1864 式或 M1867 式 140mm 炮 4 門。按照孤拔的指命，窩爾達號升起白色黑點的進攻信號旗，兩艘法國魚雷艇立即出動攻擊大清戰艦。

不久，在魚雷艇的幫助下，窩爾達號終於擊沉了福建水師唯一輕巡洋艦旗艦揚武號。羅星塔上游方向，福建水師的伏波、藝新兩艦，在法艦發出的第一排炮火中就被擊傷起火，遂逃往上游，駛至林浦擱淺。

隨後，孤拔指揮 3 艘軍艦圍攻福建水師福星艦，此艦被法艦魚雷擊中火藥庫，很快爆炸下沉。緊隨福星艦的福勝、建勝兩艦，僅在艦首裝備有一尊不

刊於 1884 年上海《點石齋畫報》的《法犯馬江》插畫，圖右正發炮的黑色船是福建水師旗艦揚武號，圖左白色軍艦為法國旗艦窩爾達號。

能轉動的前膛阿姆斯特朗 16 噸大炮，無法靠近援救，只能遠距離射擊。法艦以重炮還擊，建勝、福勝兩艦先後被擊沉。隨後，福建水師的永保、琛航兩艘運輸艦，相繼被法艦擊沉。羅星塔上游的對抗，就這樣結束了。

羅星塔下游方向，福建水師 3 艘炮艦振威、飛雲和濟安與 3 艘法國軍艦對峙。海戰開始後，振威艦最快做出反應，立即發炮轟擊附近的法艦德斯丹號。同泊的飛雲、濟安兩艦，還沒有來得及啟錨就中炮起火，很快沉沒。法軍集中 3 艘軍艦的火力攻擊頑強抵抗的振威艦，振威艦鍋爐中炮爆炸下沉。

這場戰鬥一共打了不到 30 分鐘，福建水師 11 艘戰艦中，揚武、濟安、飛雲、福星、福勝、建勝、振威、永保、琛航 9 艦被擊毀，另有伏波、藝新兩艦自沉。中國第一支近代艦隊福建水師，幾乎全軍覆沒。有備而來的法國艦隊僅有 3 艘戰艦受傷，5 人死亡。

這場實力懸殊的對決，其實背後有著實力懸殊的數字。

1859 年法國建造出世界第一艘全蒸汽動力排水量 5630 噸的鐵甲戰列艦光榮號，第二年英國建造出全蒸汽動力的排水量 9137 噸的鐵甲戰列艦勇士號 —— 世界由此進入了全蒸汽動力鋼鐵戰艦時代。此時，大清的工業化剛剛起步，鋼產量直至 1910 年才有 5000 噸，不及法國 1884 年的百分之一。清法馬江海戰，實際上也是以蒸汽艦為主的法國艦隊與木殼帆船為主的福建水師的對決。

巴雅號

交叉帆桁送孤拔回家的法國旗艦

與八面威風的窩爾達號不同，法國遠東艦隊中最大的排水量 5900 噸的鐵甲艦，也是孤拔攻打台灣的旗艦巴雅號（Bayard）給後世留下的則是一個悲涼的身影。

Le Bayard, A BORD DUQUEL EST MORT L'AMIRAL COURBET. — (Dessin de M. Brun.)

刊於 1885 年法國《世界報》的插畫《法旗艦巴雅號載著孤拔將軍遺體離開澎湖媽宮港》。

巴雅號有著全套風帆索具和汽輪機，配備 8 座鍋爐，雙軸推進，輸出馬力 4400 匹，航速可達 14.5 節，排水量 5900 噸；巴雅號是法國巴雅級鐵甲艦的首艦，為木殼鐵甲艦，側舷裝甲 152—254 毫米；甲板裝甲 203 毫米，主甲板兩舷配有 6 門 140 毫米炮，上甲板首尾各配 門 193 毫米炮，中前部（上層建築四角）各有一門 240 毫米炮（前方一左一右各有兩個耳台），同時，還配有 2 具 356 毫米魚雷發射管。

這艘武裝到牙齒的法國重型戰艦，在中國戰場上並沒有太多驕人戰績，幾次攻打台灣，都不成功。1885 年 3 月 31 日，法軍好不容易全面佔領了澎湖，剛剛登陸，就接到了準備撤退的命令。原來，法軍在越南鎮南關戰敗的消息傳到法國，引起國內政壇震蕩，法總理茹費理被迫下台，內閣否決了向中國戰場追加軍費的議題。4 月 14 日，法國政府單方面宣佈停戰，命令孤拔解除對台封鎖。

不過，孤拔本人已無法撤退了。4 月到 6 月，澎湖島上流行瘟疫，法軍 3 個月內，因病死亡 997 人。《中法新約》簽定的第二天，即 1885 年 6 月 11 日，孤拔也因熱病死在停泊於澎湖媽宮港的巴雅號上。

這幅《法旗艦巴雅號載著孤拔將軍遺體離開澎湖媽宮港》插畫，刊於 1885 年 6 月 27 日的法國《世界報》。畫面上的巴雅號等法軍戰艦都沒有升帆，而是靠蒸汽動力緩緩駛離澎湖媽宮港，遠處小山上的媽祖廟清晰可見。要特別說明的是，此時列隊出港的法國戰艦都將帆桁斜置成交叉狀，這是西方海軍的習俗，用以表示報喪和哀悼。1885 年 8 月 29 日法國《畫刊》刊發的插畫《法旗艦巴雅號載著孤拔將軍遺體穿過蘇伊士運河》，畫面中穿過蘇伊士運河的巴雅號，也保持著交叉帆桁的姿態進出蘇伊士港口。

這就說到了"孤拔之死"的歷史謎團。或許是清軍太想打死這個法國遠東艦隊總司令。馬江戰役一結束，就有孤拔被長門大炮打死的報道；接著，法艦圍攻鎮江，又傳出招寶山大炮擊中法艦、打傷孤拔的說法；最終，孤拔死於澎湖，台灣守軍沒說是台灣人打死孤拔；所以，至今馬江與鎮江各執一詞，皆認為是自己打死或打傷了孤拔。

不過，據法國孤拔所部軍官嘉圖著《法軍侵台始末》載，馬江之戰兩個月後，孤拔即指揮 10 月進犯台灣的戰鬥。翌年 3 月，又率艦隊圍追南洋水師，攻打了鎮海。馬江之戰"打死"孤拔、鎮江之戰"打傷"孤拔，似乎都沒有更有力的證據。從法方史料看，孤拔應是患熱病而死。今澎湖馬公有孤拔墓園，埋有他的頭髮，他真正的墓在法國。

從伯蘭漢號到添馬艦

香港街道中的英國戰艦影子

倫敦有一條因有上百家新聞機構駐紮而聞名世界的艦隊街。其實，這條街與艦隊沒有一點關係，這裏原來有一條小河叫"fleet"，其名源自古英語，意為意為"漂浮"或"潮汐河口"。因與英語"艦隊"（fleet）是同音詞，早年被錯誤地漢譯為"艦隊"街，而英國只是稱它為"弗利特街"（Fleet Street），後因這條街媒體匯集而成為英國媒體的代名詞。

現在，人們到香港旅遊方便了許多，不知大家注意到沒有，香港倒是有真正的"艦隊街"，只是那些街名有怪怪的"洋涇浜"味，讓人一時與艦隊對不上號，比如，從香港地鐵金鐘站出來就會遇到的德立街、樂禮街，還有詩意盎然的白蘭軒道……筆者粗略地考察，香港至少有 6 條街以侵華英艦之名命名。

先來說白蘭軒道，這名好聽吧。它是以侵華英艦伯蘭漢號（HMS Blenheim）之名命名。此艦參加了鴉片戰爭中英國人最"露臉"的一仗，即虎門海戰。

1814 年拿破崙戰爭結束後，英國海軍擴張，由於一、二級戰列艦體量過大，投入太高，並沒有成為主要建造方向，突擊建造的是三等戰列艦和護衛艦。所以，鴉片戰爭之初，來華參戰的最高級別戰列艦，皆為三等戰列艦。這種三桅風帆戰艦的排水量多在 1700 噸到 3000 噸之間，裝有三層到四層武裝甲板，載員 300—500 人之間。

1841 年 2 月 26 日的清英虎門海戰，英軍出動了兩艘三級戰列艦，伯蘭漢號和麥爾威里（HMS Melville）號。

兩艦在威遠炮台 500 米外下錨，從兩側向威遠、靖遠炮台開炮。是日下午兩點，戴罪立功的水師提督關天培同左營游擊麥廷章，均傷重殉職，虎門淪陷。有人說，關天培就死於伯蘭漢號的炮擊，並說關天培死後，伯蘭漢號曾鳴炮向這位英武不屈的提督致意。

伯蘭漢號後來還參加了對中國沿海城市廈門等地的多次攻擊。1847 年它由帆動力加裝了蒸汽動力。第二次鴉片戰爭時，英國海軍軍艦升級，此艦於 1858 年改為雜役船，退出戰動隊列，1865 年解體。《戰艦伯蘭漢》繪於 1825 年，作者佚名，現為香港渣打爵士家族收藏，也算 "香港名畫" 了。

以伯蘭漢號命名的小街白蘭軒道，

《戰艦伯蘭漢》，繪於 1825 年，作者佚名，畫為香港渣打士家族收藏。

在香港尖沙咀海邊星光大道的北側，與赫德（英國政治家，曾擔任晚清海關總稅務司達半個世紀之久）道相連。從赫德道一路走到白蘭軒道，這條道極短，大約只有一百多米，前邊就是訊號山，路到山前沒了路。這裏是個熱鬧的商業區，一樓全是商店和飯店，樓上有尖油區片警常去盤查的酒吧和小旅店。

接著說德立街和樂禮街。

香港繁忙的地鐵交匯站金鐘站原是一個海灣，後來填海成了著名的商業區，但它作為港口的影子還存留在地名之中。走出金鐘站地鐵口，就會見到德立街、樂禮街和添馬街，這三個相距不遠的街名分別來自三艘英國軍艦。

德立街和樂禮街，這兩個街名來自英國戰艦德立號（HMS Drake）和樂禮號（HMS Rodney）。19 世紀以來，英國建了許多艘同名的戰艦，他們身世紛亂，很難對上號。

德立號應當是 1856 年初為了克里木戰爭建造的一批戰艦中的一員。這批艦造設完不久，克里木戰爭結束，部分戰艦被用於遠東戰爭，參加了鴉片戰爭後期的戰鬥。德立號大約是這一時期來華並駐香港的，1869 年它在香港出賣。

樂禮號建成於 1833 年，是有雙甲板 90 門炮的皇家海軍的二級戰列艦。它最初服務於地中海，後來參加克里木戰爭（1853—1856）。1860 年，它和許多船一樣轉換為蒸汽和螺旋推動力船，在香港服務，廢棄於 1884 年。

現在，還能看到一點遺留物的是英艦添馬號（HMS Tamar），它建造於香港已淪為殖民地之後的 1863 年，並沒參加過鴉片戰爭。這艘排水量 3650 噸的皇家海軍三桅帆戰艦，1878 年首次進入香港，最初負責往中國運兵。1897 年添馬艦三度來香港後，便留守於維多利亞港，至 1941 年一直作為駐港英軍的主力艦，停泊於港島皇家船塢。這個皇家海軍的船塢就在今天高樓林立的金鐘。

添馬號戰艦沒打過仗，主要是維護英國在華殖民地利益。1941 年 12 月 7 日早晨，日軍襲擊珍珠港，太平洋戰爭由此爆發。次日早晨，日軍襲擊香港。日軍襲擊珍珠港的代號為“虎、虎、虎”，襲擊香港的代號為“花開、花開”。日軍陸空聯手擊攻香港，香港英軍抵抗至 12 月 25 日，於聖誕節這天派代表到半島酒店向日軍投降，“十八日保衛戰”結束。

在“十八日保衛戰”中，原來停在香港的英艦，有的提前跑到新加坡，留在香港的也沒發揮什麼作用。12 月 12 日，日軍自北面陸地入侵香港，駐港英軍退守至港島，為防止日軍由九龍跨海在香港島登陸，英軍自沉了很多船隻（也防止戰敗被日軍利用）。這是添馬

香港聖約翰座堂用添馬艦殘木做的大門。

號戰艦參加的唯一一場戰爭，它的任務是自沉塞港，阻擋日艦。

1945 年香港光復後，添馬艦殘存的船板和船錨被撈起，有一部分船板用作建造離金鐘不遠的聖約翰座堂的大門，這個高大的木門現在成了香港著名的婚禮"背景牆"，那支船錨現存放在香港海防博物館。

第二次世界大戰後，金鐘進行填海工程，海軍船塢向北遷移，為紀念曾保衛香港的添馬戰艦，港英政府把這個地方命名為"添馬艦"。1997 年 6 月 30 日，英國在把香港正式交還中國前，在添馬艦露天場地舉行告別儀式，主禮嘉賓包括王儲查爾斯王子、英國首相布萊爾、外相羅伯特·庫克、前首相撒切爾夫人及卸任的港督彭定康。儀式舉行時，天降大雨，歷史的悲喜大戲盡在

"天若有情"之中……

在旺角，還有以英國戰艦地士道號（HMS Thisthe）命名的地士道街，以及英國商船亞皆老號（HMS Argyle）命名的亞皆老街。不過，筆者一直沒能弄清這兩條船與香港的關係，問了幾個朋友，也不知道，只能等待以後的機會，破解其原由。

數著這些以英國戰艦名命名的香港街道名，讓人聯想起鴉片戰爭時期的大清戰艦的命名，大多是沒個好名字。一直到 1866 年福建船政的建立，大清海軍才有了專業戰船製造廠，此時戰船進入到蒸汽螺旋推進時代，清廷在洋務運動中，開始自行製造蒸汽螺旋推進戰船與國際戰艦製造接軌，戰艦的名字也講究起來，比如揚武號。

不過，說來也奇怪，在廣州竟找不到一條用大清戰船命名的街道，不知道是因為大清戰船等級太差、名字太土，還是吃了敗仗，抑或是根本就沒有以戰船命名街名的海洋文化傳統。這讓人在香港看著、唸著、數著那幾條以英國戰艦命名的街道名，心裏不是滋味。

添馬艦殘存船錨於 1997 年移交香港海防博物館收藏。

中國四大海船

14

中國"四大古船"的説法很晚才出現，其實，準確的説法應是中國古代"四大海船"。最早以沿海地區來劃分海船的是宋人呂頤浩，在《忠穆集·論舟楫之利》中他説："南方木性與水相宜，故海舟以福建為上，廣東船次之，溫、明船又次之。"這之中的"溫"即溫州，"明"即明州，後來的寧波，算起來皆屬浙江。大約在明代中後期，人們把長江口的沙船也算進來，有了沙船、浙船、福船、廣船四大海船的分類。

清雍正年間要求各省海船以船頭塗色識別，"四大海船"也隨之有了另外的名稱：江南青頭船、浙江白頭船、福建綠頭船和廣東紅頭船。

風「幡」船

中國帆船誕生之謎

　　中國舟師圖畫，最早出現於戰國時期（公元前 475—前 221 年）青銅器的紋飾中，研究者稱其為「水陸攻佔圖」，西漢時也留下了類似的圖像，如 1983 年廣州象崗南越文王趙眜墓中出土的「羽人船紋銅提筒」，畫面描繪似打了勝仗凱旋而歸，或是一種海上祭祀的情景。

　　需要指出的是，這些青銅器的紋飾中的「帆」，還是個懸而未決的謎題。有人認為「羽人船紋銅提筒」是帆船，但多數專家認為，船上的是「幡」而非「帆」。筆者專門到廣州南越文王墓博物館，仔細看過「羽人船紋銅提筒」原件和同時展出的綫描圖，圖中的「幡」確實不是「帆」。

　　可以說，中國古船考實證中，還找不到任何東漢之前的帆船實物。

　　漢字文獻很早就有關於船的記載，甲骨文已有「舟」

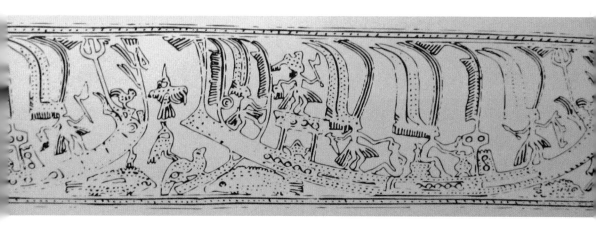

1983 年廣州象崗南越文王趙眜墓中出土的「羽人船紋銅提筒」，似描繪打勝仗凱旋而歸或海上祭祀的情景。

和 "凡" 字，"舟" 字中間從三甚至從四短橫，"凡" 字中間從二，依字形看，"舟" 和 "凡" 是同源的造字：表示江河中的小船，這裏的 "凡"，可能是更簡單的漂浮工具——筏，並非帆船（也有人認為，"凡" 即是帆）。

再來看看漢代的歷史文獻，有無帆船的記載。

據《漢書·刑法志》記載，漢武帝發動統一東南沿海戰爭時，"內增七校，外有樓船"，建有強大水師。據《史記·平準書》記載，西漢水師其船 "高十餘丈，旌旗加其上，甚壯"。這些記載表明，至少西漢大型樓船上，並沒使用風帆，只有 "旌旗加其上"。這説明，至少西漢時，帆船還沒在中國出現。

關於風帆的記載，一直到東漢晚期劉熙（約生於公元 160 年）撰著辭書《釋名》才有明確説明，此書第二十五篇《釋船》，有關於船舶 5 個方面的解釋，其中對風帆的解釋是 "隨風張幔曰帆。帆，泛也。使舟疾，泛泛然也"，這是文獻對風帆的推進功能的最早記載。

中國人最早記錄帆船航行的是三國吳人萬震，他的《南州異物志》（原書已佚，轉錄見於《隋書·經籍志》、《舊唐書·經籍志》等）記載："外僥人隨舟大小，或作四帆，前後沓載之。有盧頭木，葉如牖形。長丈餘，織以為帆。其四帆不正前向，皆使邪移，相聚以取風。" 許多人認為，這是關於中國帆船的最早記載。其實，剛好相反，它是早期外國帆船來中國的記載。這裏所説的 "僥" 指的是邊界。所謂 "蠻夷僥外" 或 "外徼人"，即外國之人。

後來的《三國志·吳書》中，已有用帆船航行的直接表述，吳國將領丁奉水上調兵，"時北風，奉舉帆二日至，遂據徐塘"，説明三國時帆船已用於軍事運輸，且被證明是高速運輸工具。但是，目前還找不到三國時期的歷史繪畫實證，無法展示中國最早的風帆戰船的風采。

唐代海船

佛教繪畫中的觀音救海難

　　中國的海上絲綢之路，早在《漢書》中就有了明確記載，但是古代歷史圖像中卻很難找到海上絲綢之路上的中國海船。實際上，不僅是海上絲綢之路上的中國海船歷史圖像難以找到，中國古船的考古發現，唐代之前的成果也微乎其微。

　　中國古代沉船出土有過兩個高峰，一是 20 世紀 60、70 年代，二是 20 世紀 80 年代中後期，先後發掘了 50 餘艘古船。其中，1960 年，江蘇揚州施橋鎮船閘工地出土了一條唐代木帆船；1973 年，江蘇如皋又出土了一條唐代木帆船；兩個古船出土於江尾海頭，考古專家將其認定為唐代海船。1973 年寧波還曾出土過一艘唐代海船，船上載有 700 件瓷器，有的上面留有款識唐"大中二年"，即公元 848 年，這是一艘海上貿易船，但船已爛得不成樣子，無

敦煌壁畫中這幅船畫，是目前唯一存世的唐代"準海船畫"。莫高窟第 45 窟南壁觀音經變之"觀音救海難圖"。

法認清其形制與規格。考古發掘僅理出一點造船綫索：唐代海船採用了斜穿鐵釘的平接技術，並皆建有多個隔艙。

唐代文獻中有唐代海船的記載：喀什僧侶慧琳的佛學著作《一切經音義》中，曾記有一種叫"蒼舶"的海船，其船"長達二十丈，可載六七百人"。這個說法，顯然誇張。二十丈相當於 66 米長，至少到了明代才有可能造這樣的大船。西域文獻也有大唐海船的記載：公元 9 世紀阿拉伯商人寫的《中國印度見聞錄》（亦稱《蘇來曼東遊記》）中，記錄唐朝商船很大，無法通過阿曼暗礁群，唐朝商船交稅也比其他船隻交得多。

這些歷史信息雖然都來自唐代，但不是信息誇張，就是不夠具體，讓人無法推測出唐代海船的基本輪廓。唐代的海船歷史圖像，唯有敦煌石窟第 45 窟南壁觀音經變中的"觀音救海難圖"（它的上方，就是著名的反映絲路艱險的"胡商遇盜圖"），它是敦煌石窟所有舟船圖像中絕無僅有的海船。此船一檣一帆，彩色條紋風帆表明此船用的不是席帆，而是唐代的錦帆。這種帆在唐代很常見，詩人李商隱有云："玉璽不緣歸日角，錦帆應是到天涯。"畫上還繪有船夫們的操作台 —— 廊，船夫正在舷板上操作。在船的尾部，有一船夫把櫓，掌握航向，此櫓有舵的作用，但只能在江河湖泊中使用，無法在大海中控制轉向。畫上的救難敘事，主要是一群

日本 13 世紀製作的《華嚴宗祖師繪卷》（局部）中的唐代海船，為唐宋海船形制提供了佐證。

撐篙、搖櫓的船夫在與海上妖魔搏鬥，它"渡"的只能是佛經中的"苦海"，真正的大海，這種船是無法"渡"的。

這幅畫是目前唯一存世的唐代"準海船畫"，也就是說海上絲綢之路的唐代海船歷史圖像，幾乎為零。

日本有兩個著名繪卷描繪了中國唐代的海船，間接地留下了唐船在海上絲綢之路留下的身影。

一是《華嚴宗祖師繪卷》，此卷由日本京都高山寺開山祖師明惠尚上人（1173—1232 年），根據新羅元曉（617—686 年）和義湘（625—702 年）兩位僧人赴大唐長安學習華嚴宗的經歷，撰寫繪詞，由僧人畫師創作繪畫（現收藏在京都高山寺），卷中描繪了新羅僧乘唐船去大唐學習佛教的場景。

二是鑒真和尚《東征傳繪卷》，此卷長達 83 米，由六郎兵衛和入道蓮行等畫僧於 1298 年繪製。現殘留五卷，是日本重要文化財（現收藏在奈良唐招提寺）。卷中有部分畫面展示了製造"唐船"和"唐船"東渡的情節。

兩件繪卷成書時間已是中國元朝，畫中表現的是唐代故事，其中描繪的唐船，應當借用的是宋船。兩件繪卷中的船十分相近，都是兩桅、席帆、方頭、方尾，船頭開角，船尾高高，圖中還明確描繪了唐宋船採用斜穿鐵釘的平接技術。這種船多製造於江浙沿海，是唐宋時期黃海海上交往的重要船型，也是海上絲綢之路的重要史料。

日本僧人 1298 年繪製的《鑒真和尚東征繪卷》（局部）。

宋代海船

從出使高麗船到南海一號

　　宋代的海船歷史圖像存世的極少，並且也僅存於宗教畫中。

　　如，山西高平開化寺的佛經故事壁畫《入海求珠圖》，此圖像或許接近宋代的中國海船。此外，宋代青銅鏡背圖案中，也有祈福的海船圖案。筆者在遼寧省博物館看到一面金朝的海舶青銅鏡，刻畫了一艘桅杆高聳的船隻在驚濤駭浪中前行，鈕上方鑄有銘文"煌丕昌天"，意為上蒼保佑，天下興盛。這種圖案和銘文的青銅鏡，不僅是海船上的生活用具，更是帶有宗教色彩的祈禱用具。但作為古船的歷史圖像，還是過於粗糙。

金代（1115—1234）海舶紋菱花銅鏡，直徑 18 厘米。遼寧省博物館藏金朝海舶銅鏡，上方鑄有祈福銘文"煌丕昌天"，一艘桅杆高聳的帆船。

在柬埔寨吳哥通王城巴戎寺的一幅船畫浮雕中，船帆為方形席帆，船尾為中心軸舵，船首起錨絞車……皆表明這是一艘中國帆船，可以看到海上絲綢之路的宋代海船留下一點影子。

此外，在柬埔寨吳哥通王城巴戎寺（1185年建造）的浮雕中，也可以看到海上絲綢之路的宋代海船留下的一點影子。此浮雕雖然表現的是高棉人的生活，但畫中的商船，其帆為方形橫條席帆，多級帆腳索，船尾為懸吊達船底的中心軸舵，船首起錨絞車……這些細節都表明，這是一艘中國帆船。

宋代最大的航海發明，即是在海上使用指南針。

北宋宣和五年（1123年），路允迪以通議大夫、禮部侍郎奉詔出使高麗，冊封高麗王。此行出了兩件事，令這次航行青史留名。

一是隨行書記福建甌寧人徐兢，回國後寫了一部行紀，即《宣和奉使高麗圖經》（徐兢還是一位畫家，"畫入神品，山水人物俱冠絕"，但原書插圖，至南宋時已亡佚），其中談到在海上使用指南針的情況："是夜，洋中不可住，惟視星斗前進，若晦冥，則用指南針，以揆南北。"這是世界航海史上使用羅盤針的最早記錄。順便說一下，歐洲人最早記錄磁針導航的證據是英國博物學家亞力山大‧耐克漢姆（Alexander Neckham）於 1180 年左右撰寫的一部著作中寫道："海上遇到多雲天氣時⋯⋯這時水手們便用針磨擦磁鐵，針會在一個圓圈內旋轉，停下之後所指的方向便是北方。"

二是《宣和奉使高麗圖經》還提到回航中遭遇風浪，水手們在與風浪搏鬥中祈禱福州演嶼神保護的故事。後來，這個故事被演繹為最早記錄媽祖顯靈的故事，被說成是媽祖封神的最初記載。

阿姆斯特丹國立博物館收藏有一組《天后顯聖事跡圖》，其中的"朱衣著靈"描繪的就是"宣和奉使高麗"故事。此圖的船中央，繪有著宋服下跪求神的官員。宋人衣服為曲領（圓領）大袖，下裾加橫襴，腰間束革帶，頭戴襆頭，腳登革履。宣和奉使高麗路允迪是以禮部侍郎（類外交部副部長）身份出使高麗，官階二品。宋元豐年間定為四品以上紫色，六品以上緋色，九品以上綠色。畫中的這位官員，頭戴襆頭著紫衣，表現的就是路允迪。

《宣和奉使高麗圖經》記載，宋代出使海外使臣乘坐的大型船叫神舟。一

這幅《天后顯聖事跡圖》大約創作於 1700 年至 1800 年間，現藏荷蘭國立博物館。

日凌虛致遠安濟，二曰靈飛順濟，三曰鼎新利涉懷遠康濟，四曰循流安逸通濟。神舟「巍如山岳，浮動波上，錦帆首，屈服蛟螭」。使團隨行人員座船叫客舟。當年出使高麗的海船，雖然在寧波打造，船型卻是尖底船。《天后顯聖事跡圖》中，「後艙高一丈餘，四壁有窗戶」（但船中部兩側的方窗是假窗，只是船家覺得好看，造船時畫出假窗），船頭高高，前後共有三桅，「主桅杆高十宋丈，前桅杆高八宋丈」。

宋代文獻中記載，「錦帆鷁首，屈服蛟螭」，官使「奉詔書於彩舟」，說明此時的海船已有一定的塗裝，此畫中船首繪出了狴犴，龍九子之一，形似虎，此種船首俗稱「虎頭板」。根據古代習俗，只有官船才有虎頭板，皇帝乘坐的船，船首繪龍頭。老百姓乘坐的船不允許出現這兩種船頭塗裝。但這種狴犴塗裝是否出現於宋代，也說不準。

畫中天上駕雲護航的青年女神，即是後世所說的媽祖、天妃、天后林默。這個畫中的女神形象沒有問題。有疑問的是徐兢在《宣和奉使高麗圖經》對海神的記載是：「午後，三柂並折」，「同舟之人，斷髮哀思，祥光示現。然福州演嶼神亦前期顯異，故是日舟雖危，猶能易他柂」。這裏記載的是福州演嶼神顯靈，並沒提到媽祖。

福州演嶼神，也是由真人封神。此神原是唐朝末年福建觀察使陳岩的長子，名陳延晦。連江縣昭利廟，即演嶼神廟，論歷史，早了媽祖一個朝代。媽祖在宋太宗雍熙四年（987年）九月初九逝世。南宋時期，福建莆田區域內接連出了一批進士、舉人，狀元也有幾個，他們不斷地為家鄉宣揚，將演嶼神的故事轉換成媽祖的神跡。

據海洋史專家劉義傑考證，最早將路允迪航海與媽祖關聯起來的，在南宋筆記中至少有兩處。其一，為南宋莆田人廖鵬飛的《聖墩祖廟重建順濟廟記》；其二，為南宋莆田人李俊甫的《莆陽比事》。

廖鵬飛的廟記中，第一次將路允迪出使高麗與媽祖顯靈，救助航海的故事編排在一起，即後世廣泛引用的「給事中路公允迪使高麗，道東海，值風浪震蕩，舳艫相衝者八，而覆溺者七，獨公所乘舟，有女神登檣竿，為旋舞狀，俄獲安濟，因詰於眾，時同事者保義郎李振，素奉聖墩之神，具道其詳，還奏諸朝，詔以順濟為廟額」。

事實上，出使的八條海船確實遇到大的風浪，但都平安歸來。這裏將福州連江地區的男性演嶼神，首次改為女神。關於「詔以順濟為廟額」，也首現於此。

李俊甫編輯《莆陽比事》的時候，又將廖鵬飛編排的故事當作歷史資料收錄："湄洲神女林氏，生而神靈，能言人休咎，死，廟食焉。……宣和五年，路允迪使高麗，中流震風，八舟溺七，獨路所乘，神降於檣，安流以濟。使還，奏聞，特賜廟號順濟。累封夫人，今封靈惠助順顯衛妃。"查《宋會要輯稿》，南宋時曾經大量封賜各種各樣的神祇。在"神女"條目中，有關媽祖的記錄確有幾條，但並未說明賜額與路允迪出使高麗的事有關。

不過，要說清的是這幅畫製作的年代並非宋代而是清代，它是否直接反映了宋代海船，還說不準。真正有宋代海船形象，唯有後來出土的實物為證。

目前可以說得清楚的宋代沉船出土實物有兩件。一艘是泉州出土的宋代沉船，一艘是陽江出土的宋代沉船。

據泉州海上交通博物館的朋友介紹，1973年，泉州後渚港的漁民在附近海灘上撿了很多爛在泥沙中的木板，拿回家中當柴燒。剛好廈門大學歷史系教授莊為璣在泉州考察海上交通史跡，聽到此消息後，感到這或是一種考古發現，立即趕到現場，發現這裏確實是一個古沉船遺址。

1974年8月，中國首次大型海灣考古發掘工程在後渚港展開，當沉船上面2米多厚的堆積層被清除後，一艘（實際上是半艘）古船出現在人們面前。經測算，沉船殘長24米，殘寬9米，船下部有12道隔板隔出的13個水密隔倉，排水量近400噸，載重200噸。這應當是一艘首部尖、尾部寬、高尾尖底"福船"型海船，沉船年代大約在南宋德祐二年（1276年），即宋室南逃至泉州之際。

那麼，它是一艘漁船，還是商船呢？是將要出港的船，還是歸港船呢？專家從船中殘存的貨物來看，它應是一艘商船。人們從船艙中發掘出4700餘斤香料木及貴重藥物，還有500多枚唐宋銅鐵錢、50多件宋代陶瓷器、90多件木牌木籤、2000多個暖海種貝殼，此外，還有許多桃、李、橄欖、荔枝等果核，及船上水手娛樂用的象棋子，共有14種器物出土。此外，這艘商船應是載著南洋等地的貨物從海上歸來的船，不幸沉在了家門口。也許當時正是蒙元追兵進入泉州的兵亂之際，這艘商船原本打算販運南洋香料到泉州，而後再倒賣給阿拉伯商人，由他們轉手販給不產香料的歐洲。出海時，還是宋朝呢，回來就是蒙元的天下了。也有人進一步猜測，它很有可能是當時泉州的最大海商蒲壽庚家族的商船。蒲壽庚家族主要在海上經營香料，並且，宋元之交正是蒲壽庚家族海上交易的興旺之時。

據吳自牧的《夢粱錄》記載："海商之艦，大小不等。大者五千料，可載五六百人；小者二千料至一千料，亦可載二三百人。"料，是宋人對船艦載重的計量單位，一料等於一宋石，相當於今天 120 斤（注：宋代的料，比明代的料要小）。也就是說，宋代常見的大型航海商船，可載重約 300 噸，中型船可載重 150 噸。宋代海船船體堅固，結構良好。船體"以巨木全方，攙疊而成"。

據古船專家介紹，這艘泉州古船，其龍骨由兩根松木接合而成，採用體外龍骨的設計和直角榫合的工藝，增大了船的縱向強度。海船的船殼、船底用二重板疊合，舷側則用三重板疊成。自龍骨至舷有側板 14 行，1 至 10 行由兩層板疊合而成，11 至 13 行由三層板疊合而成，採用搭接和拼接兩種結構工藝，以釘榫為主要構件。裏層船殼板的上下

板之間都用子母銜榫合。尖底造型使船殼彎曲弧度大，多重板工藝使取材、建造和維修較為容易，二重或三重板加固的側板與船殼板使全船的強度大為提高，更耐波浪的沖擊，利於遠航。古船還使用了鐵釘，舶板採用榫聯和鐵釘加固，並用桐油、麻絲、石灰等嵌縫，以防滲漏和釘頭鏽蝕。

據古船專家研究，此船型特點是：底尖、船身扁闊，長寬比小，平面近於圓形，應是宋代泉州海船。這種 V 型船體的結構設計，不但可增強船舶的穩定性，而且能減少水下阻力，使海船在遇到橫風時橫向移動較小，在頂風行船時更是優越，"貴其可破浪而行也"。為改善船舶的搖擺性能，宋代水手還在船

泉州開元寺內海上交通博物館的古船博物館展示的南宋古船。

腹兩側"縛大竹為橐以拒浪"。

　　以泉州這艘船為例，它可裝載 200 噸的貨物，相當於絲路上 700 頭駱駝的承載量。海船藉助季風，即使是去東非，160 天也就夠了。東西貿易無論是速度上，還是運量上，海上運輸都是陸路運輸所無法比擬的，這也是後來泉州等港口在宋元之後迅速發展起來的重要原因。

　　有意思的是，1974 年古船出土時，泉州還沒一個像樣的博物館，古船只好"寄住"在開元寺的一間大屋子裏。多年以後，泉州建好了一座漂亮的泉州海上交通博物新館。但古船太脆弱，不適再移動，就永久"落戶"開元寺，成為景點中的景點。現在名為泉州海上交通博物館古船博物館。

　　泉州的宋代沉船一直是中國宋代古船實物的孤證，一直到"南海一號"的出現，宋代沉船才有了一件更了不起的考古實證。

　　2007 年 12 月，隨著巨大的海上吊臂將 20 年前發現的"南海一號"古沉船整體移入陽江海邊專門為它建造的廣東海上絲綢之路博物館，古船被完整地放在一個巨型的玻璃缸中。這種一邊發掘一邊展覽的水下考古與展覽相結合的工程，世界範圍內還沒有其他國家嘗試

2019 年"南海一號"發掘到了船底，可見水密隔艙與所載瓷器。此船屬"短肥"船型。

過。中國水下考古從沒有一個水下考古人員，到有了世界獨一無二的「水晶宮」，一切都是從「南海一號」開始。

從已打撈出的幾千件文物中，人們發現最能證明它沉沒時間的是船上的古錢。這艘古船也很古怪，好似一個古錢博物館，最早的是漢代五銖限，最晚的是南宋高宗時的「紹興元寶」（1131年—1162年）。2018年，又發掘出刻有「丙子年」年款的大瓷罐。宋朝有三個「丙子年」，最後一個為宋德祐二年（同時也是元至元十三年），即公元1276年。如果取此下限，那麼，它就是一艘宋末古船。以此而論，「紹興元寶」古錢和「丙子年」年款的大瓷罐，就近乎是「南海一號」的身份證。

2019年，筆者再次到南海一號考察，經過特許，下到發掘面：船艙發掘已近尾聲，可以看到整個船體基本清空的13個隔艙，船底板也露了出來。未來幾年，將要清除船殼外的海泥，屆時會顯現出完整的船殼。新近公開的信息是，此船長30.4米、寬9.8米，船身（不算桅杆）高約4米，排水量估計可達600噸，屬「短肥」船型。從目前顯露的船體看，船型近於泉州古船。

從所載貨物看，「泉州古船」是載著國外的香料等貨物從南洋歸來；而「南海一號」則是載著中國南方的陶瓷等貨物遠赴南洋。一前一後，一來一去，為人們勾畫出一個南宋海上交往的實證鏈條。

從目前「南海一號」打撈出來的瓷器看，多產自南方名窯，如江西景德鎮窯、浙江龍泉窯、福建德化窯、晉江磁灶窯，產品多是精細瓷器。這些精美的產品顯示，作為瓷器大國的大宋，即可出口原創產品，也可來樣加工，其產品精美與多元都超越了唐代。

800多年前，「南海一號」像個醉漢晃晃悠悠地沉入陽江海底，在首尾兩端留下了讓後人費解的懸念：它的始發港是哪裏？它的到貨碼頭在何方？

聽泉州海上交通史研究人員講，「南海一號」的啟航地很有可能是泉州。從大的環境講，北宋滅後，大宋政經中心南移，「南海一號」上出土的都是南方名窯。由此推想，這麼大宗的福建和江西瓷器，不可能從浙江或廣東裝船，一定是從泉州起運。

「南海一號」到貨碼頭的線索，在沉船上發現的部分瓷器中，也有所顯露，如棱角分明的酒壺和有著喇叭口的大瓷碗，都帶有濃郁的阿拉伯風格。它們很有可能是南宋商人接受海外「來樣加工」的外銷瓷器，而福建德化窯、晉江磁灶等沿海名窯都有給阿拉伯地區加工瓷器的歷史，「南海一號」終到碼頭很可能是阿拉伯某個港口。

目前能查到的文獻表明，最早以沿海地區來劃分海船的說法，出自宋人呂頤浩《忠穆集·論舟楫之利》（宋代徐夢莘所編《三朝北盟會編》曾有刊載）。呂頤浩，齊州（今山東濟南）人，北宋哲宗紹聖元年（1094 年）進士，南宋（1127－1279 年）初年為宰相，著有文集十五卷，僅有兩冊《忠穆集》傳世。南宋紹興九年（1139 年）呂頤浩以 69 歲高齡去世，謚號“忠穆”。以此號為集名，顯然是呂頤浩去世後，由後人為他編輯而成，現存最早版本為清乾隆版。《忠穆集》裏收錄的“論舟楫之利”一文，為後人留下了宋代以沿海地區來劃分海船種類的寶貴史料。

作為一國之相的呂頤浩，為什麼會對中國海船有專門研究呢？一是，南船北馬，南宋立國江南，賴以抗拒金朝的正是舟楫之利；二是，紹興二年（1132 年），呂頤浩曾受命都督江、淮、荊、浙諸軍事，對海陸軍事頗為熟悉；三是，他二次罷相，第一次罷相時“徙家臨海”，第二次罷相後選擇浙江臨海的巾子山東麓築“退老堂”以居。多年的海邊生活使他有機會了解沿海造船業。所以，才有了《論舟楫之利》的專論，有了著名的中國海船評說：“南方木性與水相宜，故海舟以福建為上，廣東西船次之，溫、明船又次之。”中國古代“四大海船”，呂頤浩點評了福、廣、浙（溫、明）三種海船，唯一沒有提到的是北方的沙船。

沙船是一種平底、方頭、方尾的古老船型，寬、大、扁、淺是其特點，其平底能坐灘，不怕擱淺，適於多沙灘的近海航道上航行，因而被稱作「防沙平底船」，是北方海區航行的主要船型，早在唐宋時，沙船就已成形。

宋代留下的海船歷史圖像極少，北宋郭忠恕曾畫過一幅《雪霽江行圖》，畫中船是江船。北宋燕文貴《舶船渡海圖》十分難得，但描繪地點並非紀實。還有就是宋紹聖年間（1094—1097年）《山西高平開化寺壁畫》中的「入海求珠圖」，為佛本生畫，也不是紀實畫。此船以界畫手法描繪了一艘方頭、高尾、單桅、布帆，首低尾高的海船。但船上還保留了篙、櫓一類通江達海的行船工具。想來製作壁畫的北方畫家，應借鑒了北方海船形象來表現「入海求珠」的故事。畫中的船正擊鼓離港，揚帆出海，在船的尾部，有船工在操作橫舵柄。此船也只能說近於沙船，與北宋郭忠恕《雪霽江行圖》中的船相近。

元代沙船又有許多改進，使其適應更遠的航行。元朝宮廷畫師王振鵬的《江山勝覽圖卷》是元代唯一的港口

元代王振鵬的《江山勝覽圖卷》（局部）中的沙船。停在海面上準備進港的僱用占城船工的遠洋沙船。

畫，畫中比較清楚地表現了元代的沙船型象。

王振鵬，永嘉（今浙江溫州）人，其生卒年不詳，大約生活在1280—1350年。曾任漕運千戶，元延祐年（1314—1320年）在宮內秘書監供職，元仁宗時曾任秘書監典簿，得以遍覽古圖書。工墨筆界畫，筆法工致細密，自成一體，被譽為元代界畫第一人。此畫卷尾有隸書名款："至治癸亥春莫廩給令王振鵬畫"，即元英宗至治三年（1323年）農曆四月初八前後。

元至元二十一年（1284年）在溫州設立市舶轉運司後，溫州成為元朝對外開放的七大港口之一，日本、高麗、真臘、呂宋等國之番人不斷來販賣永嘉貨。甌江下游南岸，距東海約20公里，是船舶停靠的重要口岸與碼頭。

《江山勝覽圖卷》中描繪了港口中的大小舟楫68艘，當然這些船不都是海船，但其中有2桅、3桅海船，並隱約可見4桅大海船。畫中有高高船尾的四人控制大櫓的即是沙船，元代稱其為"平底船"。

明代"沙船"名稱被廣泛使用，與廣船、福船、浙船，並稱四大海船。晚明茅元儀的《武備志·軍資乘·沙船》云："沙船能調戧使鬥風，然惟便於北洋，而不便於南洋，北洋淺，南洋深也。沙船底平，不能破深水之大浪也。北洋有滾塗浪，福船、蒼山船底尖，最畏此浪，沙船卻不畏此。"

日本松浦史料博物館收藏的大約繪製於1720年左右的《唐船之圖》，共有12幅船圖，分別以其出發母港或建造地命名為南京船、寧波船、福州船、台灣船、廣東船、廈門船、暹羅船等，其中的南京船，即清代的沙船，它是目前能見到的古代船畫中，畫得最為精細的沙船圖，圖上標注了詳細的尺寸，比例精確，甚至對一般在吃水綫以下看不見的部位，也作了描繪和尺寸標注，具有造船工學的意義。

日本松浦史料博物館收藏的大約繪製於 1720 年左右的《唐船之圖》中的沙船。沙船主帆為布帆（南京船）。

浙船

沉睡在慈溪江底的元代鳥船

參觀河姆渡遺址，在河邊會看到一座以"雙鳥升日"牙雕圖案為主題的迎賓門。這個圖案反映了東海先民的鳥文化崇拜。東海先民認為是鳥銜來稻穀種子，才造就了浙江的魚米之鄉；東海先民也期盼自己駕駛的舟船能像飛鳥一樣，自由搏擊於大海之上；大概就是懷著這樣的崇敬之心，東海先民在造海船時，特意將船頭做成鳥嘴狀。這類船因而被稱為"鳥船"，又因鳥船船眼上方還塗了綠色眉毛，所以也稱"綠眉毛"。

鳥船船型大約在宋代形成，但至今也沒發現元代之前的鳥船歷史圖像。

不過，對於中國古船研究者來說，還有值得期待的事情發生。那是 2014 年 6 月，寧波慈溪在潮塘江排澇工程中發現一艘元代古沉船，經考古專家考證，殘船長 19.5 米，推測船長介於 23 到 28 米之間，船寬 5 米，深約 2 米，船體有 14 個艙位，除了首尾已經殘缺之外，其他保存比較完好。比如，有雙層甲板、隔倉壁板、有龍骨、有尾座等等。古船專家推測：這是一艘海船，使用兩桅風帆，是中國目前發掘的保存最完好的木船之一，殘船有尖首方尾的浙船特徵，屬近海運輸鳥船。

這艘沉船發現的遺物並不多，比如第 4 號、第 8 號、第 11 號倉中分別有石球和不規則的石塊石板出土，在第 8、第 11、第 12、第 13 號倉中有龍泉窯、青瓷碗，還有高足杯以及一些醬釉瓷瓶罐和陶缸殘件出土，考古專家推測應該是船員的生活用品。在第 13 號倉中就出土了一枚北宋徽宗崇明年間鑄造的崇明重寶銅錢，這個銅錢與油

慈溪潮塘江元代沉船。

灰一起沾在了船板上，應是船家辟邪之物。

　　寧波地處中國海岸綫中端，北行多沙灘，南行多礁石。烏船的尖尖船頭，可破浪前行，而尖船底也可避免觸礁；船尾部呈 U 形底，即便是向北方航行也可擱淺沙灘而不至於側翻，所以這種船特別適合東海運輸與漁業捕撈。

　　大約在明代，人們將烏船歸類於"浙船"，成為中國古代四大海船的重要組成部分。這艘沉船出土後，得到了完整的保護，它已被原樣搬入了慈溪市博物館，此館由此成為一個研究烏船考古實證的重要基地。

　　現在人們常常引用的"浙船"歷史圖像，是日本長崎平戶松浦史料館所收藏的 1720 年代日本人繪製"揚帆行駛的寧波船"和"落帆停泊的寧波船"。

1720 年代日本繪製的《唐船之圖》之《寧波船》，平戶松浦史料館收藏。

為何中華古船的歷史圖像會藏於日本？因為明清之際歷經多次海禁，清順治十二年（1655 年）朝廷規定不許打造雙桅大船；康熙四十二年（1703 年），雖然允許打造雙桅船，又限定其樑頭（船寬）不得過 1 丈 8 尺，水人等不得超過 28 名。這不僅使海上貿易受到嚴重影響，也打擊了中國的造船業，使中國海船與大航海時代飛速發展的西方帆船，迅速拉開距離。但是比上不足、比下有餘的中華傳統帆船，在亞洲仍佔有一定優勢。日本仍在學習中國海船，這才在扶桑之國留下了一筆中華古船的文化遺產。

福船

福建沿海造船業起步很早，東吳的建衡元年（公元269年）曾在建安郡侯官縣（今福州）設立了中國最早的造船官員"典船校尉"，督造海船，並建立了溫麻船屯（今福建寧德），利用謫徙（罪人）和徵集當地工匠、勞工建造海船。

福建海船在明中期正式被稱為"福船"，船型也相對固定。

這種海船以尖底、小方頭、闊尾營、多水密隔艙為主要特點，規模大、結構堅固、容量多、穩性好、抗風力強、吃水深，適於遠洋。福船也因此成為中國古代遠航船的首選，不僅適合做深海捕撈的漁船，還適合做遠洋運輸的貨船，同時，它還是中國使臣出使海外的重要交通工具。宋代徐兢出使高麗、明代鄭和下西洋，以及清代冊封琉球，用的都是福船。

中外帆船史中，大概沒有哪種船像"鄭和寶船"這樣廣受爭議，且總無定論。

劉大夏燒"鄭和出使水程"檔案的故事，並不在大明官史之中。這個故事最初錄於明嘉靖嚴從簡的《殊域周諮錄》和陸樹聲的《長水日抄》，後來，萬曆顧起元的《客座贅語》等著述也有此類記載。

但鄭和下西洋畢竟是天朝"工程"，人們還是為它做了一些記錄。如，馬歡《瀛涯勝覽》、費信《星槎勝覽》、鞏珍的《西洋番國志》。此三書中《瀛涯勝覽》原書成於明景泰二年（1451年），傳世有明萬曆抄本，為鄭和下西洋船隊最早文獻。馬歡是伊斯蘭教徒，通曉阿拉伯語，是隨行"通譯"，先後參加了第四、六、七次遠航，他的海外記錄比之他人相對可靠。明萬曆羅懋登《三寶太監西洋記通俗演義》中的鄭和船隊的記載，和成於清代的《明史・鄭和傳》中"造大舶修四十四丈，廣十八丈者六十二"的記載，皆出自《瀛涯勝覽》。這個記載引出了鄭和寶船有多大的謎題。

如果依據《中國度量衡制史》記錄明尺為 31.1 厘米計算，鄭和寶船應為長 139 米，寬 56 米；若按出土的明代木尺實物 28 厘米計算，鄭和寶船船應為長 124 米，寬 50 米。但這個尺寸的船，在航海實踐中，缺少應用的可

南京鄭和公園裏立有這個巨大的船舵模型。

能性。

2005 年，鄭和下西洋六百周年紀念時，筆者專程到鄭和寶船廠考察。據說，原來這裏是七條作塘的超大船廠，現僅剩兩條作塘。考古專家認為，這裏是唯一的明代官辦造船基地遺址（十年後，南京又發現了一個明代造船遺址，似可證明南京是大明的造船中心）。考古工作者在對"第六作塘"進行搶救性發掘時，出土了大量的造船工具，包括鐵製的斧、鑿、鋸、銼、鑽、錐、刀、各式鐵釘，和木製的錘、槳、夯、刮刀等。數量之大，品種之多，可謂是明代造船工具的匯集，還有大量的船用構件和造船材料，主要包括各式船板、木柱、舵杆、桅杆、軸、圓盤、船上的門框等。其中，最為重要的是兩根保存完好的鐵梨木舵杆，長度分別為 10.1 米和 11 米，它們的形制和尺度是推算寶船形制與規模的重要參考依據（1957 年寶船廠遺址曾出土過一個長 11.07 米的巨型舵杆）。這個鄭和寶船廠遺址公園的標誌性雕塑，就是一個高大仿古船舵。

在南京考察時，聽說這裏正在仿建一艘原大的鄭和寶船。當時，沒能見到此船。十年後，到南京開會時，筆者見到了當年張羅造寶船的趙志剛先生，得知此船的仿建工作，因重要投資方馬來西亞一公司的資金出了差頭，最終停工

了。據趙志剛先生介紹，此復建寶船長 71.1 米、寬 14.05 米、高 5.4 米，設計方案中"鄭和寶船"的尺寸別有寓意，象徵著 1405 年 7 月 11 日鄭和首次出航。這個"寓意"尺寸，很有創意，但很不科學。

除《瀛涯勝覽》外，還有一個文獻記錄了鄭和寶船的大小。它就是《靜海寺鄭和殘碑》，此殘碑原鑲嵌在靜海寺大廚房牆中，1937 年冬，日軍進攻南京，靜海寺大半被毀，碑也從此消失，僅剩拓片。其殘文八行，每行多則二十二字，少亦存七字，共計為一百四十字：

"……帝敕建弘仁普濟天妃之宮於都城外龍江之上，以……帝復建靜海禪寺，用顯法門，誠千古之佳勝，豈偶然之……永樂三年，將領官軍乘駕二千料海船並八櫓船……清海道。永樂四年，大船駐於舊港海口，即古之三佛齊……首陳祖義、金志名等，於永樂五年七月內回京。由是……永樂七年，將領官軍乘駕一千五百料海船並八櫓船……其國王阿烈苦奈兒謀劫錢糧船隻，事……阿烈苦奈兒並家……"

此碑文說明，鄭和下西洋時所乘的船舶分別有二千料海船、一千五百料

海船和八櫓船，這是其他鄭和事紀碑以及其他文獻所未載。不過，這只是“當時”發現的唯一記載鄭和寶船隊船隻大小的記載。此後，又一考古發現為鄭和下西洋所乘船舶的大小提供了新的數據，這是“目前”所能見到的關於鄭和寶船大小的最新考古實證。

2010年6月16日下午，南京南郊牛首山南麓祖堂山一處工地施工中，挖掘出明代太監洪保墓，洪保為下西洋的副使太監。其741字洪保“壽藏銘”中提到：“永樂紀元，授內承運庫副使，蒙賜前名。充副使，統領軍士，乘大福等號五千料巨舶。賫捧詔敕使西洋各番國、撫諭遠人。”它清楚地記錄了這艘洪保乘坐寶船的船號叫“大福”，船為“五千料”大船。

這兩份記載引出了鄭和寶船的又一謎題——“料”。

中國古代的“料”，比尺寸還要複雜，它既關乎船的大小，又關乎船的排水量。料的前期意思是造船所用木料的數量，後來變為船承載的單位。一艘船需要許多根木料，即稱此船為多少料的船。但是，更複雜的是個各朝代的料，標準也不一樣。民料與官料，又不相同，計算起來更為複雜，也不準確。

下面的數據是考古結果與專業推算

的綜合，只能是個參考。

以明代的福船為例，民料一千料的船，大約長 17 米，寬 6.5 米，高 6.5 米，排水量在 250 噸左右；官料一千料的船，大約長 27 米，寬 8 米，高 8 米，排水量在 600 噸左右。若依此推算鄭和二千料海船，船長約 50 米左右，排水量全少在 1000 噸以上。而以此推算 "五千料" 的 "大福" 號寶船，排水量至少有 2500—3000 噸。

以上只是關於鄭和寶船的文字記錄，及後世對鄭和寶船大小的推算。

明代還有一個鄭和寶船的圖像文獻，很少有人提及。它就是明永樂十八

年（1420 年）僧人勝慧刊刻的《太上說天妃救苦靈驗經》卷首插圖。此書是跟隨鄭和下西洋的僧人勝慧臨終時，命弟子用他遺留的資財，發願刊刻。此經分為至心皈命禮、啟請咒、奉禮咒、偈曰、復偈曰等幾個部分，是請天妃救苦救難的經文。此畫最初刊載於 1939 年，鄭振鐸輯印的《中國版畫史圖錄·第二卷·明代卷》，原圖應選自國家圖書館善本部所藏《太上說天妃救苦靈驗經》，此本上鈐有 "長樂鄭振鐸西諦藏書" 之印鑒。

這份記載再次引出了鄭和寶船倒底是什麼模樣的謎題。

《太上說天妃救苦靈驗經》卷首插圖由六面書頁相接而成，盡最大可能以書頁的形式展示其船隊的宏大…… 圖上方的雲端之上，有觀音菩薩和千里眼、順風耳等，還有天妃娘娘及侍從（關於天妃的神性，宋、元時代的記載與佛教並無關係，到了明代與觀音有了聯繫，並出現 "南海女神"、"送子娘娘" 等新名號）；圖右側是天妃宮的內外景象；圖下方為鄭和船隊，計五列，每列五艘。畫中船，艏艉高翹，船舷高，吃水深，符合福船特徵，但都不是

明代《太上說天妃救苦靈驗經》卷首插圖，是迄今發現最早的鄭和下西洋船隊歷史圖像。

九桅大號寶船，而是六桅海船或更小的海船。

　　有專家據此認為，鄭和船隊的大寶船沒出現在畫中，因為"修四十四丈，廣十八丈者六十二"的"五千料"大寶船，或只適用於南京水域航泊，或做近海巡遊，它沒參加遠航，所以不在此畫中。

　　鄭和下西洋首次航行始於永樂三年（1405 年），末次航行結束於宣德八年

《冊封琉球圖》之《封舟圖》以整幅畫面描繪了大清封舟的樣貌，是清代福船難得的圖像記錄。

（1433 年），共計七次，使團正使皆由鄭和擔任。船隊有大小船舶 200 餘艘，其中大型寶船 62 艘。它是 15 世紀末歐洲地理大發現之前規模最大的跨洋航海活動，拜訪了 30 多個國家和地區，最遠到達東非、紅海。毫無疑問，此時中國海船製造技術和跨洋航行技術，在世界範圍內處於領先地位。

明代鄭和下西洋福船成為對外交流的重要船型，清代福船也頗受重視，經常擔任朝廷的"封舟"，成為重要的官船。

清宮的《冊封琉球圖》冊頁，對封舟有詳細描繪。冊頁共計 10 開，每開縱 55.5cm，橫 49.3cm，左右對開"蝴蝶式"裝裱，右側是繪於絹上的設色畫面，左側是書於紙上的墨題。當時的琉球（今衝繩）為清朝屬國，其國王嗣位先要向清政府奏請朝命，經過清皇室的冊封才可以正式繼位稱王。《冊封琉球圖》描繪的是康熙五十六年（1717年），清廷派遣以海寶為正使、徐葆光為副使的冊封團，持詔敕文書前往琉球冊封 20 歲的世子尚敬為王的史實。

《冊封琉球圖》之《福州往琉球針路圖》表現的是封舟從福州出發往琉球的航行圖。《冊封琉球圖》之《封舟圖》則以整幅畫面描繪了大清封舟的樣貌，也是清代福船難得的圖像記錄。巨大的封舟上裝飾具有鮮明皇家特色的團形龍紋，顯示出皇家氣派。

中國古船對於世界船舶有兩大貢獻，一是船尾舵領先於西方千餘年，二是水密隔艙也是中國船舶的一大發明，而福船水密隔艙的先進技術，則是這種技術的集大成者。2010 年 11 月，漳灣水密隔艙福船製造技藝被聯合國教科文組織列入《急需保護的非物質文化遺產名錄》；2015 年，寧德的漳灣鎮被中國民協授予"中國水密隔艙製造技藝福船文化之鄉"，漳灣造船廠被設為"水密隔艙福船製造基地"。筆者還專程去參觀了這裏新建的"中國水密隔艙福船展覽館"，裏面有各類水密隔艙福船模型。

用"水密隔艙"技藝製作的福船，具有兩大特點：一是被分隔成若干艙的船舶在航行中萬一破損一兩處，不至於導致全船進水而沉沒；只要對破損進水的艙進行修復就可使船隻繼續航行；二是由於船舶被隔板層層隔斷，厚實的隔艙板與船殼板緊密釘合，隔艙板實際上起著肋骨的作用，簡化了造船工藝，並使船體結構更加堅固，船的整體抗沉能力也因此得到提高。漳灣的福船更是把這一點發揮到了極致，將船艙設計在船尾的正中位置，固定在支撐點上，便於操縱，又保證了適航性。

福船有如此多的優點，也難怪宋人呂頤浩說："南方木性與水相宜，故海舟以福建為上。"

運木福船

「活了」185 歲的寧波號

在中國沿海考察中式木帆船，筆者請教過許多造船工匠：中國木帆船壽命有多長？ 回答五花八門，有説三五十年，有説百八十年，沒個定數。後來，在廈門拜訪老船模師傅楊育錐，他推介了一份材料：中國木帆船寧波號。它建造於 1753 年，意外燒毀於 1938 年，也就是説，這艘中國木帆船壽命長達 185 年，如果不是意外，它"活"到兩百歲，也未可知。這是關於中國木帆船壽命的一個小考，以後找到更"高齡"的，再補充。

不過，關於寧波號，比其壽命更久遠的，是它的海上傳奇。不奇怪的是，和耆英號的故事一樣，這艘中國古帆船的傳奇故事，也是外國人記錄的。簡單疏理一下，它就是一部電影的故事大綱。

先用"倒敘"的手法講：1938 年，美國卡特琳娜港，一部好萊塢海戰電影正在拍攝，火攻船籍着風勢向敵船漂去 …… 但風向突變，它沒有漂向該燒的或該死的道具船，而是漂向泊在港灣另一邊供遊客參觀的中國古帆船寧波號 …… 大火燒掉了寧波號水綫之上的船體，還有船上的各種老物件 …… 火燒中國古船的新聞引起了專家關注，"浴火"的寧波號由此"重生"。

加州海運部和海事博物館的幾位專家，根據沉在水下幾英尺的船體殘骸進行考證，做了如下記錄：船體結構：木；船桅：3 桅；長度：138 英尺；船寬：未知；排水量：290 噸；建造時間：1753 年；燒毀時間：1938 年；燒毀地點：加州卡特琳娜港 …… 此前的記錄稱它是"在中國水域裏最快、裝備最好的帆船"。

美國船史專家進一步考證，這艘船最初是一艘商船，後來成為走私船、販奴船、監獄船、展覽船……其身份複雜得足以寫一本書。果真，有美國人為它寫了一本就叫《寧波號》的小書。可惜時間久遠，也沒再版，筆者幾番努力也沒能找到它。

現在，只能依據相關英文資料，來簡單"復原"寧波號的傳奇一生。

寧波號原本不叫寧波號，也和寧波沒什麼關係。清乾隆十八年（1753年），它在福州下水時被命名為"金泰豐"號。從洛杉磯海事博物館保存的寧波號黑白照片和著色照片看，它是一艘大趕繒船，有著精美的"花屁股"，上面繪有鷁鳥圖案和八仙形象，是經典的運木福船。

下面用"正敘"的手法講：當年金泰豐號在福州下水時，還是康乾盛世，它在中國海面上做了差不多半個世紀的太平生意。清嘉慶元年（1796年）白蓮教起義，各地造反，金泰豐號也參加了反清活動。此後，金泰豐號變為一艘走私船。1806年、1814年和1823年，它因海上走私絲綢和鴉片，還有搶劫，多次被清政府查獲。

1834年，金泰豐號到廣州走私和販賣女奴，被首位英國駐華商務總監威廉·約翰·律勞卑（1841年佔領香港的查理·義律，當時是他的貿易秘書）

"寧波號在聖佩德羅市海岸邊"的照片，突出了福船的"花屁股"特徵。

"徵用"。此後,它在英國海軍"服役"7年,但沒聽說它直接參與鴉片戰爭,其主要任務是走私和販賣人口。

1841年金泰豐號又落入到清政府手中,此時海上走私達到高潮,清政府抓的海盜與走私販子沒有地方關押,遂將金泰豐號改造成一艘海上監獄船。後來,清政府官員發現養囚犯太費錢,殺了囚犯,還能吃點"空頭"。於是,悄悄地把船上的158個囚犯全部斬首。

這艘沒了犯人的監獄船在海上漂泊不定,1861年在一場颱風中走失,後被太平軍捕獲,又一次投入到抗清鬥爭中。沒多久,金泰豐號又被幫助清政府鎮壓太平軍的英軍少校查理·喬治·戈登(Charles George Gordon)繳獲,正是在戈登這裏,金泰豐號改名為"寧波號",讓其加入侵華艦隊行列,溯長江而上,參加了南京戰役。

1884年之後,寧波號似乎又一次換了船主,它常駐香港,成為接待西方客人在香港遊玩的遊覽船。沒有多久,本性難移的寧波號,借載外國遊客在香港及周邊遊覽之機,不僅偷了客人的私人物品,還將客人拋在荒島上。英國軍艦卡利奧普號後來捕獲了寧波號,在香港把它賣給了一個中國買家。

參加過太平軍起義,又參加過圍剿太平軍的寧波號,後來又陰差陽錯地介入了1911年清廷圍剿辛亥革命的漢口戰役,被革命軍捕獲,後被革命軍以5萬美元的價格賣給了美國商人。此時的寧波號主桅前面還安裝著兩門長度為3英尺的古老旋轉炮。

1912年,美國商人準備把寧波號開到美國去,不過,它在6月和9月兩場颱風中連遭破壞,帆和舵都壞了。此時,中國船員不想再駕駛這艘破船了,鬧罷工,四名男子划著小船上了岸。同年12月22日,一批新招的船員駕駛修復的寧波號,再次向美國進發,他們航行了7000英里,在55天後,終於平安到達美國西海岸,開始了它作為展覽船的生涯。

不知什麼原因,寧波號後來在美國西海岸的"航行"都是拖曳。

1913年初,寧波號被拖曳到洛山磯三大知名海灘之一威尼斯海灘進行展示;幾個月後,又被拖曳到加州第二大城聖地亞哥進行觀光展示;而後,又被拖曳到洛山磯港和長灘港旁邊的聖佩德羅市進行展示。在長灘入塢修理時,人們在"船眼"後面發現一塊小銀板,上銘刻"龍眼明亮而多彩"。這塊銀板後來在也長灘展示了(通常人們在船眼見到的是一塊鑲嵌的紅布,這位置發現銀板,十分特別)。1915年,維修好的寧波號又被拖曳到聖地亞哥進入展示。1917年,寧波號被拖曳到加州卡特琳

寧波號在聖佩德羅市的海岸邊，水手有時參加一些表演活動。

娜島的港口進行展示。從保留下來的1918年拍攝的老照片看，寧波號當時擱淺在一個小海灣裏，起初是有漁民小船將遊客送到船上參觀，後來專門修了一個小碼頭，從那裏可以直接登上寧波號參觀，中國水手有時也參加一些表演活動，供遊客消遣。

那麼，寧波號在加州沿海城市展示的是什麼呢？作為一座來自東方的漂浮博物館，人們首先是看古船本身，船首奇特的開角，像張開的嘴巴；翹得很高的船尾，有精美的"花屁股"塗裝；船尾兩側還有兩條綠色的大海蛇；船上用的竹纜，比鋼索還結實；紅木製成的中

國發明的絞盤，用以提升大鐵力木錨和用來升降船帆；當然，它還有一個出售門票最多的艙室——"恐怖屋"：有關犯人的木籠，有"鬼頭刀"，還有用來從甲板拾取頭顱的長矛……不過，這些"文物"也有著"可疑的真實性"，例如，斬首犯人的"砧板"。

寧波號的生命終點是1938年卡特琳娜島的那場意外之火。

1952年，加州探海童子軍打撈了寧波號桅杆殘骸，為參觀者提供了解此船的最後機會——准許他們從桅杆上挖一小塊木頭，作為紀念品，但是他們的小刀甚至連一點桅杆的表皮都切不下

來。最後，只好把桅杆鋸成幾段分發給第二年參加探海少年大會的童子軍。

當年建造寧波號確實用了西方少見的東方木材：桅杆即是鐵力木製成，估計完整的桅杆重約 20 噸；甲板全部是柚木；隔艙壁木板間都加了樟木肋骨；部分船殼板也是鐵力木，船上的錨也是鐵力木。這些堅硬和緻密的船材，不怕船蛆蟲，使它得以漂浮近兩個世紀。

隨後，寧波號被徹底拆解……人們今天能看到的寧波號的歷史照片，都出自那本美國人寫的《寧波號》，照片不太清楚，但已是唯一的寧波號歷史圖像了。

寧波號在加州沿海城市展示。

廣船

紅頭船「金萬利」的種種猜想

　　在考察大英海事博物館時，看到一幅《中國商船》的油畫，船號為三個漢字，左起讀是"利萬金"，右起讀為"金萬利"。此畫英文說明譯成漢語是："佚名中國畫家繪製於 19 世紀。這艘中國帆船尾部漢字'利萬金'的意思是利潤將有 1 萬金。這類商船是中國海運時代的主力船，裝載從牲畜、瓷器到絲綢茶葉等貨物，通常去東南亞諸島進行諸如胡椒及其他香料等貿易。凱爾德私人收藏，1934年贈送本館。"

　　此畫描繪的是一艘晚清廣船，除船尾上寫有船號外，帆上還寫有"佛山聯和店造"。清代以前，中國帆船少有船號，多依地域稱之，如福船、廣船等，或以用途稱之，如漕船、封舟等。從船帆題字右起讀為"佛山"，來推斷船尾字，應為傳統的右起讀"金萬利"。1920 年代，上海一家海運公司 30 艘船全為"金"字打頭。此畫的英文說明"利萬金"應是誤譯。

　　更有意思的是，筆者從倫敦回國後，又到福州考察古代帆船，在建於清光緒三十一年（1905 年）的林文忠公祠（林則徐紀念館）展廳裏，再次見到了這幅《中國商船》的複製品，其中文說明是："伶仃洋上中國平底船與英國鴉片船進行交易。"此畫的遠景中，確實有一艘西洋帆船。

　　同一幅古畫，中、英兩國都有展示，畫的說明卻大不相同，筆者試做一點小考證。

　　在海洋文獻中查找，未見"利萬金"的記載，而"金萬利"確有其船。據當代日本研究中國海洋史的領軍人物松浦章教授 2004 年出版的《清代上海沙船航運業史研

佚名中國畫家繪製於 19 世紀的油畫《中國商船》，英國海事博物館藏。

究》一書載，沙船“金萬利”先是出現在天津港 1858 年的記載中。1899 年至 1904 年，沙船“金萬利”又多次出現在渤海至上海的航運登記中。松浦章教授在“清末英商備船金萬利沙船的航運活動”專論中，還提到“金萬利”於 1904 年 12 月被日本軍艦在煙台以疑似給蟄伏於旅順港的俄國軍艦補給之名拘押，此時“金萬利”正為英商豐茂行所備，在販運白砂糖與牛奶，遂引發了第二年《申報》、《時報》等報爭相報道的國際官司。不知 1855 年天津港記載的與最後被日軍扣押的是不是同一條

“金萬利”商船。

那麼，史料中所載沙船“金萬利”，會不會是畫中的這條廣船“金萬利”呢？如從英國人有以繪畫給船“立檔”的傳統看，它有可能是英商備船“金萬利”的訂製畫。若依此推斷，“伶仃洋上中國平底船與英國鴉片船進行交易”則成了一個誤判。

但是，從傳統造船地域和海運方向看，沙船主要產自長江口，主要活動於長江以北的海域，但這條船帆上書“佛山聯和店造”，它不是沙船，而是尖底船，應是福船型的廣東汕頭“紅頭

船"。這些信息與松浦章教授研究沙船"金萬利"相去甚遠，與"伶仃洋上中國平底船與英國鴉片船進行交易"的圖說有一定關聯。

這裏多說一句，清代船頭識別色。據史料載，清雍正年間要求各省船頭塗色識別：福建船用綠油漆飾，紅色鈎字；浙江船用白油漆飾，綠色鈎字；廣東船用紅油漆飾，青色鈎字；江南船用青油漆飾，白色鈎字。於是民間有了江南青頭船、浙江白頭船、福建綠頭船和廣東紅頭船的稱呼。在晚清繪畫《廣州城珠江灘景圖》中，可以看到廣東紅頭船與福建綠頭船，同在珠江口的有趣"鏡頭"。

說回晚清帆船題字，它有多種意思，有的寫在船尾，有的寫在帆上，有的刻在船舷。1972年，在潮州樟林港（今屬汕頭澄海）遺址附近出土的雙桅紅頭船，船舷旁刻有"廣東省潮州府領口雙桅一百四十五號蔡萬利商船"。船上的字，有的字是船名號，船可以隨時租給各種東家做運輸，但名號不變，比如，當年英國僱傭的"金萬利"，也曾給多家中國北方商號僱傭過；還有的是東家的字號；有的則是吉祥話，如"海不揚波"。這個"金萬利"，字意吉祥，至今仍有許多公司以此為公司字號。

遺憾的是至今得不到這幅古畫與古船本身的真實信息，中、英圖說多貨不對板。

晚清繪畫《廣州城珠江灘景圖》中的廣東紅頭船與福建綠頭船。（局部）

廣式兵船

創造遠航大西洋記錄的耆英號

中國古代"海上絲綢之路"和西方人的"大航海"落幕之時，中國卻有了一次被後人引以為傲的曠古未有的遠航。那是晚清的一次"意外"，一艘廣式兵船被英國人偷偷買下，而後，衝出太平洋，進入印度洋，繞過好望角，跨過大西洋，登陸美國，再登陸英國……這艘已不屬中國的中國木帆船，遠航也非中國人指揮。但它讓中國人驕傲的是，帆船是中國製造，還有一個中國名字叫"耆英"，船上還有幾十個中國人……這是一串尷尬的驕傲，但也值得驕傲。

靠風帆船打天下的西方列強，對中國帆船特別感興趣。比如大清海關總稅務司赫德的外甥、中國海關第四任總稅務司梅樂和，就搜集了一百多件中國船模，最後都帶回了英國。但是，大清規定禁止中國人買大船給外國人。所以，1846 年 8 月，英國人在廣州看上一艘在南洋販運茶葉的廣船後，即以秘密方式與船主進行交易，隨後把它開到英國佔領的香港停泊、整修，並以兩廣總督的名字命名為"耆英號"。在英國人眼裏，與他們簽了一系列賣國條約的耆英，是個"通情達理"的清國外交官，是個吉祥的名號。

英國人為什麼要偷偷購買一艘中國帆船開回英國？一說是考察、研究中國木帆船的結構和性能。另一說是要弄清中國水師的新式兵船，特意購買了與中國大型兵船同一類型的商船。但從後來發生的故事看，購買此船就是回英國展示獨特的中國文化，藉此讓英國政府與民間支持在華做貿易。當然，選擇它還有個理由，因為它是當時最大的中國木帆船，是中國風帆船的代表作，船帆面積在 3000

平方米上下。

中國方面沒有耆英號的任何記錄，所有此船數字記錄皆來自它在歐美展出時的宣傳冊：長近 50 米，寬約 10 米，深 5 米；柚木造成，15 個水密隔艙；設三桅，主帆重達 9 噸，滿載排水量達 800 噸。此船的形象也來自國外繪畫，即 1848 年洛克兄弟在倫敦出版飛塵蝕刻版畫《中國木帆船耆英號》，畫下方特別注明：“第一艘繞過好望角，並出現在英國水域的中國木帆船。這艘船在離開廣東 477 天後，於 1848 年 3 月 28 日出現在格雷夫森德港。”此畫現存

香港藝術博物館，是香港渣打銀行的收藏品之一。當年收藏此畫的應是一位廣東人，他在畫下方的英文“the Chinese junk Keying, Captain Kellett”旁邊標注了一行字“其衣喊挨炯知”，應該是“耆英號”＋船長名字“凱勒特”的廣州話音譯。

《中國木帆船耆英號》這幅版畫有許多細節讀來別有意味：三桅帆船，帆為竹編蓬，主桅頂部有藤條編的魚形風向標和旗幟，首桅上升英國旗，表明它已是大英的“領地”。船尾有五面旗，代表著《南京條約》所規定的廣州、寧

1848 年洛克兄弟在倫敦出版飛塵蝕刻版畫《中國木帆船耆英號》。耆英號油畫，渣打銀行收藏，間接地帶著中國帆船和中國人進入了世界大航海的落幕演出。

波、上海、廈門和福州五個自由港。這旗是英國人買了此船後，特意立在船尾，以顯示他們在中國所取得的通商成就。船首舷部裝飾有兩個傳統的大龍目，象徵著保持正確方向。船艄有一個帶高遊廊的艄樓，有人在此眺望，船舷還站著幾個中國人。據史料載，當時船上有 30 名中國人及 12 名英國水手，由英國船長查爾斯·阿爾佛雷德·奧克蘭·凱勒特指揮航行。

此船是廣船，但船舵上方繪有鷁鳥，有福船「花屁股」風格；艄樓上留有廣船式觀察小窗，懸吊式穿孔艄舵也是廣船特色……這是一艘融合了福船風格的廣船。它也是一艘準兵船，其船舷上各有九個方形的窗口，應是該船配置 18 門火炮的炮眼。

1846 年 12 月 6 日，英國人經過了兩個月的全面修整，並裝載了許多中國工藝品，耆英號正式駛出香港。1847 年 3 月，耆英號在毛里求斯遇大風，直到 3 月 30 日才成功繞過好望角，進入大西洋，並於 4 月 17 日登陸著名的聖赫勒拿島。耆英號原本想在聖赫勒拿島休整後，北上倫敦，卻遇上了逆風和頂流，船越走越偏西，船長凱勒特只好隨它順風順流漂到紐約。

中國木帆船「意外」訪問美國曼哈頓，受到當地人的熱烈追捧，每天有幾千人登船參觀。英國船長順勢做起了旅遊生意，每人交 25 美分才可登船參觀。這個盛況被美國畫家塞繆爾·沃，以帆布水彩畫《紐約港灣》記錄下來（此畫現藏於紐約市立博物館）。1847 年 11 月 18 日，耆英號又訪問了波士頓，據《波士頓晚報》報道，僅感恩節當天就有四到五千人登船參觀。英國船長在兩個美國城市收到二萬美元門票後，高高興興地啟程，前往倫敦……

1848 年 4 月，倫敦的最大新聞就是泰晤士河口的格雷夫森德港來了中國木帆船。據《泰晤士報》報道：「在倫敦附近展覽中，沒有比中國木帆船更有趣了：只要跨進入口一步，你就進入了中國，僅此一步，你就從泰晤士河跨越到廣州了。」

《倫敦畫報》連續幾次的配有插畫的報道，還原了耆英號許多重要的細節，它可能是被英國媒體報道次數最多、描繪得最細膩的中國帆船。報道稱耆英號為平底木帆船，是用最好的楠木建造，3 根桅杆是鐵力木，3 個巨錨也者是鐵力木製成，主帆重達 9 噸，船員要花兩個小時才能把它升起，甚至記錄了「船上還放有一口棺材」。通過多幅耆英號插畫，人們可以看到船尾的「花屁股」塗裝，船正廳供有一尊千手觀音佛像，艄樓供有廣東本土的南海觀音，佛像脖子上圍著圍巾，祭壇上供有聖土與大米。耆英號的英國船長凱勒特自然有備而來，船內大廳佈置得富麗堂皇，吊著的五彩燈籠，紅木傢具上展示各種東方奇異之物，如東方樂器等，主甲板上還安排了中國戲曲、武術表演。凱勒特甚至製作了可出售的宣傳冊和中國工藝品，連維多利亞女王都忍不住要登船參觀。

這種熱鬧一直持續到 1855 年耆英號被賣掉，送去解體。三年後，耆英被咸豐皇帝賜死。從此，世上沒了耆英號，也沒了耆英。

1848 年春天《倫敦畫報》連續報道耆英號，配有多幅插畫。它可能是被英國媒體報道次數最多、描繪得最細膩的中國帆船。

後記

我研究海洋文化近 20 年了。常有人問我，為什麼要研究海？我說，人類的歷史，說到底是一部海洋史，生命來自大海，我們向海而生。

關於大海，至少有三個百分之七十，我們應當知道：

地球上百分之七十的面積被海水覆蓋；

地球上百分之七十的人口集中在沿海地區；

地球上百分之七十的財富創造來自沿海城市；

……

研究海，就少不了要研究船，船是人類與海打交道的重要工具，可以說，沒有帆船在海上航行與探索，就沒有今天我們所說的「世界」。

大約在十年前，我開始研究中國古代帆船，2020 年與深圳大學海洋藝術研究中心張岩鑫博士共同完成了國家社會科學基金項目《漂泊的船——流失海外的中國古船模收集與研究》，由清華大學出版社出版。此間，為了對比世界古代帆船的發展歷史，又遍查世界帆船歷史圖像和考古遺存，著手寫作這本《風帆五千年——歷史圖像中的世界帆船史》。

從目前的古考發現成果來看，古埃及人大約在公元前 3000 多年前發明了風帆，使船有了更大的動力可以在海上長距離航行，由此算來，世界的帆船史，至少是 5000 年。這是我寫作的時間框架。

從空間看，除了兩極，世界上的每一片大陸和海島都有著自己的獨特的船舶發展史。但是，以海船而論，因各地文明的發展道路不同，其航海技術進步也有所不同。在東方，中國廣州出土的東漢陶船模型則證明，中國至晚在東漢時期已經在使用船尾軸舵，而西方在 13 世紀的歷史圖像中，才出現船尾軸舵的形象。以大洲而論，歐洲和亞洲的古代帆船與航海技術領先於世界其他地區，特別是東地中海地區，一枝獨秀，美洲和南部非洲的帆船與航行技術則比較落後。

縱觀世界帆船發展的歷史，它就是一部人類文明發展的歷史。舟船，最初是交通工具，後來發展成為貿易的工具，再後來又成為探索另一個未知土地的發現工具，當然，它也被用作戰爭與領土擴張的工具……它是我們這個世界走向全球化的最好見證。

古代帆船研究曾是一個現象級的西方課題，但我們國家這方面的研究，則少之又少。我的這本書，從風帆五千年的歷史長河中，選擇出有歷史圖像可證明的和有歷史遺存可考的著名帆船，以圖像為媒，以半學術半通俗的方法，講述世界帆船的歷史，是我的一種寫作與研究的嘗試。由於這個選介的工程巨大，又非常專業，這裏難免有遺珠之憾；同時，限於我們的學術水準，對於有些文獻和圖像的理解與闡釋，也會有不當之處；在這裏懇請各路方家批評指正。

最後，要說明一下，我不是學船舶專業的，因為研究海洋文化，才來啃這塊硬骨頭。這之中，有席龍飛先生、沈毅敏先生等前輩的指引，也有廖軍令、周海斌、楊馮生等專家朋友的幫助，在此表示感謝。

梁二平

2021 年 11 月 22 日於深圳